A CHINA
E A ORGANIZAÇÃO MUNDIAL DO COMÉRCIO

WEI DAN

A CHINA
E A ORGANIZAÇÃO MUNDIAL DO COMÉRCIO

ALMEDINA
2001

TÍTULO:	A CHINA E A ORGANIZAÇÃO MUNDIAL DO COMÉRCIO
AUTOR:	WEI DAN
EDITOR:	LIVRARIA ALMEDINA – COIMBRA www.almedina.net
LIVRARIAS:	LIVRARIA ALMEDINA ARCO DE ALMEDINA, 15 TELEF. 239 851 900 FAX 239 851 901 3004-509 COIMBRA – PORTUGAL LIVRARIA ALMEDINA – PORTO R. DE CEUTA, 79 TELEF. 22 205 9773 FAX 22 203 9497 4050-191 PORTO – PORTUGAL EDIÇÕES GLOBO, LDA. R. S. FILIPE NERY, 37-A (AO RATO) TELEF. 213857619 FAX 213844661 1250-225 LISBOA – PORTUGAL LIVRARIA ALMEDINA. ATRIUM SALDANHA LOJA 31 PRAÇA DUQUE DE SALDANHA, 1 TELEF. 213712690 atrium@almedina.net LIVRARIA ALMEDINA – BRAGA CAMPOS DE GUALTAR UNIVERSIDADE DO MINHO TELEF. 253678822	braga@almedina.net 4700-320 BRAGA – PORTUGAL
EXECUÇÃO GRÁFICA:	G.C. – GRÁFICA DE COIMBRA, LDA. PALHEIRA – ASSAFARGE 3001-453 COIMBRA E-mail: producao@graficadecoimbra.pt SETEMBRO, 2001
DEPÓSITO LEGAL:	170189/01

Toda a reprodução desta obra, por fotocópia ou outro qualquer processo, sem prévia autorização escrita do Editor, é ilícita e passível de procedimento judicial contra o infractor.

Apresentação ao Sr. Presidente do Brasil, Fernando Henrique Cardoso, da empresa Beijing San Guarana Drinks Co., na pessoa do seu presidente, o Sr. Zhao Dongsheng, que está do lado direito da fotografia. Do lado esquerdo, a intérprete, autora deste livro, Sr.ª Wei Dan. Dezembro de 1995

NOTA DE APRESENTAÇÃO

O tema das relações comerciais da China não pode deixar de suscitar o maior interesse, face à realidade actual e às perspectivas que se abrem a esse enorme país.

Com cerca de um quinto da população, é actualmente a sétima potência económica do mundo (em termos de PIB), na sequência de um crescimento sem paralelo em países de razoável dimensão. Tendo sido tradicionalmente um país muito fechado, constata-se que este crescimento tem estado ligado a uma assinalável abertura da sua economia, no plano externo e no plano interno.

A vontade de abertura tem sido aliás repetidamente referida pelos seus dirigentes, reflectindo-se, a par de outras iniciativas, no empenho que têm posto na adesão à OMC. Face à tradição de isolamento do país, podem contudo os responsáveis dos outros países recear que não haja uma vontade inequívoca a tal propósito, sendo especialmente notório que não se verificam ainda flexibilizações indispensáveis no mercado interno, além de outras consequências, com a consequência de ficar dificultado o acesso de produtos estrangeiros.

No seu trabalho Wei Dan, além de mostrar as vantagens da integração na economia global, reflectidas em diferentes domínios, procura mostrar que tem vindo de facto a verificar-se, numa linha de empenhamento dos responsáveis do país.

Trata-se de um trabalho de mérito assinalável, em que a Autora alicerça as suas posições nos ensinamentos correctos da teoria e da prática económicas. É além disso especialmente valorizado pela circunstância feliz de a Wei Dan poder ler e conhecer tanto a literatura ocidental como a literatura chinesa, fornecendo por isso um acervo de informação a que de outro modo os leitores da língua portuguesa não poderiam ter acesso.

São pois de felicitar as entidades que tornaram possível a publicação deste livro, designadamente a Fundação Oriente, já antes por ter concedido a bolsa de estudos que permitiu que uma licenciada pela Universidade de Pequim obtivesse o grau de Mestre na Faculdade de Direito da Universidade de Coimbra, a Delegação Económica e Comercial de Macau, o Instituto Português do Oriente, a Fundação Macau e a Editora Almedina.

O interesse da nossa Faculdade pela China é acrescido pela circunstância de alguns dos seus Professores terem vindo a acompanhar de um modo muito próximo a licenciatura e os mestrados em Direito na Universidade de Macau.

A China e a Organização Mundial do Comércio

Trata-se de iniciativa que, por mérito de todos, designadamente dos macaenses, tem tido um enorme êxito, atestado pelo alto nível de qualificação dos que têm obtido esses graus, ocupando hoje funções de grande responsabilidade na magistratura, na advocacia, no notariado ou ainda por exemplo na administração e na vida empresarial.

Não deixando Macau de ter uma identidade comercial própria, designadamente no seio da OMC, é óbvio que o seu desenvolvimento dependerá sempre em grande medida do êxito do conjunto da China; numa linha de abertura de que será pois um beneficiário muito próximo.

Há pois razões acrescidas para que tenha uma grande difusão junto de leitores de língua portuguesa o trabalho que Wei Dan levou a cabo.

Coimbra, 8 de Agosto de 2001
(Prof. Doutor Manuel Carlos Lopes Porto)

PALAVRAS DA AUTORA

Formei-me em Direito na área de Direito Internacional pela Universidade de Pequim em 1997. Logo após a licenciatura, fui admitida pela Universidade de Colúmbia e pela Universidade do Minnesota, EUA, para fazer o Mestrado. Entretanto, devido a um acontecimento, em 1995, desisti da oportunidade de ir estudar para os EUA e comecei a interessar-me pela aprendizagem do Português. Em Dezembro de 1995, no decurso da visita de Estado à China do Senhor Presidente do Brasil Fernando Henrique Cardoso, houve uma entrevista entre ele e o presidente de uma *joint-venture* sino-brasileira. Fui intérprete de Inglês neste encontro. Durante esta entrevista, o Presidente Fernando Cardoso perguntou-me se eu falava Português, e eu disse-lhe que infelizmente não. Depois da licenciatura, resolvi aprender Português, a língua que une 200 milhões de falantes no mundo, e utilizar os meus conhecimentos jurídicos a fim de poder colaborar no futuro em intercâmbios entre a China e os países de língua portuguesa.

Após o estudo do Português, na Universidade de Línguas Estrangeiras de Pequim, frequentei um Curso de Português na Faculdade de Letras da Universidade Clássica de Lisboa, entre 1998 e 1999, e, em seguida, em Outubro de 1999, fui admitida ao Mestrado em Direito na área de Ciências Jurídico--Comunitárias pela Faculdade de Direito da Universidade de Coimbra.

O estudo que agora se publica sob o título *"A China e a Organização Mundial do Comércio"* nasceu de um profundo desejo de investigar um tema actual: a adesão da China à Organização Mundial do Comércio. Tendo em vista que as negociações entre a China e os Estados-Membros da OMC terão repercussão à escala mundial, a entrada da China na OMC poderá ser um acontecimento importante, pois influenciará o próprio desenvolvimento interno do país, com reflexos também na economia mundial, podendo oferecer uma maior oportunidade de abertura da China ao comércio internacional, bem como do mercado chinês relativamente aos demais países. Assim, através das teorias do comércio internacional e das análises jurídicas das negociações de adesão, tentei, neste trabalho, justificar a urgência da adesão da China à OMC.

Ao Senhor Professor Doutor Manuel Carlos Lopes Porto, o meu orientador, quero expressar os meus sinceros agradecimentos pelas valiosas orientações e ajudas que sempre me dispensou. Agradeço também aos Senhores Doutores Fernando José Borges Correia de Araújo e Aníbal José Monteiro Santos Almeida pelas suas críticas, que contribuíram para aperfeiçoar este trabalho.

À Fundação Oriente expresso a minha particular homenagem pela bolsa de estudos que me concedeu para realizar o Curso de Mestrado na Faculdade de Direito de Coimbra, e também pelo apoio à publicação desta obra.

Agradeço, igualmente, ao Eng.º Raimundo Arrais do Rosário, Chefe da Delegação Económica e Comercial de Macau, ao Instituto Português do Oriente e à Fundação Macau, os apoios prestados para a publicação deste estudo.

Especial gratidão à Editora Almedina.

Palavras de muito apreço são igualmente devidas a todas as pessoas cujas ajudas permitiram a realização deste trabalho.

Por eventuais falhas técnicas ou linguísticas que possam existir, quero apresentar as minhas mais sinceras desculpas aos futuros leitores.

Coimbra, 10 de Agosto de 2001

WEI DAN

ÍNDICE GERAL

Nota de apresentação 5

Palavras da Autora 7

Abreviaturas utilizadas 13

Lista dos quadros e figuras 15

Introdução 17

Capítulo 1 – O processo de integração da China na economia global 21
1.1 Breve introdução às reformas económicas da China 21
1.2 A reforma do regime do comércio externo já realizada pela China 24
    1.2.1 Evolução das políticas do comércio 25
        1.2.1.1 Considerações gerais sobre as políticas do comércio 25
        1.2.1.2 Os passos da China 27
    1.2.2 Em direcção ao livre-cambismo 30
        1.2.2.1 Redução dos direitos aduaneiros 30
        1.2.2.2 Eliminação dos obstáculos não pautais 35
            1.2.2.2.1 Planos directores de importação e de exportação 36
            1.2.2.2.2 A canalização da importação 36
            1.2.2.2.3 Licenças de importação e exportação 39
            1.2.2.2.4 Contingentes de importação e de exportação 41
    1.2.3 Em direcção ao tratamento nacional 41
        1.2.3.1 O tratamento nacional sobre o comércio de bens 42
        1.2.3.2 O tratamento nacional sobre o comércio de serviços 42
        1.2.3.3 O tratamento nacional concedido aos investidores estrangeiros . 42
            1.2.3.3.1 Breve apresentação do tratamento nacional na legisla-
                ção chinesa e nos seus convénios bilaterais 43
            1.2.3.3.2 A reforma da tributação 45
    1.2.4 Em direcção à economia de mercado: a reforma cambial 47
        1.2.4.1 Do regime de planos ao regime de taxa dual de câmbio 49
            1.2.4.1.1 A desvalorização 49

1.2.4.1.2 O programa de retenção de divisas	52
1.2.4.1.3 Os centros de câmbio	53
1.2.4.2 Do regime da taxa dual à convertibilidade de conta-corrente	56
1.2.5 **Em direcção à legalização: *A Lei do Comércio Externo***	58

Capítulo 2 – A teoria da vantagem comparativa e a estratégia de desenvolvimento da China 65
2.1 Teorias da vantagem comparativa 65
    2.1.1 A retrospectiva das teorias do comércio internacional 65
    2.1.2 Noção de vantagem comparativa 69
    2.1.3 Os ganhos económicos do comércio 71
    2.1.4 Medição da vantagem comparativa 74
        2.1.4.1 Vantagem comparativa revelada 75
        2.1.4.2 Índice de competitividade 76
2.2 Vantagens comparativas da China e estratégia de desenvolvimento 77
    2.2.1 A evolução das vantagens comparativas da China 77
    2.2.2 A comparação internacional das vantagens comparativas 84
        2.2.2.1 Os recursos da China no quadro mundial 84
        2.2.2.2 A estrutura do comércio da China com os seus parceiros comerciais 86
        2.2.2.3 A direcção comercial da China 88
    2.2.3 O percurso das estratégias de desenvolvimento da China para o século XXI 91
        2.2.3.1 Estratégias adoptadas anteriormente 91
        2.2.3.2 A estratégia da vantagem comparativa 92
            2.2.3.2.1 Razões 92
            2.2.3.2.2 Conteúdo 96
2.3 A vantagem comparativa e a vantagem competitiva da China 99

Capítulo 3 – A adesão da China à OMC 105
3.1 O contexto internacional e o contexto interno da China 105
    3.1.1 O contexto internacional 105
    3.1.2 O contexto interno 109
3.2 Considerações gerais da adesão à OMC 109
    3.2.1 Os progressos no processo de adesão de países candidatos 109
    3.2.2 As formalidades da adesão à OMC 113
    3.2.3 As exigências dos acordos da OMC e as respectivas negociações de adesão 115
        3.2.3.1 Exigências relativas a impostos alfandegários de mercadorias 116
        3.2.3.2 O Acordo Sobre a Agricultura 120
        3.2.3.3 Exigências relativas a obstáculos não pautais 125
        3.2.3.4 Exigências relativas a empresas comerciais do Estado 126
        3.2.3.5 GATS 129
        3.2.3.6 TRIPS 131
        3.2.3.7 O tratamento do país em vias de desenvolvimento e o período de cumprimento 133

Índice

3.3 As negociações entre a China e os membros da OMC 135
  3.3.1 O breve decurso histórico da entrada da China na OMC 136
  3.3.2 Os focos das negociações entre a China e os membros da OMC 138
    3.3.2.1 A qualificação da China como um país em vias de desenvolvimento 138
    3.3.2.2 A agricultura 141
      3.3.2.2.1 Considerações gerais sobre o comércio agrícola da China 141
      3.3.2.2.2 Os compromissos feitos pela China no Acordo Sino--Americano sobre a agricultura 142
    3.3.2.3 Compromissos relacionados com os direitos aduaneiros 145
    3.3.2.4 Compromissos relacionados com os obstáculos não pautais . . . 146
      3.3.2.4.1 Licenças de importação 146
      3.3.2.4.2 Contingentes 147
      3.3.2.4.3 Obstáculos técnicos ao comércio 147
      3.3.2.4.4 Empresas comerciais do Estado 147
      3.3.2.4.5 Subsídios à exportação 148
    3.3.2.5 Compromissos das medidas de investimento relacionadas com o comércio 148
      3.3.2.5.1 O tratamento nacional 150
      3.3.2.5.2 A eliminação das restrições quantitativas 152
      3.3.2.5.3 O princípio da transparência 153
      3.3.2.5.4 A unificação das políticas e das leis 153
    3.3.2.6 Focos das medidas de salvaguarda e *anti-dumping* 156
    3.3.2.7 Compromissos relacionados com o comércio de serviços 157
    3.3.2.8 Os direitos de propriedade intelectual relacionados com o comércio 162
      3.3.2.8.1 A protecção dos direitos de propriedade intelectual da China aproxima-se da exigência da OMC 164
      3.3.2.8.2 A diferença entre o regime de protecção dos direitos de propriedade intelectual da China e o objectivo do TRIPS 171
      3.3.2.8.3 As negociações dos direitos de propriedade intelectual face à entrada da China na OMC 172
  3.3.3 A análise dos acordos entre a China e os EUA, entre a China e a UE 173

Capítulo 4 – Os impactos para a China da adesão à OMC 177
4.1 Os benefícios para a China da adesão à OMC 177
  4.1.1 As grandes vantagens da adesão para o comércio externo da China 177
    4.1.1.1 O benefício do tratamento de NFM 178
    4.1.1.2 O benefício da resolução de litígios 182
    4.1.1.3 O benefício da participação activa no comércio internacional . . 189
  4.1.2 Os benefícios da adesão à OMC para o próprio desenvolvimento da China 190
    4.1.2.1 Os ganhos do comércio externo 190
    4.1.2.2 A racionalização da estrutura da produção 191
    4.1.2.3 O aprofundamento da reforma económica 192
4.2 Os impactos da adesão na agricultura 194

4.2.1 **As reformas agrícolas e os problemas actuais da China**	194
4.2.2 **A abertura dos mercados agrícolas da China**	197
4.2.2.1 A posição do comércio agrícola da China no quadro mundial . .	197
4.2.2.2 Análise dos impactos da liberalização do comércio agrícola depois da entrada na OMC	200
4.2.2.2.1 Influências positivas de longo prazo	200
4.2.2.2.2 Os choques potenciais de curto prazo	202
4.2.2.3 O ajustamento das políticas agrícolas	203
4.2.2.3.1 Políticas de acesso aos mercados	205
4.2.2.3.2 O apoio interno	206
4.2.2.3.3 Políticas de salvaguarda	206
4.3 **Os impactos da adesão na indústria têxtil**	207
4.3.1 **O comércio dos têxteis e vestuário da China sob os Acordos Multifibras**	207
4.3.2 **O comércio dos têxteis e vestuário da China depois do *Uruguay Round***	210
4.3.2 1 A execução do Acordo Sobre Têxteis e Vestuário e o respectivo resultado	210
4.3.2.2 As influências do comércio internacional actual de têxteis e vestuário sobre a exportação da China	212
4.3.2.2.1 Influências do comércio de têxteis intra-blocos	212
4.3.2.2.2 Influências das barreiras não pautais	213
4.3.3 **Os impactos da adesão sobre a indústria têxtil**	215
4.3.3.1 Os principais direitos de que a China irá usufruir	215
4.3.3.2 Os deveres que a China deverá cumprir	217
4.4 **Os impactos da adesão à OMC sobre as telecomunicações na China**	218
4.4.1 **A retrospectiva do serviço de telecomunicações da China**	218
4.4.2 **A perspectiva da liberalização de telecomunicações de base na China**	221
4.5 **Os impactos da adesão no sector financeiro da China**	222
4.5.1 **A visão geral da abertura do sector financeiro da China**	222
4.5.2 **As características do sector financeiro da China**	224
4.5.3 **Os impactos da adesão e a liberalização financeira na China**	226
4.5.3.1 A liberalização mais profunda do sector financeiro da China ..	228
4.5.3.2 As concorrências mais intensas e justas	229
4.5.3.3 O abalo da segurança financeira	231
4.5.3.4 A possível instabilidade da taxa cambial do RMB	232
Conclusão	235
Bibliografia	241

ABREVIATURAS UTILIZADAS

AMF	– Acordos Multifibras
AMS	– O Acordo Sobre as Medidas de Salvaguarda
APEC	– Asian-Pacific Economic Forum
ASEAN	– Association of South-East Asian Nations
CECE	– Comissão Económica e Comercial do Estado
Cfr.	– Confira
Cit.	– citada
e.g.	– por exemplo
FMI	– Fundo Monetário Internacional
GATS	– O Acordo Geral Sobre o Comércio de Serviços
GATT	– O Acordo Geral sobre Impostos Alfandegários (Pautas Aduaneiras) e Comércio
HS	– Harmonized Commodity Coding and Classification System
IRC	– Imposto sobre o Rendimento das Pessoas Colectivas
IVA	– Imposto sobre o Valor Acrescentado
MCE	– Ministério do Comércio Externo
MCECE	– Ministério do Comércio Externo e da Cooperação Económica
MCREE	– Ministério do Comércio e das Relações Económicas Externas
MGA	– Medida Global de Apoio
NAFTA	– North America Free Trade Association
NMF	– Nação Mais Favorecida
Ob.	– obra
OCDE	– Organizações de Cooperação e Desenvolvimento Económico
OEPC	– Órgão do Exame de Política Comercial
OMC	– Organização Mundial do Comércio (WTO)
OPMI	– Organização Mundial da Propriedade Intelectual
ORL	– Órgão de Resolução de Litígios
OST	– Órgão de Supervisão dos Têxteis
PIB	– Produto Interno Bruto
PNTR	– Permanent Normal Trading Relations
PPP	– Purchasing Power Parity
RMB	– Renminbi (a moeda chinesa)
SIE	– Sociedades com Investimentos Estrangeiros
SITC	– Standard International Trade Code
SPG	– Sistema de Preferências Pautais Generalizadas
TRIMS	– O Acordo Sobre as Medidas de Investimento Relacionadas com o Comércio

TRIPS	– O Acordo Sobre os Aspectos dos Direitos de Propriedade Intelectual Relacionados com o Comércio
TRQs	– Tariff-rate Quotas (Tariff Quotas)
UE	– A União Europeia
Vol.	– Volume
WCO	– World Customs Organization

LISTA DOS QUADROS E FIGURAS

Quadro I.1	– Taxa de crescimento do PIB da China 1989-2000	22
Quadro I.2	– Volume total do comércio externo da China 1978-2000	22
Quadro I.3	– Percentagem do volume das exportações da China a nível no cômputo mundial e respectiva listagem 1980-1998	23
Quadro I.4	– Investimentos directos estrangeiros na China	24
Figura I.1	– Comparação das taxas dos impostos alfandegários entre os países em vias de desenvolvimento em 1992	33
Figura I.2	– Processo de redução das taxas dos impostos alfandegários (*Simple Average Tariff*) da China	33
Figura I.3	– Processo de redução das taxas dos impostos alfandegários (*Weighed Average*) da China	34
Quadro I.5	– Mudanças das taxas dos impostos alfandegários na China	34
Quadro I.6	– Impostos alfandegários de média aritmética ponderada pelo comércio (*Average Trade-weighted Tariff*): Comparação entre diversos países	34
Quadro I.7	– Comparação da estrutura dos impostos alfandegários dos países em vias de desenvolvimento (média simples)	35
Quadro I.8	– Comparação entre preços internos e preços internacionais (Junho de 1984)	50
Quadro I.9	– Taxas de câmbio oficiais: 1979-1998	52
Figura II.1	– Mudança da vantagem comparativa revelada dos produtos de agricultura intensiva	78
Figura II.2	– Mudança da vantagem comparativa revelada dos produtos de capital intensivo	79
Figura II.3	– Mudança da vantagem comparativa revelada dos produtos de trabalho intensivo	79
Figura II.4	– Mudança da vantagem comparativa revelada dos produtos de mineral intensivo	79
Quadro II.1	– Mudança na estrutura sectorial da China (1952-1998)	81
Quadro II.2	– A composição das exportações (1980-1994)	81
Quadro II.3	– A composição das exportações SITC (1990-1998)	81
Quadro II.4	– A composição das importações (1980-1994)	82
Quadro II.5	– A composição das importações SITC (1990-1998)	83
Quadro II.6	– Percentagens dos principais recursos da China no quadro mundial	85
Quadro II.7	– Comparação internacional da proporção dos factores (1995)	85
Quadro II.8	– Percentagens do comércio externo da China nas diferentes regiões do mundo	89

16 *A China e a Organização Mundial do Comércio*

Quadro II.9 – Principais parceiros comerciais da China em 1998   90

Quadro III.1 – Alguns indicadores básicos dos candidatos à OMC, 1995/1996 . .   111

Quadro III.2 – Comparação entre a taxa nominal de impostos alfandegários e a
taxa real de cobrança da China   120

Quadro III.3 – Consolidação dos direitos aduaneiros de produtos industrializados
pela China   146

Quadro IV.1 – Percentagem das importações da China face às exportações totais
das outras economias   191

Quadro IV. 2 – Os principais países exportadores dos produtos agrícolas em 1997
(percentagens das exportações agrícolas mundiais)   198

Quadro IV.3 – Os principais países importadores dos produtos agrícolas em 1997
(percentagens das importações agrícolas mundiais)   199

Quadro IV. 4 – O aumento das importações dos têxteis e vestuário dos EUA depois
do *Uruguay Round*   215

INTRODUÇÃO

Desde os anos oitenta, o evento mais importante da política económica da China tem sido a sua abertura ao exterior. Os principais lemas actualmente em voga são: "lançar-se ao mar" e "fazer negócio". Entre os mais diversos ramos da actividade comercial, os sectores mais atractivos são o comércio externo e os investimentos estrangeiros. Na realidade, desde que a reforma económica começou, a maior mudança da economia chinesa tem-se reflectido na palavra "exterior". Há cerca de vinte anos atrás, o povo chinês vivia num reino isolado do mundo exterior. Sendo um país com um quinto da população mundial, o seu volume total de exportação não atingia 1% do conjunto da soma mundial. Num mercado com mais de 1 bilião de consumidores, não se encontravam produtos estrangeiros; no enorme domínio interno da produção, não havia muitos equipamentos e capitais estrangeiros. Se, por acaso, alguns estrangeiros apareciam na rua eram observados como se fossem extraterrestres. Os chineses que queriam sair do país adoptavam a via diplomática ou simplesmente fugiam. O povo daquele tempo não ousou imaginar a China no momento actual, ou seja, numa época em que todas as necessidades básicas da vida são satisfeitas com produtos estrangeiros; do mesmo modo, quem poderia imaginar a posição da China nos mercados internacionais hoje em dia? Quase em todos os países se encontram mercadorias da China e nos quatro cantos do mundo há chineses a viver.

A reforma económica de mais de duas décadas permitiu à China abrir as suas portas ao mundo pela primeira vez. A sua economia passou a estar intimamente ligada aos mercados internacionais. A maré de abertura está a vencer o antigo regime económico bem como a velha mentalidade e teorias antiquadas. Embora, hoje em dia, os estudiosos chineses já não discutam se o comércio internacional é ou não um instrumento do imperialismo face aos produtos estrangeiros e às dívidas rapidamente crescentes, as pessoas não se detêm a reflectir e a recear. Mesmo que soubessem que as exportações seriam lucrativas, ninguém prestaria atenção aos prejuízos sociais, devido aos incentivos e às subvenções à exportação. Muitas pessoas tentaram proteger as indústrias nascentes sem considerar os respectivos custos. Porque é que a China adopta a política de abertura e descentraliza o monopólio do comércio externo? Como explicar os diferendos entre a China e os seus parceiros comerciais? Para esta potência, é cada vez mais necessário conhecer e estudar as novas teorias e realidades do comércio internacional.

A finalização das negociações do *Uruguay Round*, o estabelecimento da Organização Mundial do Comércio, juntamente com o fim da guerra fria e a transição económica das antigas economias planificadas, são um sinal de que uma nova ordem económica internacional está a surgir. Esta nova ordem económica internacional é caracterizada pela liberalização do comércio, pela cooperação económica multilateral. Nisso, a OMC representa as "Nações Unidas Económicas" que têm por objectivo implementar os acordos do *Uruguay Round* do GATT, resolver diferendos e promover o livre-cambismo a nível mundial.

A validade e a estabilidade da nova ordem económica internacional dependem amplamente da eficiência da OMC. Para ser um verdadeiro sistema universal, a OMC deve incorporar as mais importantes potências económicas, especialmente a China e a Rússia, no sistema global e trazê-las para o caminho da liberalização do comércio. A China tem-se revelado um país cada vez mais importante na economia mundial, apresentando-se como um dos maiores e mais crescentes países do mundo durante as últimas duas décadas. A sua integração na economia internacional atrai a atenção mundial. A China é demasiado grande para poder ser alterada e demasiado importante para poder ser ignorada. Manter a China fora da OMC, não impede a sua participação no sistema global de trocas, mas prejudica a universalidade do sistema multilateral, que caracteriza a organização. Obviamente, a modalidade de entrada da China como membro e garantir que ela tenha um papel construtivo na nova ordem económica internacional são um desafio para a OMC. Ao fim de 14 anos de esforço, a China tem concluído negociações com os seus principais parceiros comerciais, designadamente, os Estados Unidos, a União Europeia e o Japão. A Câmara dos Representantes e o Senado dos EUA já aprovaram o *Permanent Normal Trading Relations* (PNTR). O sonho da entrada da China na OMC tornar-se-á em breve uma realidade.

A presente investigação é realizada neste contexto. O primeiro capítulo descreve o processo de integração da China na economia mundial, sublinhando a liberalização do comércio e as reformas internas no domínio do comércio externo nos últimos anos. O segundo capítulo explica, em primeiro lugar, as principais teorias do comércio internacional. Em seguida, analisa as vantagens comparativas da China e as estratégias do seu desenvolvimento, a fim de concluir ser uma certeza a entrada da China na

Organização Mundial do Comércio. Depois de indicar os objectivos da adesão, o terceiro capítulo estuda o regime geral de entrada na OMC e os obstáculos essenciais à obtenção da qualidade de membro da OMC, introduzindo os pormenores das negociações bilaterais. O quarto capítulo diz respeito aos custos e benefícios para o sistema multilateral e próprio desenvolvimento da China com a sua entrada na OMC, dando ênfase à agricultura, à indústria têxtil, às telecomunicações e aos serviços financeiros. Enfim, justificaremos as nossas conclusões.

CAPÍTULO 1
O processo de integração da China na economia global

O mundo em que vivemos está cada vez mais próximo, devido às crescentes interligações e interdependências na vida económica entre os diferentes países. Em resposta à globalização, cada vez mais países têm adoptado princípios e práticas internacionais para orientar as suas actividades económicas. A globalização económica, como veremos, promove significativamente o crescimento económico da China.

1.1. BREVE INTRODUÇÃO ÀS REFORMAS ECONÓMICAS DA CHINA

Antes de mais, iremos assistir ao "milagre" e ao desenvolvimento da China durante as últimas décadas (Quadro I.1, 2, 3, 4). O comércio externo e os investimentos directos estrangeiros são dois factores-chave no desenvolvimento económico da China[1]. A importação e a exportação, ocupando menos de 10% do PIB em 1978, aumentaram para 30% em 1996[2] e 33.8% em 1998[3]. A China torna-se o maior beneficiário dos investimentos directos estrangeiros entre os países em vias de desenvolvimento e o segundo maior depois dos Estados Unidos[4]. Os investimentos estrangeiros equivalem a 17% dos investimentos totais feitos no país. Empresas com investimentos estrangeiros ocupam 47% do comércio

---

[1] A abertura da China ao exterior compreende o comércio externo, a utilização de investimentos estrangeiros e a introdução de técnicas estrangeiras avançadas. O comércio externo é pois considerado como o factor mais determinante.

[2] HOUBEN, Hiddo, (1999), "China´s Economic Reforms and Integration into the World Trading System", *Journal of World Trade*, 33 (3), p. 5.

[3] CHAN, Thomas M H, (1999), *Economic Implications of China´s Accession to the WTO.* «hyperlink "http://www.future-china.org/csipt/activity/19991106/mt9911_03e.htm"».

[4] HOUBEN, Hiddo, (1999), p. 5.

externo[5]. Tudo isso sugere que a economia chinesa está muito integrada na economia mundial e que continuará a avançar mais profundamente com a sua integração.

QUADRO I.1

Taxa de crescimento do PIB da China 1989-2000

1989	4.10%	1995	10.50%
1990	3.80%	1996	9.60%
1991	9.20%	1997	8.80%
1992	14.20%	1998	7.80%
1993	13.50%	1999	7.10%
1994	12.60%	2000 Jan-Maio	8.10%⁻

Fonte: Instituto Nacional de Estatística da China e Centro de Estatística Comercial de Hong Kong

QUADRO I.2

Volume total do comércio externo da China 1978-2000
(Unidade: US$ 100 Milhões)

Ano	X + M	X	M	Taxa de abertura (%)[6]
1978	206.4	97.5	108.9	4.54
1980	381.4	181.2	200.2	6.53
1985	696.0	273.5	422.5	11.94
1990	1154.4	620.9	533.5	15.60
1991	1356.3	718.4	637.9	17.84
1992	1655.3	849.4	805.9	19.05
1993	1957.1	917.6	1039.5	20.05
1994	2367.3	1210.4	1156.9	22.71
1995	2808.5	1487.7	1320.8	20.51
1996	2899.0	1510.7	1388.3	17.75
1997	3250.6	1827.0	1423.6	–
1998	3239.3	1837.6	1401.7	–
1999	3607.0	1949.0	1658.0	–
2000 1-5	1741.0	923.0	818.0	–

Fonte: Instituto Nacional de Estatística, Centro de Estatística Comercial de Hong Kong e Livro Branco do Comércio Externo e da Cooperação Económica da China (1999)[7].

X: conjunto das exportações; M: conjunto das importações

---

[5] LI, Zhongzhou, *China Plays a Constructive Role in the Dynamic Growth of the Asian and Pacific Economies,* «hyperlink "http://brie.berkeley.edu/~briewww/forum/li.html"».

[6] Sobre a fórmula da taxa de abertura, Cfr. PORTO, Manuel Carlos Lopes, (1997), *Teoria da Integração e Políticas Comunitárias,* Livraria Almedina, Coimbra, p. 19.

[7] Livro Branco do Comércio Externo e da Cooperação Económica da China (1999), Editora Ciência Económica, Beijing.

QUADRO I.3

**Percentagem do volume das exportações da China
a nível no cômputo mundial e respectiva listagem 1980-1998**

Ano	Percentagem	Lista
1980	0,9	26
1985	1,4	18
1990	1,8	15
1991	2,0	13
1992	2,3	11
1993	2,5	11
1994	2,9	11
1995	3,0	11
1996	2,9	11
1997	3,3	10
1998	3,4	9
1999	–	9

Fonte: Secretariado da OMC e Livro Branco do Comércio Externo
e da Cooperação Económica da China, p. 330

O núcleo das reformas económicas é o estabelecimento da "Economia de Mercado Socialista"[8-9]. A modificação da Constituição de 1993 eliminou o poder do Estado de fazer e de executar os planos económicos. O Estado mudou a sua função de micro-controlo para a macro-administração. A modificação de 1993, por um lado, representa uma mudança teórica decisiva da base racional das reformas na China; por outro lado, tem como consequência ramificações profundas para as relações entre a China e as instituições internacionais, como por exemplo o GATT e a OMC.

---

[8] O original artigo 15.º da Constituição da República Popular da China dispõe: *"The State implements planned economy on the basis of socialist public ownership. The State uses the comprehensive balance of the economic plan and the supplementary effect of market conditioning to guarantee the harmonized development of the national economy in appropriate proportions."* O artigo foi modificado pelo artigo 7.º da Modificação da Constituição da República Popular da China que entrou em vigor em 29 de Março de 1993, *"The State implements socialist market economy. The State shall strength economic law making and refine macro-management and control. The State prohibits in accordance with law any organization or individual from disturbing social economic order."*

[9] WANG, Guiguo, (1994), "China´s Return to GATT: Legal and Economic Implications", *Journal of World Trade,* June, Vol.28, N.º 3, p. 56. *"A socialist market economy is defined as a market economy with public ownership as its main force. This means that except for the fact that State ownership of economic institutions will be maintained, other aspects of the economy are the same as those of other market economies"*.

QUADRO I.4

Investimentos directos estrangeiros na China (Unidade: US$ Bilião)

1985	1,03	1992	7,16
1989	2,61	1993	23,11
1990	2,66	1994	30,00
1991	3,45	1999	40,40

Fonte: Asian Development Bank e Livro Branco do Comércio Externo e
da Cooperação Económica da China, p 337.

A reforma económica da China iniciou-se em zonas rurais através do regime da responsabilidade de empreitada por famílias. A China é um grande país agrícola, com 80% da população rural, pelo que as reformas nas zonas rurais são cruciais para a estabilidade social. Em poucos anos, a reforma rural alcançou progressos essenciais e a situação de oferta de produtos agrícolas melhorou. A partir de 1994, o processo de reforma atingiu as cidades, envolvendo a societarização das empresas estatais[10], a repartição dos poderes tributários entre o governo central e os poderes locais, as reformas bancárias, as políticas regionais e as reformas ligadas ao comércio e aos investimentos estrangeiros. Juntamente com o seu esforço de estabelecer uma economia de mercado e entrar na OMC, a China adoptou várias medidas concretas para mudar as áreas primordiais do regime do comércio externo.

1.2. A REFORMA DO REGIME DO COMÉRCIO EXTERNO JÁ REALIZADA PELA CHINA

O objectivo da reforma do comércio externo é compatível com o da reforma económica interna da China[11]. Sendo mais lenta, a reforma do comércio externo não era, todavia, de segunda linha e acompanhava a reforma económica integral. Geralmente, as duas complementavam-se e promoviam a reforma mais profunda:

---

[10] A societarização das empresas públicas da China abrange, sem dúvida, a reforma das empresas comerciais do Estado. Entretanto, o processo de reforma é mais lento do que a societarização das outras empresas. Além de ser necessário obter o registo, as empresas comerciais na China têm que obter a autorização do Ministério do Comércio Externo quanto ao direito de exploração das importações e exportações.

[11] Ver explicações mais detalhadas a seguir. YIN, Xiangshuo, (1998), *Zhongguo Duiwai Maoyi Gaige de Jincheng he Xiaoguo (O Processo e o Efeito da Reforma do Comércio Externo da China)*, Editora Economia de Shanxi, Taiyuan, pp. 5-6.

1.2.1. Evolução das políticas do comércio

1.2.1.1. Considerações gerais sobre as políticas do comércio

Após a IIª Guerra Mundial, as autoridades políticas estavam firmemente convencidas de que o livre-cambismo era essencial para a prosperidade mundial. Não obstante, a maior parte dos países tem seguido a tendência de crescente abertura e de orientação para o exterior. Segundo a maioria das avaliações efectuadas, os países têm beneficiado de uma maior abertura ao comércio com o aumento dos fluxos comerciais e do nível de vida. Entretanto, a luta pela preservação dos mercados abertos é constantemente testada por grupos de interesses que usam novas armas e novos argumentos na tentativa incansável de abater a poderosa teoria de vantagem comparativa.

A política comercial internacional descreve a orientação estatal que tem por fim garantir aos seus nacionais o direito de comercializar nos mercados estrangeiros em pé de igualdade com os outros países[12-13].

A política comercial é primitivamente um instrumento (ou, o conjunto de instrumentos) da política micro-económica[14], que tem por objectivo influenciar a afectação dos recursos entre vários sectores. Não obstante a política comercial poder causar consequências macro-económicas ou influenciar a política social, o seu próprio objectivo dá ênfase à afectação dos recursos, nomeadamente, ao equilíbrio entre a indústria e a agricultura, entre a indústria pesada ou ligeira, entre outras. Por outras palavras, a política comercial trata a questão de como afectar os recursos internos e desenvolver a economia nacional de acordo com a especialização e as relações

---

[12] DINIZ, Maria Helena, (1998), *Dicionário Jurídico,* Editora Saraiva, São Paulo, Vol. 3, p. 628. GREENAWAY, David, MILNER, Chris, (1993), *Trade and Industrial Policy in Developing Countries,* Macmilliam Press, UK, p. 1. *"Economic theory tells us that the allocation of resources across sectors, and the efficiency with which resources are utilized in a given sector, can be influenced by intervention. Governments have at their disposal a range of instruments, which can be, and in general are, used in an endeavor to direct resource utilization in a particular way. These instruments are collectively referred to as trade policy, or more generally trade and industrial policy".*

[13] HUANG, Lucheng, (1996), *Guoji Maoyi Xue, (Estudo do Comércio Internacional),* Editora Universidade de Tshinghua, Beijing p. 97. Os conteúdos da protecção dos interesses nacionais são: proteger os mercados internos e expandir os mercados internacionais; proteger o desenvolvimento dos sectores internos e racionalizar a estrutura das indústrias de produção; contribuir para a acumulação de capitais do país através do comércio externo; proteger os interesses e as relações políticas e económicas entre o próprio país e países estrangeiros.

[14] GREENWAY, (1993), p. 56.

internacionais e como desenvolver as indústrias internas consoante as vantagens comparativas.

Normalmente, as políticas comerciais de um país são determinadas por numerosos factores, por exemplo, a estrutura dos mercados internos, a composição das importações e exportações, o nível de competitividade dos produtos internos [15] bem como as relações económicas externas [16].

Regra geral, existem dois regimes comerciais externos (duas categorias de estratégia do comércio externo): a substituição da importação e a promoção da exportação.

A estratégia da substituição da importação foi adoptada pelos países em vias de desenvolvimento como primeira etapa de industrialização. No que toca à noção desta estratégia, ela engloba três componentes: a produção interna, a recusa da importação e a discriminação da exportação [17]. A sua lógica reside na substituição da importação pelos produtos finais internos[18]. Vários instrumentos que influenciam a afectação dos recursos (designadamente: os direitos aduaneiros, os contingentes, as taxas de câmbio, entre outros) foram usados por razões estruturais. À medida que os países industrializados reduziam as suas importações de matérias-primas na década de quarenta e cinquenta, os países em vias de desenvolvimento deparavam-se com a carência de moeda estrangeira. Esta carência levou a políticas de conservação de moeda estrangeira e à garantia da sua afectação aos usos prioritários. Os governos estabeleceram uma taxa cambial sobrevalorizada a fim de utilizar menos moeda nacional para pagamento das importações. Por conseguinte, os exportadores encontravam-se numa situação desfavorável, porque obtinham menos rendimentos devido à sucessiva sobrevalorização da taxa de câmbio, e só era possível manter as exportações quando conseguiam comprar as matérias-primas para a produção a preços mais baixos.

O objectivo da estratégia da substituição da importação é a negação dos benefícios decorrentes do comércio externo, ou seja, a procura da não existência de comércio externo [19]. Por um lado, a recusa da importação

---

[15] GONG, Zhankui, ZHU, Tong, CAO, Sufeng, (1999), *International Trade, Trend and Policy,* Editora Universidade de Nankai, Tianjin, pp. 257-273.

[16] HUANG, Lucheng, (1996), pp. 100-101.

[17] LIU, Li, (1999), *The Trade Strategy of the Big Developing Countries,* Editora Universidade de Finanças de Dongbei, Dalian, p. 45.

[18] TANG, Haiyan, (1994), *Xiandai Guoji Maoyi de Lilun yu Zhengce (Teoria e Políticas do Comércio Internacional na Época Actual),* Editora Universidade de Shantou, Shantou, p. 185.

[19] LIU, Li, (1999), p. 53.

O processo de integração da China na economia global   27

impede os ganhos estáticos da complementaridade do comércio externo; por outro, restringe as novas tecnologias, a evolução sectorial e a formação da competitividade dos sectores internos.

Para além da substituição da importação, a outra alternativa é a promoção da exportação, que segue o princípio das vantagens comparativas [20]; isto é, a produção para o mercado interno não é estimulada à custa dos produtos exportados. Os impostos alfandegários são relativamente baixos e as suas estruturas relativamente uniformes, ao contrário do primeiro regime em que as taxas variam muito nos diferentes sectores. Os principais instrumentos da estratégia de promoção da exportação são uma taxa de câmbio favorável para a exportação, a concessão de subvenções à exportação e outros créditos preferenciais, o estabelecimento de políticas fiscais preferenciais (por exemplo, a isenção de impostos), o controlo dos preços internos e outras preferências administrativas [21]. O objectivo da estratégia de promoção da exportação é aproveitar os ganhos do comércio externo, especialmente os ganhos dinâmicos.

A escolha entre a substituição da importação e a estimulação da exportação depende da situação específica de cada país. Muitos países em vias de desenvolvimento, que adoptaram a primeira estratégia, mudaram gradualmente para a segunda. Às vezes, os países adoptam estratégias mistas. No entanto, um país que não respeite a vantagem comparativa paga um preço elevado em termos do nível de vida e do crescimento económico.

1.2.1.2. Os passos da China

A mudança das teorias do comércio externo da China demonstra que a China deixou, gradualmente, de aplicar a substituição da importação e promoveu a exportação; está a caminhar em frente, de um país fechado para um mais aberto à integração económica internacional.

Antes das reformas do regime comercial, a China era um exemplo típico da substituição da importação entre o período de 1949 e 1978. As expressões da estratégia da substituição da importação existiam nas declarações oficiais, nas organizações de comércio externo, no regime de con-

---

[20] A Coreia do Sul, Singapura, a Formosa e Hong Kong na China são exemplos que adoptam a estratégia da promoção da exportação de longo prazo com o fim de desenvolver as suas potenciais vantagens comparativas. A composição das suas exportações altera-se constantemente de acordo com a mudança das vantagens comparativas, de produtos de trabalho intensivo para produtos de capital intensivo.

[21] LIU, Li, (1999), p. 80.

trolo centralizado do câmbio e nos modelos de importação e de exportação. A China mantinha o sistema de economia de comando com as características de propriedade estatal, a planificação central, o controlo do governo em qualquer aspecto da produção e distribuição de produtos e serviços. Segundo o artigo 37.º do *Programa Comum do Conselho Consultivo Político do Povo Chinês,* a China "exerce a política do proteccionismo e controlo do comércio internacional."[22] O objectivo do comércio externo era prevenir ataques do capitalismo e assegurar a construção de um país novo. Esta teoria proveio do modelo da União Soviética e das lições do colonialismo. Do ponto de vista do fundamento teórico deste período, o governo chinês considerou que "a exportação está para a importação como a importação está para a industrialização socialista do país", "o objectivo da importação dos equipamentos industriais da União Soviética está para a independência industrial da China; assim, no futuro a China pode produzir todos os produtos de que necessita em vez da dependência da importação de outros países."[23]

O conteúdo do proteccionismo evidenciou-se nos seguintes aspectos: o comércio internacional era totalmente monopolizado pelo governo central sem qualquer autonomia; o comércio externo concentrou-se nas poucas empresas comerciais do Estado para substituir os negócios feitos pelos importadores e exportadores particulares; o comércio externo foi administrado segundo o plano de orçamento; o governo administrava a taxa de câmbio em todo o território; o comércio externo tinha de obedecer às políticas diplomáticas[24] e o Estado passou a subsidiar as exportações[25].

Por isso, as peculiaridades deste período eram: o Estado monopolizava o comércio externo; os direitos de exploração pertenciam às sociedades de capital público e ao Estado: os impostos alfandegários não serviam como instrumento para a importação e a exportação; o governo exercia um rigoroso controlo sobre o câmbio; a taxa de câmbio do Renminbi[26] era avaliada em excesso; a China não tinha contactos com as organizações económicas internacionais.

---

[22] XUE, Rongjiu, (1999), "Wushi Nian de Tansuo – dui jianhuo yilai zhongguo waimao lilun de huigu yu sikao" (Retrospectiva da Teoria do Comércio Externo da China), revista chinesa *Intertrade (O Comércio Internacional),* N.º 10, pp. 9-13.

[23] LARDY, Nicholas R, (1992), *Foreign Trade and Economic Reform in China 1978-1990,* Cambridge University Press, p 16.

[24] Os parceiros comerciais da China naquela altura foram divididos em diferentes grupos: "países irmãos", "países nacionalistas", "países neutrais" e "países imperiais".

[25] Esta prática é obviamente contra a disposição do GATT e da OMC.

[26] Renminbi ou RMB é o nome da moeda chinesa.

A segunda fase decorre entre 1979 e 1992. A reforma económica que foi posta em prática oficialmente em finais de 1978 injectou mudanças fundamentais na economia de comando. A política do comércio externo transformou a teoria de abertura ao exterior. O regime de substituição da importação deixou de ser aplicado em 1992[27]. Deng Xiao Ping, pela primeira vez, estabeleceu o novo regime de comércio externo, dizendo que "o princípio de se socorrer dos próprios esforços" não significa estabelecer a autarcia. A negligência da especialização internacional e do rendimento da economia de escala é prejudicial para o desenvolvimento da China. Neste período, a função do comércio externo não era apenas o fornecimento de produtos escassos, como também a ponte para ligar a China ao mundo. O comércio externo ocupou um lugar estratégico no desenvolvimento do país relacionado com o melhoramento do ambiente económico e político internacional. Segundo Deng Xiao Ping, o comércio abrange os investimentos e serviços.

Os objectivos da reforma eram os seguintes: aumentar os portos comerciais, descentralizar o direito de exploração do comércio externo, criar algumas companhias de importação e exportação, aplicar gradualmente o regime de agente para fábricas e empresas, reduzir o alcance do limite à importação, restaurar o regime de licenças de importação e exportação e outros instrumentos para estimular a exportação, designadamente, a taxa cambial, o reembolso dos tributos dos produtos exportados, a retenção de divisas, entre outros. A China reconheceu a importância de absorver o capital estrangeiro e técnicas avançadas e a necessidade de participar integralmente no comércio internacional. A China mostrou o desejo de participar em várias organizações multinacionais que serviam como fóruns para a cooperação e o desenvolvimento internacional. Foi em 1986 que a China manifestou a sua vontade de retomar a sua qualidade de membro do GATT.

A terceira fase começou em 1992. Nesta altura foi estabelecida a economia de mercado socialista. Também nesta altura foi confirmada a doutrina da vantagem comparativa como a base da participação, competição e cooperação internacionais. O domínio de utilização do capital estrangeiro

---

[27] A China já satisfez os requisitos do Memorando de Entendimento sobre o Acesso ao Mercado de 1992 (Market Access Memorandum of Understanding), no qual se declarou que a China tinha eliminado todos os regulamentos, políticas e orientações de substituição da importação. Isto demonstrou que, no futuro, o agente do governo chinês não pode negar a permissão para importar um produto estrangeiro por causa da existência da alternativa nacional.

Segundo as informações de «hyperlink "http://www.usinfo.state.gov/regional/ea/ /uschina/prcnte99.htm"».

abrange o campo dos serviços, da indústria de capital intensivo e de tecnologia intensiva, como por exemplo: as finanças, o comércio, o turismo e o imobiliário, entre outros.

O conteúdo das reformas deste período é: reformar o regime de importação com o fim de melhorar a estrutura das importações e promover a transferência de tecnologias; aumentar a competitividade da exportação através dos aumentos de valores acrescentados dos produtos exportados; reduzir globalmente as taxas dos impostos alfandegários; ajustar as suas estruturas; regular e eliminar os obstáculos não pautais que impediam as trocas comerciais; promover o intercâmbio económico e tecnológico a nível internacional; participar activamente do regime bilateral, plurilateral e multilateral do comércio internacional. Em 1994 apareceu a primeira lei regulando o comércio externo: *A Lei do Comércio Externo da República Popular da China.*

Sendo difícil analisar os esforços realizados anualmente com a sua própria reforma económica, iremos focar os seguintes quatro aspectos, que consideramos essenciais.

1.2.2. Em direcção ao livre-cambismo: a redução dos direitos aduaneiros e a eliminação dos obstáculos não pautais

1.2.2.1. *Redução dos direitos aduaneiros*

Antes de meados da década de oitenta, os impostos alfandegários tinham um papel relativamente marginal, senão totalmente insignificante, no regime do comércio externo. Os impostos alfandegários eram considerados como uma das fontes mais importantes de receita pública numa economia altamente planificada e regulamentada por órgãos administrativos. Durante mais de trinta anos, os impostos alfandegários tinham sido cobrados pelo Ministério do Comércio Externo (MCE) com base em taxas de impostos que praticamente nunca foram alteradas. Em virtude do uso abusivo dos subsídios governamentais para a importação e exportação, de acordo com planos nacionais arbitrários, as taxas de imposto não reflectiam o valor actualizado dos produtos no mercado mundial, porque os preços pagos pelos consumidores da China não estavam de acordo com os preços internacionais, ajustados pelos direitos aduaneiros, mas antes eram baseados nos dos produtos nacionais substituídos [28]. Por isso, tal como nas outras

---

[28] LARDY, (1992), p 47.

O *processo de integração da China na economia global*   31

economias planificadas, os direitos aduaneiros não tinham impacto, quer no volume do comércio externo quer nas decisões de importação e exportação. Com base na política da auto-suficiência e do proteccionismo das indústrias nacionais, as taxas dos impostos eram muito altas, de natureza até mesmo proibitiva, ao ponto de sufocarem o crescimento do comércio externo da China. Entre 1956 e 1977, o comércio externo da China era inferior a 4% da produção interna, sendo inferior ao do Brasil e ao da Índia[29].

Sob o sistema de planificação central, vários ministérios e várias comissões administrativas de nível subcentral interferiram no comércio internacional, combinando funções de operação comercial e de operação administrativa. Eles tinham discricionariedade completa para traduzir directamente quaisquer objectivos administrativos para decisões comerciais. Por isso, não havia praticamente a necessidade de decretar leis para legitimar a administração do comércio externo.

Uma das promessas do governo chinês quanto à reforma económica, era reduzir o papel da economia planificada e introduzir mecanismos de mercado para a economia chinesa. Como uma parte deste encargo, o alcance da planificação do comércio externo foi reduzido no sentido de descentralizar a sua administração. Desde a década de oitenta, o Estado começou a utilizar mais activamente os direitos aduaneiros e as tributações como instrumentos das políticas comerciais. Em 1980, o antigo Serviço de Alfândega do Ministério do Comércio Externo foi elevado à qualidade de entidade ministerial independente (um departamento directamente sob a alçada do Conselho de Estado); à Administração Geral das Alfândegas foi atribuída a responsabilidade de formulação e administração de políticas, leis e regulamentos[30]. Em 1987, a Comissão das Taxas de Direitos Aduaneiros, um órgão do Ministério das Finanças, foi abolida e substituída pela nova Comissão de Direitos Aduaneiros, cujo presidente é o Ministro das Finanças. A nova Comissão de Direitos Aduaneiros do Conselho de Estado inclui o Chefe da Administração Geral das Alfândegas e o vice-ministro do Ministério do Comércio e das Relações Económicas Externas (MCREE)[31].

Ao mesmo tempo, a China esforçou-se por promulgar leis e pautas aduaneiras para uma administração mais transparente[32]. Em 1987, a Assembleia Popular Nacional decretou a *Lei Aduaneira*, com o fim de substituir

---

[29] YANG, Zixuan, *et.al,* (2000), *New Commentary on International Economic Law: The View of International Coordination,* Editora Universidade de Pequim, Beijing, p. 310.

[30] YANG, Zixuan, *et.al* (2000), p. 310.

[31] LARDY, (1992), p. 47.

[32] XU, Haining, *et.al,* (1998), *Zhongguo Duiwai Maoyi (O Comércio Externo da China),* Editora Mundial, Shanghai, p. 104.

a lei provisória que tinha orientado a alfândega desde 1951[33]. O artigo 35.°
da nova lei dispõe que todas as "pautas aduaneiras devem ser publicadas".
Em 1985, vários impostos alfandegários anteriormente anunciados foram
publicados na primeira pauta de alfândega. Desde então, todas as alterações
das taxas de impostos têm sido anunciadas numa publicação mensal da
Administração Geral das Alfândegas que se chama *A Alfândega da China*
e também nos relatórios anuais do Fundo Monetário Internacional[34].

A China também tentou tornar o seu regime de direitos aduaneiros
compatível com as práticas internacionais através da redução dos impostos alfandegários e da assunção de mais obrigações encarnadas nas várias
organizações e convenções internacionais. Em 1983, a China participou no
Conselho de Cooperação de Pautas Aduaneiras[35]. No entanto, os seus esforços de reduzir os direitos aduaneiros não foram tão bem sucedidos nos
primeiros anos da reforma como os de reformar o regime de administração
do comércio externo. A intenção de proteger as indústrias nacionais, especialmente as indústrias de tecnologia intensiva, nomeadamente a indústria
automobilística, a maquinaria e a electrónica, contra o influxo repentino
dos produtos estrangeiros, determinou passos cautelosos quando a China
reduziu as taxas de imposto generalizado. A China era um dos países com
maior protecção das estruturas pautais na década de oitenta e nos princípios da década de noventa[36]. Em 1992, a taxa média de impostos alfandegários da China era de 43%, enquanto que a média aritmética ponderada
era de 32%, semelhante às taxas dos países em vias de desenvolvimento
com protecção relativamente alta naquela altura. A redução dos direitos
aduaneiros começou em 1993[37] e tem vindo a ser praticada nos últimos
anos.

---

[33] The Working Committee on Law of the Standing Committee of the National
People's Congress et.al. eds, (1994), *The Laws of the People´s Republic of China Annotated,* Beijing, Law Press, pp. 1330-1358.

[34] Lardy, (1992), p. 47.

[35] Lardy, (1992), p. 46. Hoje em dia, esta organização chama-se *World Customs
Organization (WCO).*

[36] Houben, Hiddo, (1999), p. 9.

[37] Zhao, Wei, (1998), "China´s Wto Accession: Commitments and Prospects",
Journal of World Trade, 32 (2), p. 59.

O processo de integração da China na economia global 33

FIG I.1
Comparação das taxas dos impostos alfandegários entre os países em vias de desenvolvimento em 1992 [38]

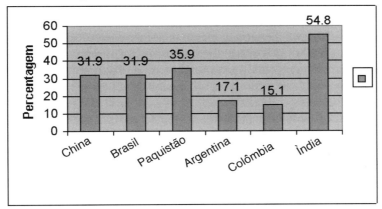

Fonte: World Bank (1994) : *China: Foreign Trade Reform*, p. 56.

FIG I.2
Processo de redução das taxas dos impostos alfandegários (*Simple Average Tariff*) da China

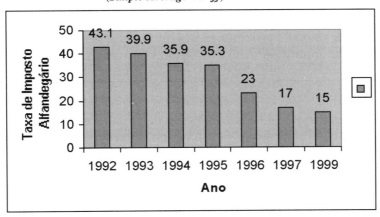

Fonte: The Most Important Step in Tax Reform in 1996
– The Reduction of Import Tariffs [39] e XUE, (1999)

---

[38] A taxa dos impostos alfandegários da China foi calculada com base na média aritmética ponderada (*weighted average*).
[39] Disponível em «hyperlink "http://www.cbw.com/business/chinatax/chinatax3.htm"».

FIG. I.3
Processo de redução das taxas dos impostos alfandegários
(*Weighted Average*) **da China**

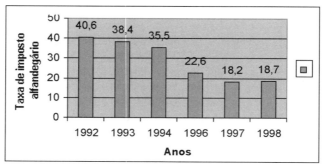

Fonte: World Bank, (1999), *World Development Indicators*, p. 340.

QUADRO I. 5
Mudanças das taxas dos impostos alfandegários na China (%)

Anos	Produtos primários		Produtos industrializados	
%	Simples	Ponderada	Simples	Ponderada
1992	36.2	22.3	44.9	46.5
1993	33.3	20.9	41.8	44.0
1994	32.1	19.6	37.6	40.6
1996	25.4	20.0	23.1	23.2
1997	17.9	20.0	17.5	17.8
1998	17.9	20.0	17.4	18.5

Fonte: World Bank, (1999), p. 340.

QUADRO I. 6
Impostos alfandegários de média aritmética ponderada pelo comércio
(*Average Trade-weighted Tariff*): **Comparação entre diversos países**

	Agrícola		Industrial		Total	
	1988	1996	1988	1996	1988	1996
China	64.9	16.9	33.5	19.6	35.3	19.4
Japão	18	8.6	3.3	2.2	5.3	3
Coreia do Sul	53.6	5.7	16.7	6.3	50.5	6.2
México	77.3	49	46.1	9.3	52.3	17
EUA	6	1.9	4.6	4.1	4.7	3.9

Fonte: Australian Government, Department of Foreign Affairs and Trade (DFAT), 1997[40]

---

[40] Foi encontrado em «hyperlink "http://cea.curtin.edu.au/uibe/ThorpeChina-AndWTO.htm"».

O *processo de integração da China na economia global* 35

A redução dos direitos aduaneiros abrange produtos mineiros, têxteis, químicos, produtos de madeira, de metal, couro cru, entre outros. As taxas dos impostos alfandegários sobre os produtos mineiros foram reduzidas até 60%. Além disso, as taxas dos impostos sobre as matérias-primas e sobre a maquinaria são muito baixas. As pautas aduaneiras dos produtos de consumo também foram ajustadas.

QUADRO I.7

Comparação da estrutura dos impostos alfandegários dos países em vias de desenvolvimento (média simples) (%)

	China	Argentina	Brasil	Índia
Produtos agrícolas	35.0	20.9	38.7	76.6
Produtos minerais	20.0	27.2	21.8	84.2
Artigos de consumo	65.0	13.3	66.0	101.8

Fonte: World Bank, (1993), YIN, (1998)[41], p. 128.

1.2.2.2. *Eliminação dos obstáculos não pautais*

Na China, os obstáculos não pautais das trocas comerciais são administrados a nível nacional e a nível local pela Comissão Económica e Comercial do Estado (CECE), Comissão de Projectos do Estado e Ministério do Comércio Externo e da Cooperação Económica (MCECE)[42]. As tradicionais barreiras não pautais incluem planos de importação, a canalização das importações através das empresas estatais de comércio externo, licenças de importação e de exportação, contingentes e restrições quantitativas, entre outros. Enquanto o papel dos impostos alfandegários se torna cada vez mais importante no regime do comércio externo da China, a importância dos vários obstáculos não pautais diminuiu gradualmente a partir dos anos noventa. Segundo a estimativa do Banco Mundial, todos os (não sobrepostos) obstáculos não pautais atingiram 51.4% das impor-

---

[41] YIN, Xiangshuo, (1998), *Zhongguo Duiwai Maoyi Gaige de Jincheng he Xiaoguo (O Processo e o Efeito da Reforma do Comércio Externo da China)*, Editora Economia de Shanxi, Taiyuan.

[42] Em 1982, o Ministério do Comércio Externo fundiu-se com o Ministério das Relações Económicas Externas, a Comissão de Controlo de Investimentos Estrangeiros e a Comissão de Importação e Exportação num novo ministério: o Ministério do Comércio e das Relações Económicas Externas (MCREE). Em 1993, foi modificada a sua nova designação para: Ministério do Comércio Externo e da Cooperação Económica (MCECE).

tações totais em 1992[43]. Esta prática não está claramente em conformidade com os princípios do GATT contra obstáculos não pautais.

1.2.2.2.1. Planos directores de importação e de exportação (Mandatory Plan)

Os planos de importação e de exportação eram considerados essenciais para o desenvolvimento económico do país. Em relação aos planos directores de importação, estes foram sujeitos à fixação de preços discrepantes em relação aos preços internacionais, sendo assim fundamentais subsídios à importação[44]. As mercadorias sujeitas aos planos de importação eram normalmente cereais, adubos químicos, minérios de ferro, algodão, madeira, pasta de papel, entre outros[45]. Em 1992, os produtos sujeitos aos planos directores ocuparam 18.5% das importações[46] e 15% das exportações totais[47]. Até aos fins de Junho de 1999, com excepção de 16 categorias dos bens que estavam sob o monopólio do Estado, a maioria das mercadorias foi negociada entre todos os empreendimentos com direitos de exploração de importação e exportação[48].

1.2.2.2.2. A canalização da importação: empresas comerciais do Estado

As importações sob os planos directores de importação eram também canalizadas para[49] as chamadas empresas comerciais do Estado, com o

---

[43] ZHAO, Wei, (1998), p. 59.

[44] Por exemplo: sob um regime de fixação dos preços, os preços dos produtos internos quase não mudaram com a desvalorização efectiva da moeda chinesa. Assim, a maioria dos produtos importados foi vendida na China aos mesmos preços fixados internamente. As empresas estatais responsáveis pela importação tinham de pagar mais dinheiro ao Banco da China (o único banco especializado nos câmbios antes da época da reforma) para comprar os produtos do mercado internacional. Depois de chegarem ao país, esses produtos foram tabelados de acordo com os preços internos, ou seja, eles foram vendidos a preços nacionais sem reflectirem os custos. Por isso, os danos tiveram de ser compensados pelo orçamento do Estado.

[45] YANG, Zixuan, et.al, (2000), p. 312.

[46] World Bank, (1994), China: Foreign Trade Reform, Washington DC, p 63.

[47] YIN, (1998), p. 92.

[48] Hong Kong Trade Development Council, Market Profile on Chinese Mainland, «hyperlink "http://www.tdctrade.com/main/china.htm#1" »

[49] Segundo o Banco Mundial, THORPE, Michael, (2000), China and the WTO, «hyperlink "http://www.cea.curtin.edu.au/uibe/ThorpeChinaAndWTO.htm" »

O processo de integração da China na economia global 37

objectivo de facilitar a administração dos subsídios. Em 1992, estima-se que 32% das importações totais tenham sido submetidas a controlo através desta canalização[50].

Até 1978, 12 empresas comerciais do Estado foram controladas directamente pelo Ministério do Comércio Externo. Elas monopolizavam efectivamente a importação e exportação de um vasto leque de produtos[51], quer dizer, as empresas de produção podiam importar somente através da compra de bens importados pelas empresas comerciais do Estado e podiam exportar através da venda a essas mesmas empresas.

A partir de 1979, a China descentralizava a administração do comércio externo através da outorga do direito de exploração aos outros ministérios do governo central (os outros ministérios podiam também instituir empresas comerciais do Estado que importavam apenas bens relacionados directamente com a produção das outras empresas), às províncias (as empresas comerciais públicas estabelecidas por uma província não podiam vender a outras províncias), municípios e muitas empresas públicas de produção[52]. Em 1990, entre os 500 maiores empreendimentos do comércio externo na China, 443 foram criados localmente como empresas (ou sociedades) públicas de comércio externo[53]. Desde 1984, as empresas estatais de produção têm podido solicitar o direito de exploração, que lhes permite importar o que necessitam para as suas produções, sem comprar através das empresas comerciais do Estado. Hoje em dia, todas as empresas (sociedades) estatais de produção recebem o direito de exploração, salvo se existe uma boa razão para a recusa. Note-se que a restrição do direito de exploração deve ser utilizada para a sua própria produção. Nas 5 zonas económicas especiais[54], o direito de exploração do comércio externo das empresas de manufactura está sujeito ao regime de registo em vez

---

[50] World Bank, (1994), p 64.

[51] HARROLD, Peter, (1995) "China: Foreign Trade Reform: Now For The Hard Part", *Oxford Review of Economic Policy*, Vol.11, N.° 4, p. 136.

[52] A reforma económica interna da China realizou-se a dois níveis, o primeiro foi a descentralização e a separação de direitos entre o governo e as empresas, o segundo foi a reforma de preços, ou seja, diminui-se gradualmente o controlo de preços, ao mesmo tempo que se alarga o âmbito do ajustamento do mercado, realizando, afinal, uma economia controlada pelo mercado. Estas medidas, juntamente com a reforma cambial da reestruturação do regime comercial externo, são compatíveis com os objectivos da reforma interna. YIN, (1998), pp. 6-7.

[53] WILLIAMS, Brett, *China´s Accession to GATT and the Control of Imports of Goods by State Trading Enterprises in China*, «hyperlink "http://law.anu.edu.au/china-wto"».

[54] São: Shenzhen, Zhuhai, Shantou, Xiamen, Hainan.

de autorização. Em teoria, a concessão do direito de exploração tornou-se automática. Na prática, tais autorizações dependem dos capitais sociais e das actividades já realizadas pelas empresas. Desde 1992, empreendimentos estatais de comércio interno têm tido o direito de exploração do comércio externo [55].

Desde 1984, sociedades com investimentos estrangeiros (SIE) podem importar o que necessitam para a sua própria produção [56-57]. O governo iniciou a experiência em 1997 com a concessão do direito de comércio a algumas sociedades de comércio externo na área de Pudong, em Shanghai. Tais sociedades, nas quais o sócio chinês tem que obter a participação maioritária, devem ser orientadas para a exportação [58].

Um factor-chave do regime da Organização Mundial do Comércio é o direito dos indivíduos de se lançarem no comércio externo sem quaisquer formas de intervenção ou controlo do Estado. Somente a partir de 1 de Janeiro de 1999, empreendimentos privados chineses puderam solicitar o direito de comércio externo [59]. Entretanto, tais direitos são limitados à importação dos produtos para as próprias produções. De qualquer modo, este é um avanço significativo no regime do comércio externo da China, desde 1978. Até ao final do mês de Junho de 1999, foi concedido a 142 empreendimentos privados o direito de exploração. O governo central decidiu substituir o regime de aprovação qualificativa, no qual os empreendimentos pediam o direito de exploração, ao abrigo do novo regime de registo automático [60].

---

[55] WILLIAMS, Brett.

[56] WILLIAMS, Brett, *"PRC Laws relating to Sino-Foreign Equity Joint Ventures, to Sino-Foreign Contractual Joint Ventures and to Wholly Owned Foreign Owned Enterprises introduced respectively in 1979, 1988 and 1986 provide for such foreign invested enterprises to be able to import what they need for their own production."*

[57] O artigo 9.º da *Lei do Comércio Externo* dispõe o seguinte: *"Enterprises with foreign investment shall be free from obtaining the permission as stipulated in the first paragraph of this Article, if they, in accordance with the laws and administrative rules and regulations governing enterprises with foreign investment, import non-productive goods for their own uses, or necessary equipment, raw materials and other goods for their production, or export their own products".*

[58] HOUBEN, (1999), p. 8.

[59] YAO, Sufeng, (1999), "Zai Xiang Guoji Maoyi Guifan Kaolong" (A China Permite que Economias Privadas Entrem no Sector do Comércio Externo), *Intertrade*, N.º 3, p. 20. O papel das economias privadas é cada vez mais importante, em 1996, representavam 30.8% no PIB.

[60] Hong Kong Trade Development Council, *Market Profile on Chinese Mainland.*

O processo de integração da China na economia global 39

Até fins de Junho de 1999, havia mais de 185300 empreendimentos de comércio externo, incluindo 13224 companhias de comércio externo e de cooperação económica, 12143 empreendimentos locais de produção e institutos de investigação científica e 160000 empreendimentos com investimentos estrangeiros que possuíam o direito de exploração de importação e exportação[61].

Em suma, segundo as leis chinesas, as transacções de importação podem ser realizadas pelas empresas comerciais do Estado a nível central (MCECE ou outros ministérios) ou a nível provincial e também pelas outras entidades, desde que tenham o direito de exploração do comércio externo, designadamente, empresas públicas de produção, empresas públicas de comércio interno, SIE e empresas privadas. Saliente-se que a concessão do direito de exploração do comércio externo baseia-se em condições prévias. Geralmente, o direito à importação depende da realização das exportações de determindado nível. Tal exigência faz parte da política de controlo do fluxo de divisas[62].

Desde 1991, os subsídios governamentais para exportações foram anulados e cada empresa pública de comércio externo começou a ser responsável pelos seus próprios lucros e perdas.

1.2.2.2.3. *Licenças de importação e de exportação*

A concessão de licença para importação ou exportação é uma das barreiras não pautais extensamente utilizadas na China para controlar o volume e a composição de mercadorias do comércio externo.

É curioso que a China tenha retomado o uso da concessão de licenças no comércio externo, no início dos anos oitenta, como um instrumento para reduzir o alcance dos planos directores de importação e exportação. Quando a República Popular da China foi estabelecida em 1949, adoptou a política de autorização das licenças para controlar o comércio. Todavia, tal política foi abandonada em meados da década de cinquenta, quando o regime centralizado do comércio externo, que se baseava nos planos directores nacionais, foi estabelecido[63]. Depois que a reforma começou, o regime de concessão de licenças foi reconstituído como um meio para

---

[61] Hong Kong Trade Development Council, *Market Profile on Chinese Mainland.*

[62] Tais condições prévias talvez causem inconformidade com várias disposições do GATT e da OMC, incluindo o tratamento nacional e as medidas de investimento relacionadas com o comércio, de que falaremos a seguir.

[63] LARDY, (1992), p 43.

deslocar funções dos planos directores e também para servir vários objectivos. Embora nas economias de mercado a utilização das licenças de importação e exportação seja considerada a mudança do livre-cambismo para um regime mais proteccionista, na China, pelo contrário, tal adopção reflectiu a passagem da primeira para a segunda etapa de liberalização, na qual o papel das plenas restrições quantitativas diminuiu devido às outras medidas utilizadas, nomeadamente, impostos alfandegários e subsídios à exportação[64].

Do ponto de vista da importação, o governo chinês julgou que as licenças podiam contrabalançar o desequilíbrio entre a crescente necessidade de importação e a escassez de moeda estrangeira, proteger algumas indústrias nacionais, melhorar a distribuição da importação, tornando-a mais racional.

Do ponto de vista da exportação, as licenças serviram para impedir as exportações excessivas, para restringir as exportações dos produtos de que a China era o fornecedor dominante no mercado internacional, com o fim de maximizar lucros, através de uma limitação do volume, e para garantir que a China não ultrapassasse restrições quantitativas de produtos particulares, nomeadamente, os produtos têxteis impostos pelos países mais desenvolvidos[65].

Em 1992, 53 categorias de produtos estavam sujeitas à autorização de licenças de importação[66]. Desde então, a China reduziu várias vezes o número dos produtos sujeitos às licenças de importação. No final do ano de 1993, 195 produtos viram canceladas as licenças de importação[67]. Em Janeiro de 1996, a China abandonou o controlo de licenças de importação de 176 produtos[68]. Até final de 1999, apenas 35 categorias dos produtos foram sujeitas a licença de importação[69]. Em 1 de Janeiro de 1999, a Alfândega chinesa anunciou que o número dos produtos sujeito a licença de exportação foi reduzido de 707 para 395 (44% de redução). Desde Janeiro de 2000, somente 54 categorias dos produtos têm sido sujeitas às licenças de exportação[70]. Os produtos que ainda precisam das licenças de

---

[64] LARDY, (1992), p. 43, citando a opinião de KREUGER, Anne O (1978), *Liberalization Attempts and Consequences,* Cambridge, Mass. Ballinger Publishing Co. pp. 24-26.

[65] LARDY, (1992), p. 43 e ss.

[66] LIU, Xiandong, *et.al,* (1992), *Zhongguo Duiwai Jingji Maoyi Zhinan (Introdução às Políticas Económicas e Comerciais da China),* p. 100.

[67] *People's Daily,* 27 de Maio de 1994.

[68] *People's Daily,* 3 de Janeiro de 1996.

[69] Hong Kong Trade Development Council.

[70] Hong Kong Trade Development Council.

exportação são matérias-primas, bens alimentares e bens industrializados, entre outros [71].

1.2.2.2.4. *Contingentes de importação e de exportação*

Em relação aos contingentes de importação e exportação, as práticas da China não têm ultrapassado os passos dos países ocidentais a favor do livre-cambismo [72]. Na realidade, os contingentes de exportação foram originalmente adoptados para garantir efectivamente a utilização daqueles impostos nas exportações dos produtos têxteis pelos países ocidentais, nomeadamente os Estados Unidos e a União Europeia. Consequentemente, o sistema de contingentes é basicamente passivo por natureza. Apenas poucos contingentes de importação são activamente impostos com o objectivo de proteger as indústrias de maquinaria, de material electrónico e com o objectivo de manter a balança de pagamentos. Em 1992, os contingentes de importação eram de 7.7% da importação total e os contingentes de exportação eram de 15% da exportação total [73]. Evidentemente, o actual sistema de contingentes não tem sido utilizado para impedir o processo do livre-cambismo, por isso, não deve ser obstáculo para a adesão da China à OMC. Por outro lado, a China tem empreendido uma eliminação gradual dos contingentes de exportação e licenças e a redução das restrições quantitativas [74].

1.2.3. **Em direcção ao tratamento nacional**

Baseado no princípio da não discriminação, os acordos multilaterais da OMC exigem que cada membro conceda a qualquer outro membro não

---

[71] «hyperlink "http://www.usinfo.state.gov/regional/ea/uschina/prcnte99.htm"».

[72] Por exemplo, os contingentes são extensamente utilizados pelos Estados Unidos para proteger a produção nacional dos produtos agrícolas, têxteis, siderúrgicos e electrónicos. Comparativamente, as licenças de importação e controlo da China concentram-se em três grupos de natureza semelhante: (1) matérias-primas agrícolas sujeitas aos controlos de preço e planos de importação (a borracha, a cortiça, a madeira, a pasta de madeira para papel e fibras têxteis como algodão e lã); (2) sectores de manufacturas essenciais, cuja produção nacional é muito importante: indústria têxtil, siderúrgica e maquinaria; (3) artigos de consumo, (bebidas e tabaco). CHAN, Yvonne, (1987), "Understanding the Tariff System", *The China Business Review,* Nov-Dec, pp. 46-48.

[73] World Bank (1994), pp. xx-xxi.

[74] LAI, Guangrong, YE, Qing, (1999), *WTO: Zhongguo Jiameng (A Adesão da China à OMC),* Editora Universidade de Xiamen, pp. 95 e ss.

só o tratamento de nação mais favorecida, como também o tratamento nacional. O artigo 3.° do GATT 1994 dispõe que "os membros reconhecem que os impostos e outras imposições internas, bem como as leis, regulamentos e prescrições, afectando a venda, a colocação à venda, a compra, o transporte, a distribuição ou a utilização de produtos no mercado interno e as regulamentações quantitativas internas, prescrevendo a mistura, transformação ou utilização de certos produtos em quantidades ou proporções determinadas, não deverão ser aplicados aos produtos importados ou nacionais de maneira a proteger a produção nacional"[75]. As normas do tratamento nacional da OMC encontram-se também definidas no Acordo Geral Sobre o Comércio de Serviços (artigo 17.°)[76], no Acordo Sobre os Aspectos dos Direitos de Propriedade Intelectual Relacionados com o Comércio (TRIPS: artigo 3.°), no Acordo Sobre as Medidas de Investimento Relacionadas com o Comércio (TRIMS: artigo 2.°).

1.2.3.1. *O tratamento nacional sobre o comércio de bens*

Em relação ao comércio de mercadorias, especialmente as taxas e formalidades relativas a produtos importados (por exemplo, o IVA e a sisa), bem como as outras práticas da China do princípio do tratamento nacional, estão conformes com a exigência do GATT[77].

1.2.3.2. *O tratamento nacional sobre o comércio de serviços*

Relativamente ao comércio de serviços, porque a China não é um membro da OMC, esta concede o tratamento nacional aos serviços e prestadores de serviços de outros países e regiões baseado nos princípios de benefício mútuo e recíproco[78].

1.2.3.3. *O tratamento nacional concedido aos investidores estrangeiros*

No que respeita ao tratamento nacional concedido aos investidores

---

[75] LOPES, J. M .Cidreiro, (1965), *O Acordo Geral sobre Pautas Aduaneiras e Comércio (GATT),* Fundação Calouste Gulbenkian, Lisboa.

[76] O tratamento nacional referido no Acordo Geral Sobre o Comércio de Serviços refere-se a compromissos específicos em vez de a obrigações gerais.

[77] XUE, Rongjiu, (1997), *The WTO and China´s Economic and Trade Develpoment, WTOCETD,* Editora Universidade de Economia e Comércio Externo, Beijing, p. 486.

[78] XUE, (1997), p. 491.

O processo de integração da China na economia global   43

estrangeiros, não há disposições expressas no Acordo Sobre as Medidas de Investimentos Relacionadas com o Comércio. O âmbito do Acordo é tão somente o das medidas de investimento ligadas ao comércio de mercadorias e indica taxativamente que nenhum membro poderá aplicar medidas incompatíveis com as disposições dos artigos 3.º e 11.º do GATT 1994[79]. Actualmente, o tratamento nacional para investidores estrangeiros na China é abordado na legislação nacional e nos convénios bilaterais.

1.2.3.3.1. *Breve apresentação do tratamento nacional na legislação chinesa e nos seus convénios bilaterais*

De acordo com o artigo 18.º e o artigo 23.º da Constituição da República Popular da China, "A República Popular da China permite a empresas estrangeiras, instituições económicas e indivíduos investirem na China segundo as leis e regulamentos. Os seus direitos legais e interesses estão sob a protecção das leis chinesas"; "A República Popular da China protege os direitos legais e interesses dos estrangeiros no território da China"[80].

A Lei Civil no seu artigo 41.º, n.º 2 dispõe que "empreendimentos com investimentos estrangeiros estabelecidos na China, que possuam condições legais, podem obter a qualificação de pessoa jurídica chinesa".

Actualmente, o tratamento nacional revela-se em três aspectos na legislação interna da China. Em primeiro lugar, usa-se o tratamento nacional relativamente a medidas correctivas judiciais e administrativas. Tanto a *Lei Processual Civil* como a *Lei Processual Administrativa* dispõem que "estrangeiros, pessoas sem nacionalidade, empreendimentos estrangeiros e organizações estrangeiras possuem os mesmos direitos e as mesmas obrigações de litígios como os cidadãos chineses e organizações chinesas quanto à petição, à contestação e ao contencioso administrativo"[81].

Um outro exemplo, o *Regulamento sobre o Incentivo aos Investimentos Estrangeiros,* publicado pelo Conselho de Estado, dispõe que "sociedades com investimentos, quando encontrem situações de cobrança irracional, podem recusar-se a pagar ou apelar para Comissões Económicas locais e até para a Comissão Económica Nacional".

---

[79] CAMPOS, João Mota de, *et.al,* (1999) *Organizações Internacionais,* Fundação Calouste Gulbenkian, Lisboa, p. 375.

[80] Tradução livre.

[81] *Quanguo Lushi Zige Kaoshi Falu Fagui Huibian (O Conjunto de Leis e Regulamentos para o Exame Ad-Hoc dos Advogados),* Editora Direito , Maio de 1995, p. 9, 11, 337, 1404, 1566).

Em segundo lugar, aplica-se o tratamento nacional em actividades de investimento [82]. (1) Sob a mesma condição, as SIEs usufruem do mesmo tratamento que as empresas nacionais quanto à compra de produtos e matérias-primas na China [83]. (2) Sempre que as SIEs comprem carvões de combustíveis, gasolinas de veículos, matérias-primas (excepto ouro, prata, platina, petróleo, carvão e madeira) e outros produtos que não sejam vendidos pelas empresas comerciais do Estado, com o escopo de vender na China, são-lhes cobradas despesas de serviços, nomeadamente, serviços de abastecimento, de transporte, de publicidade, laborais, consultivos, que pagam com a moeda RMB, tal como os empreendimentos internos. (3) Aos produtos vendidos pelas SIEs na China serão aplicados preços RMB, de acordo com regulamentos do Estado, salvo com autorização de órgãos administrativos de preços que permitam a fixação segundo os preços do mercado internacional [84].

Em terceiro lugar, usa-se o tratamento nacional na protecção dos bens que constituam investimento estrangeiro. O artigo 18.° da *Lei das Sociedades* dispõe expressamente que "esta lei aplica-se às sociedades por quotas com investimentos estrangeiros". *O Regulamento sobre a Aplicação do IVA, da Sisa e do Imposto Comercial pelas SIEs e pelos Empreendimentos Internos* dispõe que, a partir de 1 de Janeiro de 1994, seria unificada a tributação dos empreendimentos referidos.

Além disso, *A Sugestão do Comité Central do Partido sobre o "9.° Plano de Cinco Anos" do Desenvolvimento Social e da Economia Nacional e sobre o Plano de Longo Alcance de 2020* indica que a China aplicará gradualmente o tratamento nacional às SIEs. O alcance dos investimentos estrangeiros permitidos na China é cada vez maior [85].

Há cerca de 50 convénios bilaterais assinados pela China e pelos outros países que revelam de facto o tratamento nacional para investimentos

---

[82] Em relação à legislação interna da China quanto ao princípio do tratamento nacional relativo às medidas relacionadas com o comércio, será analisada mais profundamente no terceiro capítulo, concentrando as diferenças entre a legislação interna e as exigências do acordo respectivo da OMC, nomeadamente o conteúdo local, o requerimento para a realização da exportação, a restrição do acesso a divisas, entre outros.

[83] Sobre as políticas de "conteúdo local" (*local content),* as leis e regulamentos discriminatórios já foram modificados de forma gradual na China. Ver explicações detalhadas no terceiro capítulo sobre os compromissos estabelecidos pela China nas negociações de entrada na OMC.

[84] XUE, (1997), p. 490.

[85] *Ibidem.*

estrangeiros [86]. Entretanto, nem todos os tratados envolvem o princípio do tratamento nacional.

1.2.3.3.2. *A reforma da tributação*

Em relação à tributação interna, caso fosse aplicada discriminativamente nos investimentos estrangeiros ou nos produtos importados, funcionaria como um tipo do proteccionismo disfarçado contra o comércio livre.

Antes de 1990, a China tinha uma estrutura fiscal extremamente complicada, com uma característica de tratamento desigual não só nos empreendimentos internos, companhias estrangeiras, sociedades com participação estrangeira, como também no âmbito dos empreendimentos nacionais, com diferentes formas de propriedade (empresas públicas, empresas privadas, sociedades de economia mista). Antes da reforma, as empresas públicas não tinham obrigação de pagar impostos, limitavam-se a entregar os lucros ao Estado. A partir de meados da década de oitenta, foi introduzido o imposto sobre o rendimento dos empreendimentos, variando as taxas entre 55% e 68.5%. Os empreendimentos colectivos eram tributados a uma taxa progressiva até 55%, não lhes sendo exigido entregar parte dos seus lucros directamente ao governo central [87].

Entretanto, os empreendimentos com participação estrangeira estavam sujeitos a um tratamento diferente, no que diz respeito à tributação. Foram divididos em duas categorias: empreendimentos estrangeiros e empreendimentos com investimentos estrangeiros. Segundo as definições jurídicas dadas pelas leis chinesas, "empreendimentos estrangeiros" são aquelas sociedades ou outras organizações económicas que absorvam rendimento produzido na China, tenham ou não sede no país. "Empreendimentos com investimentos estrangeiros" aplicam-se àquelas sociedades ou organizações económicas estabelecidas na China com participação estrangeira. A maior diferença na situação jurídica é que apenas estes consistem pessoa jurídica chinesa sujeita à jurisdição das leis chinesas [88]. Consoante o tipo e a

---

[86] Por exemplo, o convénio de 1986 assinado pela China e pelo Reino Unido sobre a protecção e a promoção mútua de investimentos e o convénio de 1988 entre a China e o Japão dispõem a reciprocidade do tratamento nacional. *Vide* XUE, (1997), p. 491.

[87] Consultar a página «hyperlink "http://members.aol.com/junmanew/chap1.htm"».

[88] Quanguo Renda Changweihui Fazhi Gongzuo Weiyuanhui, (Working Committee on Law of the Standing Committee of the National People's Congress Comp.) (1994) *Zuixin Changyong Jingji Falufagui Shouce, (Manual de Leis e Regulamentos Económicos Mais Recentes)*, p. 349.

proporção do investimento, os empreendimentos com investimentos estrangeiros foram divididos em mais três tipos: *joint ventures (Chinese-Foreign Equity Joint Ventures)*, cooperativas com capitais estrangeiros (*Sino-Foreign Contractual Cooperative Enterprises*) e sociedades com capitais exclusivos estrangeiros (*Enterprises Operated Exclusively with Foreign Capital*) [89].

Com este duplo sistema de tributação em que um se aplica aos empreendimentos internos e o outro aos empreendimentos com interesses estrangeiros, as taxas de imposto não são, obviamente, compatíveis. Com certeza, esta prática não discriminou os empreendimentos estrangeiros nem os empreendimentos com investimentos estrangeiros. Em vez disso, o governo cedeu o tratamento privilegiado da tributação aos empreendimentos com participação estrangeira para atrair investimentos estrangeiros. Por isso, enquanto estes empreendimentos pagaram 33% de imposto de rendimento, os empreendimentos internos pagaram uma taxa progressiva até 55% [90].

Apesar do facto de não haver discriminação contra os empreendimentos com investimentos estrangeiros, o duplo sistema de tributação criou numerosos problemas para sócios estrangeiros devido à sua complexidade. Antes de mais nada, além do imposto sobre o rendimento, aos empreendimentos com investimentos estrangeiros foi igualmente exigido o pagamento do imposto consolidado sobre a indústria e o comércio, que era extremamente complicado, com 42 taxas diferentes, de acordo com os diferentes tipos de indústrias, produtos e transacções [91]. Em segundo lugar, mesmo dentro de uma *joint venture*, à parte chinesa foi exigido pagar os impostos conforme os regulamentos para empresas internas, enquanto a parte estrangeira tinha de pagar de acordo com outro conjunto de leis especialmente estabelecido para os empreendimentos com investimentos estrangeiros. Este sistema complicado criou confusões dispensáveis entre investidores estrangeiros que não estavam familiarizados com o regime jurídico da China.

---

[89] *Quanguo Lushi Zige Kaoshi Falu Fagui Huibian (O Conjunto de Leis e Regulamentos para o Exame Ad-Hoc dos Advogados)*, Editora Direito , Maio de 1995, pp. 1404 e ss.

[90] *Manual*, (1994), p. 350.

[91] YAO, Meizhen, (1989), *Waishang Touzi Qiyefa Jiaocheng (Decurso da Lei dos Empreendimentos com Investimentos Estrangeiros)*, Editora Universidade de Pequim, pp. 161 e ss. Normalmente, os investidores estrangeiros tinham de pagar maiores taxas de imposto do que os empresários internos sob o imposto consolidado sobre a indústria e o comércio. Segundo WANG, Hongtao, (1995), "The Impact of Tax Reform on Foreign Investment in China", *Intertax,* vol. 2, p. 89.

O processo de integração da China na economia global 47

Mais importante ainda, este duplo sistema de tributação contradisse o princípio do tratamento nacional. Em 1991, entrou em vigor a *Lei do Imposto sobre o Rendimento dos Empreendimentos Estrangeiros e dos Empreendimentos com Investimentos Estrangeiros*[92]. Esta lei aplica uma taxa uniforme do imposto sobre o rendimento para os três tipos de empreendimentos com investimentos estrangeiros, embora os empreendimentos estrangeiros sejam tributados com taxas diferentes consoante a natureza dos rendimentos[93]. Todas as pessoas jurídicas chinesas com participação estrangeira são sujeitas à taxa uniforme do rendimento de 30% e, além disso, 3% do rendimento local é cobrado na base tributável. O total equivale a 33%, valor inferior à taxa normal de 40%-50% cobrada pelos outros países sobre empreendimentos estrangeiros.

Por outro lado, no final de 1993, medidas similares foram adoptadas para unificar a estrutura de tributação relativa aos empreendimentos internos. A taxa é fixada também em 33%, independentemente das formas de propriedade estabelecidas. Aliás, o IVA, a Sisa e o imposto comercial têm sido aplicados[94].

Embora vários tratamentos privilegiados de tributação sejam reservados aos empreendimentos com investimentos estrangeiros[95], estas novas disposições colocam diferentes tipos de empreendimentos no mesmo plano, em matéria de tributação. A unificação do regime tributário, etapa primordial para o estabelecimento da economia de mercado, tem colocado o regime jurídico de tributação da China em conformidade com as exigências do tratamento nacional do GATT e da OMC.

1.2.4. **Em direcção à economia de mercado: a reforma cambial**

Desde o início dos anos oitenta, a reforma cambial, com o fim de promover a exportação, tem sido um dos aspectos nucleares da reforma do regime de comércio externo em geral e a introdução dos poderes de mer-

---

[92] *Manual*, pp 349-353.

[93] WANG, Guiguo, (1994), pp. 57-58.

[94] Para mais informações, consultar a página «hyperlink "http://www.cbw.com/ /business/chinatax/chinatax4.htm"» e «hyperlink "http://www.chinaonline.com/issues /econ_news/NewsArchive/secur_/C90987S_PRE.as"».

[95] Por exemplo, se localizados em zonas económicas especiais ou ligados ao sector da produção, podem ser aplicadas taxas de IRC de 24%, 15% ou menos, ficando ainda isentos do pagamento de IRC nos primeiros dois anos de exploração das actividades. XUE, (1997), pp. 493-494.

cado nas decisões das taxas de câmbio de RMB é considerada uma das características importantes desta reforma.

Como referimos anteriormente, antes da abertura da economia chinesa ao exterior, todas as relações comerciais externas foram orientadas rigorosamente segundo planos directores de importação e exportação. Isto demonstra que a taxa cambial tinha muito pouca influência sobre o nível e a forma do comércio externo. Sem dúvida, era essencialmente um instrumento de contabilidade utilizado na formulação dos planos do comércio externo. Na época da pré-reforma na China, a taxa de câmbio não reflectia o preço tanto no comércio externo como na afectação dos recursos.

O papel da taxa cambial começou a mudar em 1978, após a descentralização do direito à exploração do comércio externo para os governos subnacionais e demais empresas. Desde então, a taxa cambial começou a ser aplicada para motivar decisões de importação e exportação. As empresas ou sociedades envolvidas no comércio externo não tinham incentivos para aumentar a exportação porque a moeda interna era sobrevalorizada. Para colmatar tal efeito, a China começou a modificar as suas políticas cambiais.

Antes de mais nada, as taxas de câmbio oficiais foram sucessivamente desvalorizadas, no sentido de compensar custos crescentes das exportações. Em segundo lugar, foi introduzido o programa de retenção de divisa, no qual os governos subcentrais e as empresas /sociedades de comércio externo foram incentivados a conservar a parte dos seus rendimentos de divisas para financiar as próprias importações. Em terceiro lugar, os centros de câmbios foram estabelecidos em 1988, permitindo aos exportadores converter os seus rendimentos conservados em taxas de câmbio mais favoráveis. Embora o programa de retenção e os centros de câmbio fossem esboçados para fornecer incentivos aos exportadores, eles contribuíram para a convertibilidade da moeda chinesa.

Entre 1988 e 1993, a China tinha o regime de taxa dual de câmbio, que constou de dois elementos: (1) o regime de afectação administrativa através dos planos cambiais; (2) compras e vendas dos rendimentos de divisas conservados através dos centros de câmbios. Comparado com o regime cambial altamente centralizado antes da reforma, este regime de taxa dual de câmbio promoveu a função de mercado em relação à afectação de divisas. Embora fosse razoavelmente eficaz para estimular o aumento da exportação e do comércio externo da China, tal regime tinha problemas. Este não reflectia os preços reais que, sucessivamente, podiam exercer influências penetrantes na economia chinesa.

Em 1 de Janeiro de 1994, a China uniformizou as taxas de câmbio oficiais e as taxas de câmbio dos centros de câmbios e estabeleceu um mercado cambial inter-bancário unificado. A partir de 30 de Novembro de 1996, o renminbi tem vindo a ser completamente convertido sob a forma de conta-corrente. Agora não há restrições de receitas e despesas de câmbio relacionadas com o comércio[96]. A reserva de divisas da China atingiu US$156.8 biliões no fim de Março de 2000, sendo o segundo maior depois do Japão. O renminbi tem-se mantido estável dentro dos limites estritos de US$1=RMB8.3[97].

1.2.4.1. *Do regime de planos ao regime de taxa dual de câmbio*

Quando o comércio externo foi descentralizado em 1978, a China considerou que a prática de as empresas envolvidas no comércio externo entregarem, com base numa taxa de câmbio sobrevalorizada, todos os seus rendimentos de divisas ao governo central, diminuíria os proveitos das exportações e, consequentemente, reduziria os incentivos às exportações das empresas comerciais do Estado. A partir de 1978, várias medidas na administração de divisas, não só contribuíram para o aumento das exportações, mas também criaram o regime mais liberal da taxa dual de câmbio e prepararam o caminho para a convertibilidade de conta-corrente.

1.2.4.1.1. *A desvalorização*

Antes da descentralização do comércio externo, o efeito da taxa cambial sobre as importações e exportações não era significativo na China porque o fluxo das trocas internacionais era geralmente determinado pelos planos. A taxa de câmbio era designada para influenciar poucos factores não comerciais, nomeadamente, as remessas pelos chineses no estrangeiro e os rendimentos do turismo[98]. Como consequência, a taxa de câmbio era fixada com base nos produtos de consumo na China e nas principais cidades do mundo. Uma vez que os produtos de consumo na China eram sub-avaliados, isto conduziu à sobrevalorização do renminbi[99] (Quadro I.8).

---

[96] Hong Kong Trade Development Council.

[97] Hong Kong Trade Development Council.

[98] ZHANG, Zhichao, (2000), "Exchange Rate Reform in China: An Experiment in the Real Targets Approach", *The World Economy,* Vol. 23, N.º 8, August, p. 1057.

[99] LADRY, (1992), p. 66.

QUADRO I.8

Comparação entre preços internos e preços internacionais (Junho de 1984) [100]

Categorias	Preço Interno (Preço Internacional=100)
Produtos agrícolas	74.6
Produtos têxteis	79.0
Produtos químicos	109.9
Energias	24.5
Matérias de construção	33.2
Produtos metalúrgicos	53.4

Fonte: YIN, (1998), p. 60.

No sentido de aliviar o efeito obstrutivo à exportação, devido a valorização excessiva, o governo começou a desvalorizar o RMB, a partir de 1981[101], com a introdução de uma taxa de liquidação interna (*internal settlement rate*) [102] de 2.8 yuan por cada dólar americano em transacções comerciais [103] (a taxa de câmbio oficial manteve-se). A desvalorização marcou um momento decisivo nas políticas cambiais da China. Desde 1981 até 1993, as taxas de câmbio na China eram determinadas principalmente pelos custos médios do cambio de divisas [104]. De acordo com o aumento

---

[100] O preço interno refere-se ao preço de compra ou ao preço de produção. Todos os preços foram cambiados de acordo com a taxa de liquidação interna de 2.8 yuan por cada dólar americano.

[101] LARDY, (1992), p. 67.

[102] A liquidação interna significa utilizar taxas de câmbio mais favoráveis relativamente ao crédito e ao débito do comércio internacional e manter as taxas de câmbio oficiais nas outras aplicações de divisas. YIN, (1998), p. 111.

[103] Quando o regime de taxa dual de câmbio foi criado, a China começou a desvalorizar a taxa de câmbio oficial com o fim de aproximar a taxa de liquidação interna. Até finais de 1984, a taxa de câmbio oficial tinha atingido 2.8 yuan por dólar americano e a taxa de liquidação interna foi abolida em 1985. *Vide* BA, Shusong e HAN, Qiang, "Shichanghua yu Duojihua: Waihui Guanli Tizhi Gaige de Shuangchong Renqu", (As Duas Obrigações da Reforma Cambial) no livro *Zhongguo Gaige Fazhan de Zhidu Xiaoying (O Efeito das Reformas da China),* editado por HAN, Zhiguo, *et.al,* (1998), vol. 2, Editora Ciência Económica, Beijing, p. 656. ZHANG, Zhichao, (2000), p. 1064. *"The rate was based on the domestic cost of earning a unit of foreign exchange through exporting, which was substantially lower (depreciated) than the official exchange rate"*.

[104] LARDY, (1992), p. 67. A taxa de liquidação interna equivale ao custo do câmbio de divisas mais os lucros. O valor de 2.8 yuan foi escolhido porque, em 1979, o custo médio do câmbio de um dólar no mercado internacional era de 2.4 yuan. *Vide* também ZHANG, Zhichao, (2000), p. 1064. *"The Internal Rate marked the first official recognition that then the exchange rate was overvalued"*.

O *processo de integração da China na economia global* 51

dos custos médios do câmbio de divisas, as taxas de câmbio foram gradualmente realizadas, com o objectivo de tornar as exportações lucrativas [105] (ver o quadro I.9).

As mudanças das taxas de câmbio da China, antes de 1994, revelam uma característica notável. Embora as taxas de câmbio fossem estabelecidas para obter lucros das exportações, elas eram geralmente mais baixas do que os custos médios do câmbio de divisas [106]. Isto significa que a desvalorização nesse período foi executada para compensar passivamente os custos crescentes das exportações [107], em vez de promover activamente as exportações.

O facto de as taxas de câmbio oficiais mudarem consoante os custos médios do câmbio de divisas também revela que a desvalorização durante este período foi conduzida pela reforma interna dos preços, pela reforma das empresas públicas e pelas próprias políticas cambiais. Antes do início da reforma dos preços [108] e da reforma das empresas estatais, o governo tinha o controlo relativamente razoável sobre os custos das exportações, porque as empresas estatais tinham de entregar quantidades fixas de produtos internos às empresas de comércio externo aos preços fixados segundo os planos. À medida que as reformas continuavam, as empresas internas podiam ajustar e decidir os preços e as quantidades dos produtos fornecidos às empresas de comércio externo. Por conseguinte, os custos das exportações das empresas de comércio externo subiram. O governo foi então obrigado a desvalorizar a moeda. A desvalorização, só por si, acelerou o aumento dos preços e, uma vez mais, exerceu pressões sobre as taxas de câmbio.

---

[105] LARDY, (1992), p. 71.

[106] HAN, Zhiguo, *et.al* (1998), p. 665.

[107] Devido ao incentivo da taxa de liquidação interna, as empresas exportadoras, por um lado, aumentaram os preços e apressaram-se a comprar no país, por outro, baixaram os preços e saldaram no mercado internacional; desde então, os custos médios do câmbio de divisas têm aumentado de forma contínua.

[108] HAN, Zhiguo, *et.al* (1998), pp. 102-140.

QUADRO I. 9

Taxas de câmbio oficiais: 1979-1998

Ano	Yuan por Dólar Americano
1979	1.56
1980	1.5
1981	2.8
1982	2.8
1983	2.8
1984	2.8
1985	2.94
1986	3.45
1987	3.72
1988	3.72
1989	3.77
1990	4.78
1991	5.32
1992	5.51
1993	5.81
1994	8.61
1995	8.35
1996	8.31
1997	8.3
1998	8.28

Fonte: Instituto Nacional de Estatística da China
Livro Branco do Comércio Externo e da Cooperação Económica da China (1999), p. 341.

1.2.4.1.2. O programa de retenção de divisas

Por que razão as empresas exportadoras tinham incentivos à exportação quando os custos do câmbio de divisas eram mais altos do que as taxas de câmbio oficiais? Na China, a diferença entre ambos não reflecte os lucros reais das empresas de comércio externo, devido ao regime de retenção de divisas. Este regime foi introduzido em 1978 para estimular incentivos às exportações [109]. Depois que as empresas exportadoras venderam todos os rendimentos de divisas ao governo à taxa de câmbio oficial, o governo permitiu, tanto a estas empresas como aos governos locais,

---

[109] LARDY, (1992), p. 52. As divisas conservadas pelas empresas de comércio externo podiam ser vendidas a taxas de câmbio de mercado, como as empresas de produção podiam vender produtos fora dos planos a preços de mercado. Isto significa que o programa de retenção de divisas estava ligado à reforma interna dos preços.

O processo de integração da China na economia global

conservar a parte dos seus rendimentos em divisas. Caso pretendessem usar as divisas conservadas, poderiam comprá-las ao governo, utilizando o renminbi de acordo com a taxa de câmbio vigente, desde que o uso da divisa se restringisse aos limites dos regulamentos. Visto que as taxas de câmbio oficiais eram sobrevalorizadas, o direito de obter divisas às taxas de câmbio oficiais desvalorizou efectivamente a moeda nacional. Por conseguinte, algumas empresas de comércio externo tinham incentivos para aumentar as suas exportações mesmo que os custos médios para obter divisas fossem superiores às taxas de câmbio oficiais. A taxa da conservação de divisas das empresas e dos governos subnacionais aumentou consideravelmente [110], especialmente em 1991, quando os subsídios às exportações foram abolidos.

Embora a reforma cambial fosse executada para promover as exportações, veio pôr termo ao monopólio do governo no acesso e no uso de divisas. Agora o governo tinha de partilhar os rendimentos das divisas com os exportadores. Se bem que houvesse várias restrições sobre o uso de divisas conservadas, os detentores das quotas de divisas possuíram sempre um grau considerável de discricionariedade quanto ao uso de divisas, especialmente depois de 1988 [111]. O aumento contínuo da quota permitida pelo programa de retenção representou a diminuição contínua do monopólio do governo. A gradual convertibilidade do RMB começou em 1979 com a introdução deste programa [112].

1.2.4.1.3. *Os centros de câmbio*

Logo depois que o programa de retenção de divisas foi introduzido, as empresas e os governos locais obtiveram permissão para vender as suas quotas de divisas a todos os que pretendiam divisas para as importações. A possibilidade de cambiar as divisas nestes centros incentivaram as exportações, porque passou a oferecer aos detentores das divisas mais uma

---

[110] Para mais pormenores, *vide* LARDY, (1992), pp. 53-57.

[111] Em 1985, depois da queda das reservas da divisa, o governo impôs controlos severos sobre o uso da divisa conservada e congelou a maior parte dos rendimentos conservados. Tais controlos foram abolidos em 1988. LARDY, (1992), p. 59.

[112] A reforma cambial em muitos países em vias de desenvolvimento falhou devido ao conflito dos direitos adquiridos. A China teve sorte devido ao reduzido volume de importações; assim os direitos adquiridos sob o antigo regime não eram muitos. O desenvolvimento contínuo das exportações permitiu ao governo central manter o volume desejado de importações quando as quotas da divisa conservada foram aumentadas.

oportunidade de reter o valor dos rendimentos conservados. Além da aquisição das importações, os seus detentores podiam converter os rendimentos em taxas mais favoráveis do que as taxas oficiais. Semelhante ao programa de retenção de divisas, a troca nos centros de câmbio permitiu efectivamente a desvalorização posterior da moeda interna.

A partir de meados dos anos oitenta, a China adoptou cautelosamente um mecanismo de moeda com taxas duais, administrando taxas de câmbio através de uma rede flexível de centros de câmbio, que trataram cerca de 80% das transacções de câmbio[113]. Até 1989, havia 80 centros de câmbio no país; eles transformaram-se no único canal através do qual empresas estrangeiras, empresas com investimentos estrangeiros, empresários estrangeiros e turistas estrangeiros podiam fazer conversões na China[114]. As empresas com investimentos estrangeiros contavam com tais centros para adquirir o renminbi, com o fim de pagar despesas locais e cambiar os seus rendimentos internos em moeda forte. Todas as empresas, tanto nacionais como estrangeiras, adquiriram moeda forte nos centros de câmbio para pagar produtos importados.

Neste regime, o Banco Popular da China (*People's Bank of China*), que exerce a função de banco central na China, administrava as duas taxas de câmbio. Em primeiro lugar, o banco central estabeleceu uma taxa oficial para RMB, a qual foi usada para turistas, e a prioridade da importação dos planos do Estado. Em segundo lugar, o banco permitiu aos centros de câmbio fixar a taxa diária, admitindo a flutuação com um alcance limitado[115]. Esta taxa podia depreciar-se relativamente à taxa oficial, reflectindo com maior exactidão a oferta e a procura[116].

É preciso sublinhar as principais características dos centros de câmbio na China[117]. Antes de mais, tais centros não eram mercados inteiramente livres. Inicialmente, o governo tentava controlar as taxas através da imposição de taxas máximas[118]. Os preços dos centros de câmbio foram liberalizados gradualmente a partir de 1989. Para este efeito, o governo

---

[113] Zhang, Zhichao, (2000), p. 1065.

[114] Lardy, (1992), p. 61.

[115] Zhao, Wei, (1998), p. 57. "*As a matter of fact, the exchange rate in the swap markets was also decided by the People's Bank of China. The only difference was that it gave more attention to the demand /supply forces in the market when the bank declared it daily than it did in declaring the official rate. As a result, the swap market exchange rates of Yuan to major western currencies were always lower than the official exchange rates*".

[116] Lardy, (1992), p. 62.

[117] Lardy, (1992), pp. 57-66.

[118] Esta prática foi abolida em 1993.

tinha fixado os preços por meio de intervenção limitada em vez de por disposição directa. Em segundo lugar, o uso de divisas era controlado. Por exemplo, nos finais dos anos oitenta, os vendedores tinham que mostrar documentos que comprovavam que as divisas tinham sido adquiridas legalmente. Em muitos casos, alguns compradores tinham que obter licenças de importação do Ministério do Comércio Externo e da Cooperação Económica e a homologação para as suas transacções do Departamento Nacional da Administração de Divisas. Em terceiro lugar, eram restringidas transacções inter-centros de câmbio. Havia diferenças significativas entre os vários centros.

Uma vez o regime introduzido como uma medida de reforma para descentralizar a administração de divisas, o regime de taxa dual tornou-se rapidamente um objecto de crítica internacional, devido à sua incompatibilidade com práticas internacionais do GATT e do FMI [119], revelando-se um obstáculo não pautal com a característica proibitiva do comércio externo da China. As críticas concentraram-se em dois aspectos: em primeiro lugar, este mecanismo de taxa dual serviu como instrumento de subsídio do Estado para as empresas estatais que controlavam a importação, ou seja, através da manutenção da diferença imposta artificialmente entre as taxas de câmbio oficiais e as taxas flutuantes nos centros de câmbio, foi afirmado que o governo da China podia proteger algumas indústrias permitindo-lhes pagar as mercadorias importadas a uma taxa oficial sobrevalorizada. Embora a Carta do GATT e os seus pareceres não declarem ilegal o regime da moeda com taxas duais, eles limitam a competência do Estado para restringir importações, com o objectivo de proteger a sua balança de pagamentos. Algumas empresas públicas da China podiam tirar proveito deste mecanismo, pagando menos do que o preço actual, e a perda da moeda foi absorvida pelo banco central.

Em segundo lugar, este mecanismo foi desenhado como imposto invisível no comércio monetário. O banco central podia forçar os estrangeiros a registar os seus proventos na China à taxa de câmbio oficial, artificialmente mantida mais baixa do que nos centros de câmbio, mas o facto é que este forçava-os a fazer a remessa dos rendimentos à taxa dos centros de câmbio. Os turistas também tinham de usar a taxa oficial para comprar a moeda local. Os investidores estrangeiros obtinham os proventos em moeda local e tinham pouco ou nenhum provento em moeda estrangeira para ajudar a pagar as importações necessárias, como forma de adquirir moeda forte para remessa.

---

[119] HAN, Zhiguo, (1998), p. 685.

56   *A China e a Organização Mundial do Comércio*

Até este ponto, durante os últimos três anos das negociações contínuas entre a China e o Grupo de Trabalho do GATT sobre a candidatura da China antes da conclusão do *Uruguay Round*, os controlos monetários tornaram-se um ponto fulcral da discórdia [120]. Em resposta às críticas, os delegados chineses comprometeram-se, no Verão de 1993, que a China chegaria à taxa de câmbio única num prazo de cinco anos e posteriormente à sua convertibilidade.

1.2.4.2. *Do regime da taxa dual à convertibilidade de conta-corrente*

Na verdade, a acção pareceu mais rápida do que o compromisso. Só poucos dias depois da conclusão do *Uruguay Round*, no fim de Dezembro de 1993, é que a China anunciou que o regime de taxa dual de câmbio tinha sido anulado e ia ser substituído por uma taxa de câmbio uniforme que entraria em vigor em 1994 [121].

A nova taxa unificada adoptou a taxa dos antigos centros de câmbio que era de 8.7 yuan por dólar americano, assim eliminando efectivamente a taxa oficial [122] de natureza flutuante. Os centros de câmbio foram substituídos pelo mercado nacional inter-bancário com sede em Shanghai [123]. O regime de retenção de divisas foi abolido e outro sistema de compra e venda de divisas foi introduzido. Todos os rendimentos provenientes de qualquer fonte por todas as empresas e instituições nacionais foram obrigatoriamente vendidos a alguns bancos nomeados. Em troca das vendas compulsivas, foi concedida mais liberdade às empresas para comprar divisas através dos bancos. Quanto às importações em geral, as empresas podiam comprar divisas nos bancos autorizados, apresentando contratos de importação e avisos de pagamento emitidos pelas instituições financeiras no estrangeiro. Para as importações sob contingentes, licenças e administração de registos, era ainda necessário apresentar outros documentos emitidos pelo Ministério do Comércio Externo e da Cooperação Económica. Embora a aquisição de divisas fosse restringida, a reforma de 1994

---

[120] "Talks in China´s GATT Membership End: Questions Raised on Currency Proposal", 10 *International Trade Report,* (BNA), p. 490. Mar 24, 1993.

[121] HAN, Zhigou, (1998), p. 684.

[122] ZHANG, Zhichao, (2000), p. 1065.

[123] Desde Janeiro de 1994 até Julho de 1996, empresas com investimentos estrangeiros continuavam a comprar e a vender divisas através dos centros de câmbio. A partir de 1996, às sucursais dos bancos estrangeiros na China é permitido proporcionar serviços de liquidação e câmbio a empresas com investimentos estrangeiros.

O processo de integração da China na economia global

foi uma etapa decisiva no sentido da convertibilidade do renminbi para transacções na conta-corrente.

Talvez as mudanças fundamentais sejam a abolição dos centros de câmbio e o estabelecimento do mercado unificado de divisas inter-bancário para empresas internas. Sob o novo regime, a estabilidade das taxas de câmbio e a balança da conta-corrente são susceptíveis de ser mantidas através das políticas monetárias do banco central e dos controlos administrativos do Ministério do Comércio Externo e da Cooperação Económica em vez dos controlos de divisas sobre transacções na conta-corrente[124]. Por consequência, a determinação das taxas de câmbio não é somente um assunto de comércio ou de conta-corrente[125]. Além do efeito sobre a importação e a exportação, as taxas de câmbio podem influenciar vários sectores da economia devido à interligação de vários mercados. Também é necessário que a China acelere a reforma das empresas públicas e a reforma bancária[126].

Ao passo que o governo chinês parou de subvencionar outras indústrias nas suas importações, a unificação das taxas duais de câmbio contribui para a expansão do comércio externo e dos investimentos estrangeiros. Todavia, a crescente abertura fortificou a ligação entre o sector externo e o sector interno. Tal interligação revela-se no facto de que as taxas de câmbio na China não poderem ser estabelecidas apenas para promover a exportação. Na realidade, a partir da reforma de 1994, as taxas de câmbio na China não podiam ser determinadas com base nos custos do câmbio de divisas. De 1994 a 1996, verificou-se um aumento significativo dos custos do câmbio de divisas; entretanto, o renminbi era mais apreciado graças ao aumento da oferta de divisas. A apreciação da moeda interna e os custos crescentes da exportação diminuíam os lucros da exportação[127]. Apesar de algumas vozes do sector exportador exigirem a desvalorização para promover a exportação, o banco central mantinha a estabilidade da moeda devido à preocupação com a inflação. A ligação consolidada entre o sector externo e o sector interno da economia chinesa tem aumentado os componentes da política de divisas para além do sector do comércio externo.

---

[124] ZHANG, Zhichao, (2000), p. 1065.

[125] HAN, (1998), pp. 661-665.

[126] Seria difícil para o banco central estabilizar as taxas de câmbio enquanto os autorizados bancos internos não fossem completamente comercializados, enquanto as taxas de juro não fossem determinadas pelo mercado e as empresas públicas não fossem sujeitas às limitações orçamentais.

[127] A exportação aumentou somente em 1.5% em 1996.

Por fim, a reforma cambial durante as últimas duas décadas tem sido um processo gradual e evolutivo. A transição em direcção à convertibilidade da conta-corrente da China não foi orientada com a finalidade de construir um mercado de divisas racional. Certamente, a coerência que sugeriu não foi considerada pelos reformistas chineses quando a taxa interna de liquidação e o regime de retenção de divisas foram adoptados. No começo da reforma, a diminuição dos controlos de divisas foi conduzida pela descentralização do comércio externo. O papel das taxas de câmbio tornou-se cada vez mais importante, designadamente para compelir o governo a eliminar barreiras nas transacções de divisas e resolver os problemas causados pelas múltiplas taxas de câmbio [128]. Hoje em dia, a convertibilidade da conta-corrente na China encontra restrições porque a reforma cambial aconteceu antes das reformas nos outros sectores da economia. Todavia, tais restrições terão que ser indiscutivelmente eliminadas, eventualmente no processo de integração económica.

1.2.5. **Em direcção à legalização:** *A Lei do Comércio Externo*

Antes de 1994, não havia legislação nacional sobre o comércio externo na China. O governo contou com os regulamentos administrativos e as directrizes para controlar o comércio externo. A maioria destes regulamentos nunca foi promulgada. Esta prática era incompatível com as normas internacionais que favoreciam leis publicadas em vez dos regulamentos administrativos discretos. Para afastar o obstáculo principal à adesão da China ao GATT, o governo acelerou a aprovação de uma lei do comércio externo no início dos anos noventa.

O dia 12 de Maio de 1994 marcou uma linha divisória na reforma do comércio externo. Nesse dia, foi aprovada, no Comité Permanente da 8ª Assembleia Popular Nacional, *a Lei do Comércio Externo*, que entrou em vigor em 1 de Julho do mesmo ano [129]. Tal como a lei básica do comércio externo, comporta 44 artigos, 8 capítulos e um anexo, simbolizando a legislação do regime jurídico do comércio externo da China.

Os autores deste projecto proclamaram três princípios de redacção [130], todos eles indicando as influências e práticas do GATT. (1) As políticas de comércio externo devem ser conformes com os princípios básicos da *Lei*

---

[128] ZHANG, Zhichao, (2000), pp. 1076-1079.
[129] XUE, Rongjiu, (1997), pp. 352-353.
[130] XUE, Rongjiu, (1999), p. 11.

do Comércio Externo e devem ser publicadas e de acesso gratuito. (2) As restrições à importação e exportação devem ser conformes com as regras do GATT e devem ser transparentes. (3) As indústrias internas devem ser protegidas através de procedimentos legais contra as importações desleais, e não através de medidas administrativas.

Pela primeira vez, *a Lei do Comércio Externo* estabeleceu princípios abrangentes e legalmente definidos para as políticas do comércio externo da China. O artigo 1.° dispõe que o desenvolvimento da "economia de mercado socialista" é o objectivo fundamental do comércio externo da China. A lei define a palavra "comércio externo" que abrange a importação e a exportação de mercadorias e de tecnologias e o comércio internacional de serviços. Em primeiro lugar, a China adopta o regime unificado do comércio externo (artigo 4.°) [131]. Antigamente, os poderes locais e vários ministérios fizeram regulamentos e regras incompatíveis com as políticas nacionais, apresentando interpretações diferentes e por vezes incompatíveis das leis e dos regulamentos do governo central. Como consequência, as políticas nacionais do comércio internacional e os regulamentos não foram cumpridos de modo uniforme. O novo regime unificado inclui a unificação das políticas, dos regulamentos, dos sistemas de administração dirigidos pelo Ministério do Comércio Externo.

Em segundo lugar, o Estado defende a ordem justa e livre do comércio. Este princípio é idêntico ao objectivo do GATT e da OMC. Entretanto, não quer dizer que não existam quaisquer restrições ao comércio livre, por exemplo, os comércios envolvidos na segurança nacional, nos interesses públicos, saúde, prejuízos do equilíbrio ecológico, capacidade limitada do mercado interno, entre outros. O Estado tem o direito de restringi-los e de proibi-los (artigos 16.°, 17.°, 24.° e 25.°).

Em terceiro lugar, *a Lei do Comércio Externo* inclui o princípio mais importante da OMC – o princípio da não discriminação que é reflectido pela cláusula da nação mais favorecida e do tratamento nacional. O artigo 6.° da *Lei do Comércio Externo* dispõe: "a China tem que, de acordo com as convenções internacionais e os acordos nos quais tem sido incluída ou participante ou, com base nos princípios de reciprocidade e equidade, conceder a outros signatários ou participantes tratamento de nação mais

---

[131] O artigo 4.° é expressado em inglês do seguinte modo: *"The State shall institute a uniform system of foreign trade and safeguard a fair and free foreign trade order in accordance with law. The State shall encourage the development of foreign trade, bring into play the initiative of localities and ensure the independence of management of foreign trade operators"*. *A Lei do Comércio Externo* está disponível na página do web: «hyperlink"http://www.moftec.gov.cn/moftec/official/html/laws_and_regulations/trade20.html".

favorecida e tratamento nacional". Além disso, o artigo 7.° permite que a China adopte medidas de salvaguarda contra quaisquer formas de discriminação.

Ainda, *a Lei do Comércio Externo* da China, tomando como referência as cláusulas do GATT, estabeleceu o princípio da concorrência leal no 5.° capítulo.

Por outro lado, a maioria das regras da administração do comércio internacional estabelecidas na *Lei do Comércio Externo* da China são compatíveis com práticas do GATT e da OMC. (1) Em matéria de importação e exportação de mercadorias e tecnologias, *a Lei do Comércio Externo* dispõe expressamente itens que são proibidos ou restringidos à importação e exportação e que o Estado administra através de contingentes ou licenças. A distribuição de contingentes é realizada de acordo com o princípio da eficiência, da justiça, da concorrência leal e da transparência. (2) Quanto ao comércio internacional de serviços, *a Lei do Comércio Externo* dispõe que a China abrirá gradualmente o mercado interno do sector terciário, consoante as convenções ou acordos internacionais nos quais é signatário ou participante, concederá oportunidades de acesso ao mercado e o tratamento nacional aos outros contratantes. (3) Foram estabelecidas medidas de salvaguarda (artigo 8.°), regras de *anti-dumping* (artigo 30.°) e medidas de compensação (artigo 31.°) [132]. Quando certas indústrias nacionais sofressem prejuízos graves devido a condutas estrangeiras injustas ou não conseguissem assumir obrigações internacionais, o Estado poderia utilizar direitos compensadores e proporcionar assistência adequada. (4) A Lei introduz também medidas para promover do comércio externo, nomeadamente, o estabelecimento de bancos de importação e exportação, o estabelecimento de fundos de risco, fundos de desenvolvimento do comércio externo, a realização do abatimento no imposto sobre a exportação e a promoção do desenvolvimento dos serviços consultivos para o comércio internacional, entre outros.

No entanto, algumas regras ao abrigo da *Lei do Comércio Externo* são incompatíveis com as normas da OMC. Por exemplo, na premissa do livre-cambismo, segundo o *Acto Final do Uruguay Round,* a protecção das indústrias nacionais pode ser realizada através dos direitos aduaneiros, em vez de outras medidas que têm por efeito criar uma distorção nas trocas comerciais (exclusivé as excepções); todavia, a protecção através dos direitos

---

[132] Este fenómeno demonstra que *a Lei do Comércio Externo* se parece com o contrato do GATT (o artigo XIX, VI e XVI) e o regime jurídico do comércio externo da China fica mais próximo das práticas internacionais.

aduaneiros foi negligenciada na lei chinesa[133]. Todavia, o ponto mais importante encontra-se no 2.º capítulo da referida lei: o direito de exploração do comércio externo. O artigo 9.º estipula que pessoas jurídicas e outras instituições que exploram as suas actividades no comércio internacional são obrigadas a obter permissão do departamento competente sob o Conselho de Estado. Este artigo é contra o princípio do livre-cambismo e diferente da norma adoptada pelos membros da OMC; porque o segundo adopta o regime de registo, isto é, o direito de exploração do comércio internacional é possuído na altura do averbamento[134].

Síntese:

Podemos concluir que os esforços da China durante a última década, designadamente, a redução dos impostos alfandegários, a eliminação dos obstáculos não pautais, a reforma da tributação e da administração de divisas e a publicação da *Lei do Comércio Externo* demonstram o percurso do regime de comércio internacional da China ao encontro do sistema do GATT e da OMC. O controlo do Estado sobre o comércio internacional tem-se transformado de micro-controlo em macro-administração.

Antes de mais, as experiências chinesas fornecem um bom exemplo de regularização do regime jurídico nacional, de acordo com as normas internacionais. Numa época de integração económica mundial, a legislação interna pode ser afectada por uma variação de forças fora do controlo do país. As forças globais podem animar novas formas de economia ou a harmonização do regime jurídico. Sem a influência do GATT e da OMC, é impossível imaginar que o regime do comércio externo da China pudesse ter efectuado um tal nível de liberalização em direcção ao livre-cambismo. Esta influência revela-se de duas formas: a primeira pela reacção passiva às normas internacionais, embora com alguma relutância inicial do país, a eliminação da taxa dual de câmbio no final de 1993 ilustra bem este tipo de aceitação passiva, a segunda na adopção activa pelo país das normas internacionais. A maioria das medidas de reforma do regime do comércio externo da China é executada por sua própria iniciativa, o que manifesta a boa-vontade da China em utilizar as regras internacionais como a base da sua reforma nacional.

---

[133] XUE, (1997), p 355.

[134] Segundo o vice-ministro do Ministério do Comércio Externo e da Cooperação Económica, o senhor Long Yongtu, a China liberalizará o direito de exploração do comércio externo dentro de 3 anos e a modificação da referida lei será incluída na ordem do dia.

Em segundo lugar, as influências do GATT e da OMC não são, de modo nenhum, limitadas apenas ao regime jurídico do comércio externo da China. Elas também atingiram outros aspectos, como seja, todo o regime económico e legislativo [135]. A elaboração da legislação [136], regularizando os investimentos estrangeiros e as trocas internacionais no fim da década de setenta e no princípio dos anos oitenta, foi percursora do estabelecimento do novo regime jurídico e económico [137]. Muitas práticas foram introduzidas primeiro nas actividades económicas relacionadas com investimentos estrangeiros e depois aplicadas gradualmente também nas actividades económicas das empresas internas. Por exemplo, a unificação das taxas dos impostos tributados sobre empresas foi introduzida em 1991 apenas para as que detinham participações estrangeiras. Medidas semelhantes foram, no entanto, aplicadas no final de 1993, com o objectivo de uniformizar leis de tributação para empresas nacionais.

Em terceiro lugar, a adopção das práticas do GATT e da OMC, no início da reforma económica, permitiu à China estabelecer um regime jurídico baseado nas normas reconhecidas, o que trará influências positivas e profundas ao desenvolvimento económico da China no novo século. Quando a China adoptou a sua política de abertura ao mundo exterior nos finais dos anos setenta, não existia regime jurídico em sentido estrito. Nesse sentido, esta situação de não existência de uma estrutura jurídica possibilitou à China aceitar práticas internacionais mais recentes, quase sem constrangimentos da estrutura jurídica tradicional do país. Como consequência, as leis comerciais contemporâneas da China, embora estejam longe de ser satisfatórias, abrangem, em geral, princípios e práticas mais importantes. Além disso, *a Lei do Comércio Externo* foi elaborada de

---

[135] Mu, Yue, (1992), "Multilateral Rules and Market Economy: First Thought on China´s Readmission to the GATT", *Guoji Shangbao (International Business News)*, Sep. 6. *"Once China joins the GATT, the market mechanism will touch the deep-level defects of the planned economy that have never been touched upon by reforms in our country... The GATT´s impact on the current structure will not be limited only to stimulating enterprises to acquire dynamism. The high efficiency will be accompanied by the disappearance of the planning and approval-giving (administrative) organs, the closure of enterprises failing to adapt themselves to the new environment, and the equal opportunities of selecting jobs and being selected for workers."*

[136] A legislação inclui principalmente *a Lei das Sociedades*.

[137] Lubman, Stanley, (1995), "Introduction: The Future of Chinese Law", *The China Quarterly*, p. 1, N.°7. *"Of all the legal institutions that have appeared since the reforms began in the 1980´s, those concerned with foreign investment that have developed the fastest."*

O processo de integração da China na economia global

acordo com princípios e práticas do GATT. A lei que rege contratos económicos inclui fortes influências da *Convenção das Nações Unidas Sobre a Venda Internacional de Mercadorias*. O novo regime de tributação demonstra muitos atributos importantes das leis tributárias dos países ocidentais. As leis sobre a protecção das propriedades intelectuais e industriais assemelham-se às da União Europeia, especialmente ao sistema alemão. *A Lei das Sociedades,* promulgada em Dezembro de 1993, combina o regime anglo-americano e o regime continental.

Antigamente, o Estado era sempre considerado como actor dominante nas relações económicas internacionais e a economia mundial era então julgada como o conjunto das economias nacionais. A partir da IIª Guerra Mundial, a globalização dos mercados e, especialmente, o aumento das sociedades transfronteiriças, têm alterado o papel tradicional do Estado. Por um lado, esta tendência diminuiu as fronteiras nacionais quanto às trocas comerciais e reduziu a importância da soberania. Por outro lado, a globalização obriga cada país a ajustar a própria estrutura jurídica para aumentar a competitividade no mercado mundial. Quando os países assumem as suas tarefas históricas, como é o caso da China, reconhecem que o melhor método de fortalecer as suas economias é adoptar os princípios e as práticas internacionais já estabelecidos.

Enfim, as experiências da China em reformar o regime do comércio externo, consoante os princípios normativos do GATT e da OMC, demonstram a acção recíproca entre normas internacionais e reformas jurídicas internas. Em particular, foi uma oportunidade única de ilustrar o papel do Estado durante o processo da globalização. Numa palavra, embora a globalização não possa ser usufruída por todos os países em vias de desenvolvimento, a China tem sido muito beneficiada através da globalização[138].

---

[138] Hu, Angang, (2000), *China´s Integration into the World Economy.* Artigo disponível na página: «hyperlink "http://www.nni.nikkei.co.jp/FR/NIKKEI/inasia/future/ /2000speech7.html" ».

CAPÍTULO 2
A teoria da vantagem comparativa
e a estratégia de desenvolvimento da China

2.1. TEORIAS DA VANTAGEM COMPARATIVA

2.1.1. A retrospectiva das teorias do comércio internacional

Desde há muitos anos que os economistas têm tentado encontrar a base da teoria do comércio internacional.

Do ponto de vista do mercantilismo, o comércio internacional era um instrumento indispensável para efectuar um balanço favorável. Os ganhos do comércio eram expressados em metais preciosos porque o mercantilista confundia o dinheiro com a riqueza [139]. O mercantilista apresentou propostas políticas do proteccionismo, mas não conseguiu estudar as razões da especialização internacional e da origem do comércio internacional.

Na obra-prima de Adam Smith, *An Inquiry into the Nature and Causes of Wealth of Nations,* a teoria da vantagem absoluta foi apresentada pela primeira vez. Para este autor, a base do comércio internacional provém das diferenças absolutas dos custos de produção (produtividade) dos diferentes países [140]. Cada país deve produzir e exportar os produtos onde tem vantagens absolutas (com custos reais mais baixos do que os seus parceiros comerciais) e importar os produtos onde o próprio não as tem [141].

---

[139] MANESCHI, Andrea, (1998), *Comparative Advantage in International Trade,* Edward Elgar Publishing Limited, UK, p. 213.

[140] HAI, Wen, (1993), *Guoji Maoyi: Lilun, Zhengce, Shijian (O Comércio Internacional: teorias, políticas e práticas),* Editora Povo Shanghai, p. 32. Sob o pressuposto que um único factor de produção determinante do valor dos bens é o trabalho, a vantagem absoluta pode ser medida através da produtividade ou do custo da produção.

[141] SMITH, Adam, (1976), *An Inquiry into the Nature and Causes of the Wealth of Nations,* Oxford, Clarendon Press, pp. 457-8. *"If a foreign country can supply us with a commodity cheaper than we ourselves can make it, better buy it of them with some part of produce of our own industry, employed in a way in which we have some advantage... The*

A sua atitude para as trocas internacionais e as razões pelas quais os países se especializam em certos bens residem no facto de o comércio internacional ser motivo de especialização do trabalho na economia de mercado [142]. Entretanto, a limitação da teoria de Adam Smith reside no facto de não haver explicação para a possibilidade do comércio internacional no mundo actual entre países com diferentes níveis do desenvolvimento. Ou seja, caso um país tenha vantagem absoluta na produção de todos os bens relativamente a outro país, haverá um ganho geral do comércio internacional para estes dois países?

Mais tarde, Robert Torrens e David Ricardo descobriram o conceito da vantagem comparativa[143]. Esta descoberta influenciou profundamente a direcção da clássica economia política, também para as teorias que surgiram mais tarde[144]. David Ricardo propôs uma teoria segundo a qual a base do comércio internacional assentava nas diferenças relativas da produtividade dos diferentes países. Cada país deve especializar-se, produzir e exportar os produtos com vantagens comparativas e importar os produtos com desvantagens comparativas, obtendo assim os interesses comparativos. Isto é, um país pode beneficiar da importação de um bem, mesmo que seja capaz de produzi-lo a um custo real mais baixo do que o parceiro comercial. A razão é que ele possui a maior vantagem na mercadoria exportada para compensar a sua importação. Do ponto de vista de Ricardo, há dois tipos de ganhos provenientes do comércio, sendo um derivado da reafectação da mão-de-obra devido à vantagem comparativa (aumento da produtividade), o outro derivado do aumento da rentabilidade que resulta se as mercadorias importadas forem necessárias[145] (aumento do nível do

---

natural advantage which one country has over another in producing particular commodities are something so great, that it is acknowledged by all the world to be in vain to struggle with them."

[142] MANESCHI, Andrea, (1998), pp. 40-41.

[143] Torrens expôs primeiro o princípio da vantagem comparativa na sua obra *Essay on the External Corn Trade* em 1815; Ricardo expressou a sua própria teoria nos dois anos após a obra *On the principles of Political Economy and Taxation*. Entretanto, é admitido universalmente que a formulação da regra da vantagem comparativa por Ricardo é superior à de Torrens.

[144] PORTO, (1997), p. 43.

[145] RICARDO, David, (1951), *On the Principles of Political Economy and Taxation*, vol. 1, Cambridge University Press, p. 132. *"It is quite important to the happiness of mankind, that our enjoyments should be increased by the better distribution of labour, by each country producing those commodities for which by its situation, its climate, and its other natural or artificial advantages, it is adapted, and by their exchanging them for the commodities of other countries, as that they should be augmented by a rise in the rate of*

consumo). Todavia, a teoria de Ricardo tem limitações. Nomeadamente, não é realista considerar apenas um factor de produção (o trabalho) e negligenciar outros factores, por exemplo, o capital e recursos naturais. Além disso, embora esta teoria explique bem a razão do "comércio vertical" entre os países desenvolvidos e os países em vias de desenvolvimento, falta-lhe força convincente relativamente ao comércio intra-sectorial entre países quase sem grandes diferenças produtivas.

A teoria neo-clássica marcou um momento decisivo na história da teoria do comércio internacional. Graças ao desenvolvimento teórico por Eli Hechscher, Bertil Ohlin e Paul Sameulson, a respectiva formulação Heckscher-Ohlin-Samuelson surgiu como teoria principal[146] do comércio depois da IIª Guerra Mundial[147]. Eles expuseram o teorema da proporção dos factores, que é geograficamente mais rigoroso e ilustrativo. A sua ideia é que o modelo do comércio e a estrutura sectorial são determinados pela abundância relativa dos factores de produção (taxa de capital/trabalho)[148]. Países com muita mão-de-obra tentarão produzir e exportar bens de trabalho intensivo, outros dotados de capital procurarão produzir e exportar produtos de capital intensivo[149]. O teorema tem alargado ainda a sua extensão em relação às consequências do comércio internacional sobre os preços dos factores[150].

---

profits. It has been my endeavour to show throughout this book, that the rate of profits can never be increased but by a fall in wages, and that there can be no permanent fall of wages but in consequence of a fall of the necessaries on which wages are expended. If, therefore, by the extension of foreign trade, or by improvements in machinery, the food and necessaries of the labourer can be brought to market at a reduced price, profits will rise."

[146] Claro, durante o período do pós-guerra, existe uma escola antitética que se chama *estruturalismo*. Nesta teoria, o mundo é uma dicotomia "centro-periferia" na qual o centro representa países industrializados e a periferia representa países em vias de desenvolvimento. Para esta escola, o comércio é considerado como uma fonte de empobrecimento. Hoje em dia, o *estruturalismo* tem perdido popularidade. Muitos países em vias de desenvolvimento que adoptavam esta teoria não obtiveram resultados satisfatórios. Para mais pormenores, cfr. GREENAWAY, David, MILNER, Chris, (1993), *Trade and Industrial Policy in Developing Countries*, Macmilliam Press, UK, pp. 42-49.

[147] MANESCHI, (1998), p. 157.

[148] HAI, Wen (1993), p. 37. Embora a sua formulação explique as diferenças dos custos de produção através da proporção dos factores de produção em vez da produtividade, a teoria neo-clássica relativa ao comércio internacional baseia-se ainda nas vantagens comparativas em vez de nas vantagens absolutas.

[149] LIPSEY, Richard G, DOBSON, Wendy, (1987), *Shaping Comparative Advantage* C.D. Howe Institute, Canada. pp. 7-8.

[150] PORTO, (1997), pp. 52-53. Para os dois países com diferentes proporções dos

Todavia, as teorias de Ricardo e da proporção dos factores omitem muitos aspectos importantes da realidade. Em particular, tais teorias supõem rendimentos de escala constantes e concorrência pura e perfeita, sem considerar factores de investigação e desenvolvimento e o factor de evolução do mercado [151-152].

Parcialmente devido ao *paradoxo de Leontief* e aos resultados insatisfatórios dos testes empíricos do modelo H-O-S, a teoria explicativa neoclássica tem sido desafiada por outras teorias, designadamente, aquelas que associam o factor tecnológico, a concorrência imperfeita (concorrência monopolista, monopólio, oligopólio), as economias de escala e as teorias determinadas pelo lado da procura [153-154]. Os modelos "neo-factores" e "neo-tecnológicos" podem ser feitos, testando uma versão alargada do teorema de Hechscher-Ohlin, com o afastamento de alguns dos pressupostos do modelo inicial ou mesmo da teoria [155]. Estas novas teorias, por um lado, estão ligadas ao teorema tradicional de H-O, por outro, fornecem uma explicação satisfatória do comércio intra-sectorial que caracteriza muitas economias avançadas depois da IIª Guerra Mundial. Embora Krugman tivesse caracterizado correctamente o comércio intra-sectorial como o comércio de não vantagem comparativa, este, em si, constituía um modelo ilustrativo e suplementar da vantagem comparativa de Ricardo. O núcleo das teorias novas é: a dissemelhança da proporção dos factores e a economia de escala são igualmente razões do comércio e da especialização internacional. A teoria neo-clássica, baseada em pressupostos de rendimento de escala constantes e concorrência perfeita, explica bem o comér-

---

factores, "o comércio internacional deverá levar, pois, à elevação do preço do factor abundante (e barato) no início em cada um dos países, até ao ponto em que acabem por se igualar; ou seja, até ao ponto em que deixe de haver razão para o comércio internacional".

[151] LIPSEY, (1987), p. 9.

[152] CUNHA, Luís Pedro Chaves Rodrigues da, (1995), *O Sistema Comunitário de Preferências Generalizadas: efeitos e limites,* Separata do Boletim de Ciências Económicas, Coimbra, p. 46. Segundo o autor, "mas, na verdade, sabe-se que: *a)* os preços não reflectem os custos de oportunidade e os custos nominais, internos e internacionais, não têm que reflectir os custos reais; *b)* a quantidade e a qualidade dos factores de produção pode variar com o tempo, em parte como resultado do próprio processo produtivo; *c)* as funções de produção variam com o tempo; *d)* existe uma evolução tecnológica constante; *e)* as economias de escala revestem-se de uma importância particular para certas actividades industriais; f) existe mobilidade dos factores entre vários países".

[153] Cfr. PORTO, (1997), pp. 57-72.

[154] Os principais economistas referidos são Krugman, Helpman, Grossman, Brander, Spencer, Lancaster, etc.

[155] PORTO, (1997), pp. 54-55 e p. 64.

cio inter-sectorial; as novas teorias baseadas nos pressupostos de concorrência imperfeita e rendimentos de escala crescentes interpretam as razões do comércio intra-sectorial. Ou seja, quando mais dissemelhantes são o nível tecnológico e a proporção dos factores, mais provável se torna o comércio inter-sectorial; de igual forma, quanto menor for a diferença tecnológica, maior é a possibilidade de existir o comércio intra-sectorial. De qualquer modo, a circulação dos factores reflectida no comércio internacional de mercadorias continua a revelar a diferença relativa da proporção dos factores entre diversos países [156]. Os ganhos do comércio abrangem uma maior diversidade dos bens a preços mais baixos devido à maior escala de produção.

Numa palavra, o princípio da vantagem comparativa tem sido designado por *"deepest and most beautiful result in all economics"* [157]. Embora outras teorias se afastem do conceito original, elas complementam e desenvolvem a teoria tradicional, baseada nas diferenças da produtividade e factores de produção, e revigoram a teoria do comércio internacional das economias clássicas. Este princípio simples proporciona uma base sólida para o comércio internacional. Apesar das suas limitações, a teoria da vantagem comparativa é uma das verdades mais profundas de toda a economia.

2.1.2. Noção de vantagem comparativa

Por simplicidade, Ricardo trabalhou com apenas dois países e apenas dois bens e decidiu medir todos os custos de produção em termos de horas de trabalho [158]. A partir destes factos, Ricardo provou que ambos os países sairiam beneficiados caso se especializassem nas suas áreas de vantagem comparativa.

O mundo do comércio internacional é constituído por mais de dois países e de dois bens. Contudo, tal princípio não sofre alterações essenciais em situações mais realistas. Segundo Paul Samuelson, na sua obra *Economics* [159], em relação a muitos bens, a linha divisória entre a produção dos diferentes países depende das procuras e das ofertas dos diferentes bens.

---

[156] GONG, Zhankui, ZHU, Tong, CAO, Sufeng, (1999), *International Trade, Trend and Policy,* Editora Universidade de Nankai, Tianjin, pp. 257-260.

[157] FINDLEY, (1987), *The New Palgrave: A Dictionary of Economics,* vol. 1, London, Macmillan, pp. 514-7.

[158] Para mais pormenores, cfr. PORTO, (1997), pp. 41-46.

[159] SAMUELSON, Paul Anthony, NORDHAUS, William D, *Economics,* 15th Edition, MaGRAW-HILL Inc, pp. 684-685.

70 A China e a Organização Mundial do Comércio

Além do mais, o volume do comércio depende da procura estrangeira e da capacidade interna de produção e não dos preços estabelecidos por um regime de autarcia[160]. É preciso sublinhar que, para um país, não é necessário exportar cada um dos bens que produz a baixos custos ou importar aquelas que produz a custos mais elevados[161]. No caso de existirem muitos países, as vantagens do comércio não têm qualquer relação especial com as fronteiras nacionais. Os princípios já desenvolvidos aplicam-se entre grupos de países e até entre regiões no seio do mesmo país.

De facto, de acordo com a vantagem comparativa, o comércio beneficia todos os países. Cada país beneficiará da especialização na produção e exportação dos bens que pode produzir com um custo relativamente menor; inversamente, cada país beneficiará se importar os bens que produz com um custo relativamente maior.

A regra da vantagem comparativa inclui dois aspectos. Em sentido estático, a vantagem comparativa revela a diferença das várias indústrias, utilizando diferentes factores de produção de um país. Tal diferença é determinada pela abundância dos factores do país e depois determinará o grau da vantagem comparativa e da desvantagem relativa. No comércio internacional, um país deve produzir e exportar produtos com vantagens comparativas e, ao mesmo tempo, aproveitar as vantagens comparativas dos outros países, a fim de trocar maiores benefícios internacionais com menores custos internos, podendo assim expandir o volume total dos produtos sob a limitação dos recursos existentes. Podemos concluir do princípio da vantagem comparativa que somente aqueles produtos com preços relativamente menores que os preços internacionais têm as vantagens comparativas de um país[162].

Em sentido dinâmico, as vantagens comparativas de um país mudam constantemente no tempo e no espaço; por conseguinte, a estrutura da produção e o modelo do comércio também se ajustam. A especialização inter-

---

[160] GREENAWAY, (1993), p. 183.

[161] Segundo o teorema Deardorff-Dixit-Norman (DDN), a importação líquida está correlatada positivamente com diferenças entre o preço do país e o seu parceiro comercial. MANESCHI, (1998), pp. 10-18.

[162] HUANG, Lucheng, (1996), *Guoji Maoyi Xue, (O Estudo do Comércio Internacional)*, Editora Universidade de Tshinghua, Beijing, p. 58. Segundo o autor, a diferença absoluta dos preços das mercadorias a nível internacional é a dissemelhança dos preços internos dos mesmos produtos nos diversos países quando tais preços forem expressados no mesmo tipo de moeda (através do câmbio). O comércio internacional acontece por duas razões, sendo a primeira a diferença internacional dos preços de mercadorias e a segunda a vantagem comparativa dos factores de produção (taxa capital/trabalho).

A teoria da vantagem comparativa e a estratégia de desenvolvimento da China 71

nacional muda de acordo com a mudança da proporção dos factores [163], cuja causa é a mudança das tecnologias e das necessidades do mercado [164], ou seja, a perda para um país de alguma vantagem comparativa, talvez constitua simultaneamente uma nova vantagem relativa. Isto é, há um processo de criação, de transferência e de redistribuição de vantagens comparativas. A duração das vantagens comparativas é flexível. Cada país deve escolher a sua própria forma de comércio, consoante a alteração das vantagens comparativas [165], optimizando os recursos entre o momento actual e o futuro [166]. A força do mercado não é certamente capaz de causar medidas de ajustamento oportunas e apropriadas. Nesse sentido, os governos assumem funções essenciais quando elaboram políticas comerciais.

2.1.3. Os ganhos económicos do comércio

Antes de mais, os ganhos económicos estáticos do comércio reflectem-se nos seguintes aspectos: um país poderá satisfazer necessidades dos consumidores internos e obter produtos de que carece ou encontrar maiores custos de produção através do comércio mundial; além disso, o país poderá aumentar a eficiência da utilização de recursos nacionais através da especialização internacional.

Os ganhos económicos do bem-estar e do livre-cambismo[167] são os benefícios líquidos das experiências de um país pelo facto de reduzir

---

[163] PORTO, (1997), pp. 52-53.

[164] GREENAWAY, (1993), p. 196. *"Balassa argues that a country´s comparative advantage will systematically change as a result of the accumulation of physical and human capital and increasing technological sophistication in production. Thus with the passage of time the competitive advantage of the more advanced developing countries will be lost in those process that require a relative abundance of cheap, unskilled labour, and will shift instead o those processes and products which require more capital and skill input and are technologically more sophisticated"*.

[165] O fundamento da escolha é a taxa capital/trabalho do respectivo país. HUANG, Lucheng, (1996), p. 61.

[166] Os factores que determinam as vantagens comparativas potenciais são a identificação das economias semelhantes, a identificação dos produtos e a identificação dos mercados de exportação. Cfr. GREENAWAY, (1993), pp. 198-205.

[167] *"The theoretical proposition that (in the absence of distortions) that will be gains from trade for any economy that moves form autarky to free trade, as well as a small open economy and for the world as a whole if tariffs are reduced appropriately"*.«hyperlink "http://www.personal.umic.edu/~alandear/glossary"».

impostos alfandegários e liberalizar o comércio internacional[168]. Numa outra perspectiva, são os custos do proteccionismo. Os prejuízos básicos do bem-estar proveniente do proteccionismo são a perda do consumo e a perda da produção. A perda do consumo representa a diminuição do consumo dos produtos protegidos (devido ao aumento de preço); a perda da produção é causada pelo custo de distorção (como consequência de se renunciar a uma produção que, em termos sociais, teria sido mais eficiente) [169]. Na análise gráfica[170], a perda do bem-estar é representada por dois triângulos; o primeiro representa a perda líquida, que decorre da produção interna, na qual tem um custo maior do que na produção externa. Quando o preço interno aumenta, as empresas com desvantagens comparativas são portanto induzidas a aumentar a sua produção interna, usando uma capacidade que é relativamente dispendiosa. O segundo triângulo representa a perda líquida para o país, devido ao preço demasiado elevado. Trata-se da perda do consumo, que não pode ser anulada pelos lucros das empresas nem pelas receitas do imposto; é o custo económico suportado quando os consumidores transferem as suas compras de importação de baixo custo para bens internos com um custo elevado. De facto, "os triângulos do bem-estar" são causados por uma intervenção pública, designadamente, a intervenção alfandegária.

Todavia, o cálculo dos "triângulos do bem-estar" é inferior aos custos reais do proteccionismo. Quando o proteccionismo se torna em monopólio, é possível causar o prejuízo da "*X-Inefficiency*", quer dizer, sem o motivo da competição, os produtores internos não se esforçam por reduzir ao máximo o custo [171]. Nos mais diversos casos, o prejuízo social causado pela "*X-Inefficiency*", comparado com as perdas do bem-estar causadas pelos impostos alfandegários e pelos monopólios, é relativamente maior. Ainda existe outro âmbito de perda do bem-estar que representa o custo da "busca de rendimento" (*rent seeking*) ou de "actividade directamente não produtiva" (*directly unproductive activity*) [172]. Segundo

---

[168] MCKIBBIN, Warwick J, TANG, K.K, (2000), "Trade and Financial Reform in China: Impacts on the World Economy", *The World Economy,* Vol.23, N.º 8, p. 981. *"Trade liberalization is modeled as a gradual reduction of import tariffs representing both actual tariff reductions as well as reductions in tariff equivalent quotas, administrative barriers and a range of factors that drive a wedge between domestic prices and world prices".*

[169] PORTO, (1997), pp. 137-142.

[170] *Vide* PORTO, (1997), p. 138.

[171] GONG, (1999), p. 244.

[172] GONG, (1999), p. 244.

a análise feita por Bhagwati [173], muitos países em vias de desenvolvimento que contam com controlos directos (como por exemplo, procedimentos de licenças e contingentes de importações) criam uma estrutura estimulante que provoca rendimentos. Quando um contingente de importação é compulsivo, resultam rendimentos para os detentores de uma licença de importação e, por conseguinte, a existência de rendimentos promove consequentemente "a busca de rendimentos". Os agentes estabelecem concorrência com vista a chamar a atenção e obter a aprovação dos burocratas que fazem todo o possível para defender os rendimentos. Como consequência, a maioria dos rendimentos é dispersada durante o processo de suborno. Tal actividade não é profícua porque ela não origina qualquer produção nacional, pelo contrário, até a esgota[174]. Além disso, a perda do bem-estar abrange ainda o custo devido à economia de pequena escala e ao atraso tecnológico. Embora, na prática, a medição da perda do bem--estar da *"X-Inefficiency"* e da "busca de rendimentos" seja limitada por metodologia e dados, podemos concluir que "os triângulos do bem-estar" são inevitavelmente inferiores às perdas reais do proteccionismo.

À sua maneira, David Hume, Adam Smith, David Ricardo, John Stuart Mill, entre outros, realçaram os ganhos económicos dinâmicos que podem

---

[173] GREENAWAY, (1993), p. 53.

[174] Do ponto de vista da teoria da "busca de rendimento", a reforma do regime do comércio externo da China é um processo de dissipação de rendimento, ao mesmo tempo que cria uma terra fértil para novas actividades de procura de rendimentos. Antes da reforma, o regime do comércio externo era monopolizado pelo Estado, os poderes foram concentrados pelo governo central, as empresas comerciais do Estado não possuíam a autonomia do direito à exploração nem a concorrência, pelo que não havia rendimentos sob concorrência desleal. Naquela época, o único beneficiário da política da "alta protecção e alta subvenção" era o Estado, ou seja, o Estado obtinha rendimentos. A abertura e a reforma, por um lado, trouxeram rendimentos, por outro, causaram actividades de procura desses rendimentos devido à descentralização dos poderes sob o antigo regime de distribuição, de investimento e de administração. Nas actividades económicas das empresas comerciais do Estado a intervenção administrativa era mais visível e flexível do que as novas leis e regras. Um exemplo típico da licença de importação é: o "rendimento" de uma licença pode ser contado em primeiro lugar, cambiando o preço internacional a uma taxa média da moeda interna RMB, e em seguida, fazendo a comparação com o preço interno e subtraindo impostos alfandegários e lucros comerciais normais; esta diferença é o valor da licença de importação. Durante o processo da reforma do comércio externo, toda e qualquer procura de rendimentos anterior desaparecia pouco a pouco. As medidas incluem a unificação da taxa de câmbio, a abolição dos subsídios à exportação, a abolição do regime de retenção de divisas, entre outras. Com mais desenvolvimentos, ver LUO, Bingzhi, (1999.8) *Guoji Maoyi Zhengfu Guanli: yiban lilun fenxi ji dui zhongguo duiwai maoyi zhengfu guanli de xianshi yanjiu (Administração Pública do Comércio Externo)*, Editora Lixin Kuaiji, Shanghai, pp. 153-161.

provir para um país da economia internacional e realizar o desenvolvimento económico através da participação no comércio de mercadorias e de serviços, da abertura ao fluxo de tecnologias e de novas ideias.

Em primeiro lugar, o comércio promove o crescimento da economia a longo prazo. Por um lado, as exportações proporcionam ocasiões de mercado para a superprodução nacional e estimulam a capacidade produtiva, por outro, as importações trazem mais recursos estrangeiros e criam condições mais favoráveis para as empresas nacionais com o fim de usar vantagens comparativas.

Em segundo lugar, o comércio promove a evolução da industrialização e o progresso da tecnologia porque a mudança da própria estrutura comercial internacional demonstra a evolução dos sectores (do sector primário ao secundário e terciário). A teoria do ciclo do produto elaborada por Vernon ilustra bem uma sucessão de fases dinâmicas da industrialização. Um novo produto aparece num país dotado de capital que monopoliza a sua produção e exportação. À medida que outros países desenvolvidos começam a investigar e a produzir este produto, para corresponder à elevada procura, estes tornam-se fornecedores principais. Quando as técnicas de produção estão na fase de estandardização, muitos países em vias de desenvolvimento passam a ser exportadores baseados nas suas vantagens de mão-de-obra e de recursos [175]. O desenvolvimento da civilização mundial constitui 10% de invenção e 90% de imitação e implementação [176]. Sem dúvida, o comércio internacional é um implementador de novas tecnologias.

Além disso, o comércio promove a criação de novos regimes económicos e sociais.

2.1.4. Medição da vantagem comparativa

Quando os governos persistem em aplicar a regra da vantagem comparativa em circunstâncias reais, isso significa que estão ansiosos por descobrir certos sectores com vantagens comparativas e outros com desvantagens comparativas. Apesar do conceito de vantagem comparativa ser considerado um dos êxitos do pensamento económico, é difícil quantificá-lo e comprová-lo directamente.

---

[175] PORTO, (1997), pp. 60-62.

[176] LAI, Xiaoer, (1992), *Jindai Riben Xinguan (A Olhar para o Japão nos Tempos Modernos)*, Livraria Sanxian, p. 8.

A vantagem comparativa de um produto pode ser medida através da produtividade relativa do trabalho, isto é, quanto mais elevada for a produtividade relativa do trabalho, maior a vantagem comparativa do produto e *vice versa*. A vantagem comparativa pode ser também pesada através do custo relativo do produto. Quanto mais baixo o custo relativo, mais visível se torna a sua vantagem comparativa[177].

Regra geral, os países desenvolvidos têm vantagens de capital e de tecnologia, os países em vias de desenvolvimento têm vantagens de recursos naturais e de mão-de-obra. Por isso, a regra do comércio internacional, com base em interesses comparativos, consiste no seguinte: os países desenvolvidos importam os produtos de trabalho intensivo e de recursos naturais intensivos, exportam os produtos de capital intensivo e de técnicas intensivas; os países em vias de desenvolvimento importam os produtos de capital intensivo e de técnicas intensivas e exportam os produtos de trabalho intensivo.

2.1.4.1. *Vantagem comparativa revelada*

Na realidade, é difícil medir as vantagens comparativas dos comércios (a importação e a exportação) de diferentes países através das duas maneiras acima mencionadas, as quais analisam directamente as vantagens comparativas no campo da produção. A vantagem comparativa revelada, desenvolvida por Balassa pela primeira vez em 1965[178], é sempre introduzida para pesar a vantagem comparativa.

Este coeficiente é definido num país I da seguinte forma:

A percentagem de exportação do produto Ki na exportação total do país I
A percentagem de exportação do produto Km na exportação total mundial

(Ki representa o produto K no país I, Km representa o produto K a nível mundial)

Se este coeficiente é superior a 1, significa que o produto K do país I tem vantagem comparativa; se é inferior a 1, significa que tem desvantagem

---

[177] HAI, Wen, (1993), p. 34. Segundo o autor, a produtividade de trabalho relativa de um produto A pode ser explicada assim: volume de produção *per capita* do produto A / volume de produção *per capita* de outros produtos; o custo relativo do produto A = custo por unidade de A / custo por unidade de outros produtos. Ver pp. 31-37.

[178] GONG, (1999), p. 36.

comparativa. Do ponto de vista dinâmico, se o coeficiente sobe, o respectivo produto possui vantagem comparativa dinâmica; se o índice desce, significa que a vantagem comparativa dinâmica diminui [179].

2.1.4.2. *Índice de competitividade*

A vantagem comparativa revelada é calculada apenas pela exportação de um país. Na doutrina, ressalta a crítica pelo facto de esta análise excluir a informação da importação, porque pode correr o risco de negligenciar o comércio intra-sectorial. Para analisar, tanto a exportação como a importação, no que diz respeito à vantagem comparativa de um produto, o índice de competitividade é expressado em: X-M / X+M (X e M representam respectivamente a exportação e a importação de um sector)[180]. Normalmente, se o coeficiente é positivo, significa que o respectivo produto tem competitividade internacional[181].

Em nosso entender, enquanto a noção de vantagem comparativa se refere a relações entre diferentes indústrias (produtos) de diferentes países, a vantagem competitiva diz respeito a relações da mesma indústria entre vários países, ou seja, relações dentro de uma categoria de produtos ou produtos substituíveis [182].

Numa palavra, o índice da vantagem comparativa revelada e o índice da competitividade contribuem para a nossa compreensão das diferenças internacionais no sentido da eficiência relativa, da competitividade, das formas de especialização internacional e do comércio multilateral. Também nos permitem entender como estes recursos do comércio mudam acompanhando a evolução dos tempos.

---

[179] Segundo os dados do International Economic Databank, Australian National University, o coeficiente pode ser incluído na importação, sendo: A percentagem do comércio do produto Ki no comércio total do país / A percentagem do comércio do produto Km no comércio mundial. DRYSDALE, Peter, (1988), *International Economic Pluralism; Economic Policy in East Asia and the Pacific*, Allen & Uniwin, Sydney. «hyperlink "http://napes.anu.edu.au/cbh/CbTP.html"».

[180] Também se chama *"ratio of net export" (RNX)*.

[181] GONG, (1999), pp. 38-40. Na China, os coeficientes da vantagem comparativa revelada são semelhantes aos índices da vantagem competitiva (somente três sectores não são compatíveis, o do couro, o da borracha, e o do mobiliário). Isto é, o comércio revela basicamente as vantagens e desvantagens da China.

[182] JIN, Pei, (1996), "Chanye Guoji Jingzhengli Yanjiu" (Estudo sobre a Competitividade das Indústrias), *Economic Research Journal*, No.11, p. 39.

2.2. VANTAGENS COMPARATIVAS DA CHINA E ESTRATÉGIA DE DESENVOLVIMENTO

2.2.1. A evolução das vantagens comparativas da China

Embora a diferença de preços dos produtos (a diferença da proporção dos factores dos diversos países) seja a razão necessária ao comércio internacional, é preciso sublinhar que a base determinante das vantagens comparativas da China não é a comparação directa dos preços entre os produtos da China e os dos outros países, porque há uma distinção do regime económico e da estrutura das unidades económicas entre a China e as economias de mercado; além disso existe a distorção dos preços dos factores de produção na China[183]. Por isso, a melhor escolha para observar as suas vantagens e desvantagens comparativas é a análise positivista da situação actual do comércio externo[184].

Normalmente, os produtos de recursos intensivos são divididos em quatro grupos: os produtos de agricultura intensiva, os produtos de capital intensivo, os produtos de trabalho intensivo e os produtos de mineral intensivo. Os índices da vantagem comparativa revelada fornecem geralmente provas importantes da evolução das vantagens comparativas (ver figuras II 1-4).

Quanto ao processo de importação na China, a vantagem comparativa é revelada nos produtos de agricultura intensiva por um processo de subida, descida, re-subida e re-descida. A vantagem comparativa revelada dos produtos de capital intensivo demonstra primeiramente a tendência para a subida e posteriormente a tendência para a descida. A importação dos produtos de trabalho intensivo não tem vantagem comparativa. A vantagem comparativa revelada dos produtos de mineral intensivo é mínima, mas com tendência para uma subida. Os dados revelam que a China carece de recursos de agricultura, de mineral e de capital, e não tem a vantagem comparativa da exportação, por isso, deve aproveitar a vantagem comparativa da importação. A única vantagem comparativa revelada superior a 1 é a dos produtos de capital intensivo; as vantagens comparativas dos produtos de agricultura intensiva e de mineral intensivo são inferiores a 1. Quer dizer, durante este período, a China adoptou a estratégia de auto-sufi-

---

[183] WANG, Guiguo, (1994), "China´s Return to GATT: Legal and Economic Implications", *Journal of World Trade,* June, Vol. 28, N.º 3, p. 59. *"It is reported that by March 1993, more than 80 per cent of the categories of goods in China were priced by market forces".*

[184] GONG, (1999), pp. 34-36.

ciência e, ao mesmo tempo, substituiu a importação dos produtos agrícolas e dos produtos minerais, sem aproveitar as suas vantagens comparativas. Quanto à exportação, a vantagem comparativa revelada dos produtos de agricultura intensiva diminui constantemente, mas isso significa que ainda tem vantagem comparativa. Quando mais rapidamente se desenvolve a economia de um país onde carece o recurso de terra lavrada, mais rapidamente diminui a vantagem comparativa da agricultura[185]. Embora produtos não cerealíferos, como por exemplo, produtos aquáticos, produtos pecuários, frutas, verduras e tabaco, tenham as vantagens comparativas da exportação, a China não tem a vantagem comparativa nos cereais, o que conduz à diminuição da vantagem comparativa agrícola, em geral, na exportação[186]. Os produtos de trabalho intensivo têm as suas vantagens comparativas e revelam uma tendência de subida. Os produtos de capital intensivo não têm vantagens comparativas, nem os produtos de mineral intensivo. Isto é, desde 1980, no âmbito da exportação, os produtos de trabalho intensivo aproveitam plenamente as vantagens comparativas, os produtos agrícolas possuem algumas vantagens relativas, os de capital e mineral intensivo não têm vantagens comparativas.

FIG II.1

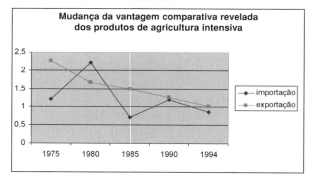

[185] Citado por CAI, Fang, "Zhidu Chuangxin yu Shichang Fayu: Woguo Nongcun Gaige de Zhuxian" (A Linha Principal da Reforma Rural no Nosso País), na obra *Zhongguo Gaige yu Fazhan de Zhidu Xiaoying (O Efeito da Reforma da China)*, editada por HAN, Zhiguo, FAN, Gang, LIU, Wei, LI, Yang, (1998), Editora Ciência Económica, Beijing, p. 156.

[186] HAN, (1998), p. 156. De 1985 a 1997, os preços para aquisição de cereais têm aumentado em 10.6% anualmente; entretanto, a produção de cereais aumenta apenas 2.2% anualmente. Isto é, a grande subida dos preços não conseguiu estimular do mesmo modo a produção dos cereais. O efeito inverso do estímulo dos preços é a diminuição da vantagem comparativa da agricultura, causada pelo excesso de mão-de-obra e escassez de terra lavrada.

FIG II.2

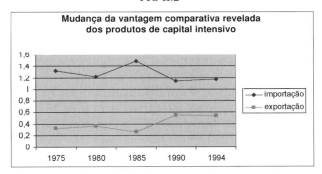

FIG II.3

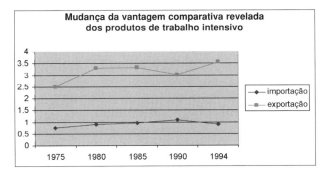

FIG II.4

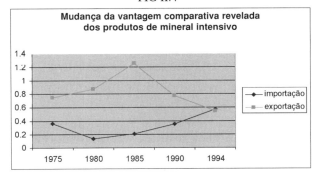

Fonte: International Economic Databank (IDEB), Australian National University

Segundo a teoria Heckscher-Ohlin-Samuelson, os preços dos produtos em que haja auto-suficiência dos factores de produção têm uma tendência decrescente devido ao crescimento económico e à absorção das novas tecnologias. A mudança da proporção dos factores de um país causará a mudança da sua estrutura económica e sucessivamente a mudança do modelo comercial, especialmente a tendência da composição da exportação. A composição da exportação evolui em quatro etapas: da exportação predominante dos recursos naturais intensivos para a de trabalho não qualificado intensivo (*unskilled intensive labour*), e posteriormente, para a de capital intensivo e para a de tecnologia intensiva[187].

Desde a fundação da República Popular da China, especialmente desde 1978, a transformação de uma sociedade agrícola tradicional numa sociedade industrial tem sido acelerada pelo rápido ajustamento sectorial (Quadro II.1) [188]. A transformação sucessiva da estrutura sectorial da China resulta na transformação do sector fabril, que exerce influências sobre o modelo comercial[189].

---

[187] DAS, Dilip K, (1998) "Changing Comparative Advantage and the Changing Composition of Asian Exports", *The World Economy,* vol. 21, No.1, pp, 121-122. Cfr. SHANG, Linlin, (2000), "Chukou Shangpin Jiegou Tiaozheng de Shizheng Fenxi" (Análise Positivista do Ajustamento da Composição da Exportação), *World Trade Organization Focus (Journal of Shanghai Institute of Foreign Trade),* N.º 8, p. 23.

[188] O "Índice da Mudança Estrutural" da China feito pela OCDE foi de 120 num total de 200, análise feita com base em 90 produtos acabados entre 1978 e 1993. A Hungria e a Polónia representavam respectivamente 43 e 49 durante o período de 1988-1993. Cfr. HARROLD, Peter, (1995), p. 135. *"The index is the sum of the absolute differences in sector percentage shares of exports in the opening and final years being measured. Thus, if all exports had changed, the sum of differences would be 200, i.e.100 for the shares in the current year, and 100 for the shares in the base year".*

[189] Normalmente, o modelo comercial de um país é determinado pelas condições económicas, bem como pelas políticas comerciais e estratégias de desenvolvimento, pelo ambiente político e económico internacional, etc. Em alguns casos, o modelo comercial talvez inclua factores de distorção; por conseguinte, a estrutura da procura e da oferta reflectida pelo modelo comercial demonstra também a distorção. JIN, Zhesong, (2000) *Guoji Maoyi Jiegou yu Liuxiang, (O Modelo e a Direcção do Comércio Internacional),* Editora Planos da China, Beijing, pp 10-11.

A teoria da vantagem comparativa e a estratégia de desenvolvimento da China   81

QUADRO II.1

Mudança na estrutura sectorial da China (1952-1998)

	Sector Primário	Sector Secundário	Sector Terciário
1952	50.50%	20.88%	28.62%
1965	37.94%	35.09%	26.97%
1978	28.10%	48.16%	23.74%
1985	28.35%	43.13%	28.52%
1989	25.00%	43.13%	31.95%
1992	21.77%	43.92%	34.31%
1995	20.51%	48.80%	30.69%
1997	19.09%	49.99%	30.93%
1998	18.39%	48.73%	32.88%

Fonte: Livro Anual de Estatística da China, 1999

QUADRO II.2

A composição das exportações (1980-1994)

	Agricultura intensiva	Capital intensivo	Trabalho intensivo	Mineral intensivo
1980	25.40%	15.10%	29.10%	26.30%
1985	21.70%	12.90%	35.50%	28.80%
1990	12.40%	26.80%	50.80%	9.40%
1994	9.80%	31.10%	53.70%	4.90%

Fonte: International Economic Data Bank, ANU
Findlay, Christopher e Watson, Andrew, (1996)

QUADRO II.3

A composição das exportações SITC (1990-1998): em percentagem

SITC	0	1	2	3	4	5	6	7	8
1990	10.6	0.5	5.7	8.4	0.4	6	20.3	9	20.4
1995	6.7	0.9	2.9	3.6	0.3	6.1	21.7	21.1	36.7
1996	6.8	0.9	2.7	3.9	0.3	5.9	18.9	23.4	37.3
1997	6	0.6	2.3	3.8	0.4	5.6	18.9	23.9	38.5
1998	6	0.5	1.9	3	0.2	5.6	17.6	27.3	38.2

Fonte: *Livro Branco do Comércio Externo e da Cooperação Económica da China*
SITC: (Standard International Trade Code): 0-4: primary products 5-8
(and non-classified products): manufactured products
0- Food and Live Animals 1- Beverage and Tobacco 2- Crude Malts Exc Fuels
3- Mineral Fuels, etc. 4- Animal, Vegetable Oil, Fat 5- Chemicals 6- Basic Manufactures
7- Machines, Transport Equip 8- Miscellaneous Manufactured Goods

82 *A China e a Organização Mundial do Comércio*

A tabela das exportações ilustra a mudança significativa da composição do comércio. Desde a reforma, há uma grande descida das percentagens dos produtos de agricultura intensiva e de mineral intensivo: em 1980, estas duas categorias contavam com mais de metade das exportações; entretanto, em 1994, as suas percentagens tinham sido reduzidas para 15%. A diminuição da percentagem dos produtos de mineral intensivo na exportação é mais rápida do que a dos produtos agrícolas. Os seus lugares foram ocupados pelos produtos industrializados[190], especialmente, os produtos de trabalho intensivo. Os artigos exportados mais importantes são: vestuário, brinquedos e sapatos[191].

É curioso, no entanto, que, a partir dos anos oitenta, as percentagens dos produtos exportados de capital intensivo tenham aumentado rapidamente. Dentro do sector industrial, a percentagem dos produtos têxteis diminuiu de 17% da produção industrial total em 1981 para 11% em 1992, ao mesmo tempo que a exportação de maquinaria e de equipamento aumentava de 19% no total para 24% entre 1981 e 1992[192]. Por um lado, este fenómeno demonstra que a transição de produtos de trabalho intensivo para os de capital intensivo sob o teorema H-O já começou; por outro lado, os dados revelam que as políticas industriais antigamente adoptadas pela China, designadamente as políticas industriais, eram realçadas nas indústrias pesadas[193].

QUADRO II.4

A composição das importações (1980-1994)

	Agricultura intensiva	Capital intensivo	Trabalho intensivo	Mineral intensivo
1980	32.60%	51.00%	7.80%	4.00%
1985	10.80%	73.30%	9.70%	5.10%
1990	16.20%	60.70%	16.00%	5.10%
1994	12.30%	65.70%	13.80%	6.40%

Fonte: Internatinal Economic Data Bank, ANU, Findlay, (1996)

[190] DAS, (1998), p. 125. *"Between 1980 and 1996, China nearly doubled its proportion of manufactured products in total exports. In 1996, they accounted for 85% of total exports".*

[191] FINDLAY, Christopher, WATSON, Andrew, (1996), *Economic Growth and Trade Dependency in China.* Trabalho apresentado na conferência "China Rising: Interdependence and Nationalism" pelo International Institute for Strategic Studies, em California. Este trabalho está disponível em: «hyperlink "http://www.adelaide.edu.au/CIES/CERC/wrkp-prs/96_5.pdf"».

[192] DAS, (1998), p. 129.

[193] DAS, (1998), pp. 129-130.

QUADRO II.5

A composição das importações SITC (1990-1998): em percentagem

SITC	0	1	2	3	4	5	6	7	8
1990	6.2	0.3	7.7	2.3	1.8	12.5	16.7	31.6	3.9
1995	4.6	0.3	7.7	3.9	2	13.1	21.8	39.8	6.3
1996	4.1	0.4	7.7	4.9	1.2	13	22.6	39.5	6.1
1997	3	0.2	8.4	7.2	1.2	13.6	22.6	37.1	6
1998	2.7	–	7.7	4.8	1.1	19.4	22.2	40.5	6

Fonte: *Livro Branco*

A mudança principal na composição das importações traduz-se na redução das percentagens dos produtos agrícolas e no aumento das percentagens dos produtos de capital intensivo que atingiam mais ou menos dois terços da importação total. Em 1980, a China era um importador líquido dos produtos de agricultura intensiva e de mineral intensivo. Até 1994, a China tinha aumentado a produção agrícola e exportado produtos agrícolas, devido ao aumento da produtividade e da reforma rural, mas continuava a ser um importador líquido de produtos de capital intensivo e tornava-se um importador líquido de produtos de mineral intensivo[194].

Numa perspectiva resumida, uma das mudanças relevantes da evolução das vantagens comparativas da China[195] é a descida relativa da agricultura acompanhada de uma expansão significativa do sector industrial. Durante o período da economia planificada, a ênfase na indústria pesada provocou a redução da agricultura na produção interna e o aumento da percentagem da indústria pesada. A política de auto-suficiência significa que muitos trabalhadores continuavam a trabalhar na agricultura. Desde que a reforma começou, o crescimento da manufactura de trabalho intensivo tem absorvido trabalhadores rurais e promovido o papel da manufactura na exportação.

---

[194] Se não existisse protecção aduaneira a alguns sectores internos na China, as percentagens de produtos industrializados importados poderiam aumentar mais.

[195] DAS, (1998), pp. 138-140. *"Porter´s refinement of the principle of comparative advantage includes the following three stages of export expansions: (1) the factor-driven stage, (b) the investment-driven stage, and (c) the innovation-driven stage… China, a successful Asian exporter, is still in the factor-driven stage"*.

2.2.2. A comparação internacional das vantagens comparativas

2.2.2.1. Os recursos da China no quadro mundial

Iremos analisar a proporção dos factores da China que determina nomeadamente as suas vantagens relativas no comércio internacional (Quadro II.6). Através das análises das vantagens comparativas reveladas dos diferentes produtos, tanto na importação como na exportação, podemos dizer que a evolução das vantagens comparativas está estritamente ligada aos factores de produção e às políticas comerciais internacionais.

São abundantes os recursos de mão-de-obra na China, que ocupam 1/4 do cômputo mundial; relativamente aos dois principais recursos da agricultura, a China carece de superfície de terra lavrada e água, ocupando cada um apenas 7% do total mundial. Os recursos de capital são escassos, o investimento interno ocupa 3.4% no quadro mundial; os recursos de tecnologia são muito baixos, as patentes internacionais representam somente 0.27% no cômputo mundial. Embora a estrutura dos recursos naturais seja dificilmente alterada, através do comércio internacional, um país pode ajustar a sua capacidade de obter recursos, formando assim as suas vantagens relativas. O Japão é disso um bom exemplo. Embora seja um país muito pequeno e com muito poucos recursos, no aproveitamento amplo do comércio internacional e na exploração dos recursos humanos, torna-se no país com maior capacidade de aproveitamento dos factores de produção. Igualmente, as condições referidas determinam que o país precisa da exportação e da importação, ou seja, exportar mais produtos de trabalho intensivo e importar mais produtos de capital intensivo, agricultura intensiva e mineral intensivo, atrair mais capital estrangeiro, introduzir mais técnicas estrangeiras avançadas e ganhar mais interesses comparativos internacionais.

Em primeiro lugar, os recursos de produção espalham-se pelo mundo de forma desigual. Os países mais desenvolvidos (os Estados Unidos, a União Europeia, etc.), com pouca mão-de-obra, possuem a maior parte do capital a nível mundial. Pelo contrário, os países asiáticos, que detêm mais de metade da mão-de-obra, obtêm apenas 4% do capital[196]. Os países desenvolvidos têm também recursos suficientes de mão-de-obra qualificada, que representam mais de 30% do quadro mundial.

---

[196] YU, Yongding, ZHENG, Bingwen, SONG, Hong, (2000), *The Research Report on China's Entry into WTO – The Analysis of the China's Industries*, Social Sciences Documentation Publishing House, Beijing, p. 49.

A teoria da vantagem comparativa e a estratégia de desenvolvimento da China 85

Além disso, a distribuição desigual dos factores de produção conduz à enorme diferença de intensidade dos factores e dos respectivos custos. Os países em vias de desenvolvimento de baixos rendimentos (a China, a Indonésia, a Índia, por exemplo), possuem o volume menor do capital *per* trabalhador; a maior percentagem de trabalhadores na estrutura de mão--de-obra e o nível mais baixo de salários, totalmente diferente das condições dos países avançados.

QUADRO II.6
Percentagens dos principais recursos da China no quadro mundial

RECURSOS	PERCENTAGEM	RECURSOS	PECENTAGEM
População	21,3	Prado	9,3
Mão-de-obra	26	Petróleo	2,34
Superfície nacional	7,1	Gás natural	1,2
Terra lavrada	7,1	Carvão	10,97
Área irrigada	19	Hidroeléctrica	13,22
Água	7	Patente internacional	0,27
Floresta	3,3	Investimento nacional	3,4
CO2	11,2	PIB	2,07
Terra protegida	4	Exportação	2,8
Exportação produtos trabalho intensivo	10,55	Importação	2,6

Fonte: Instituto Nacional de Estatística da China, HU, (1999), p. 221.

QUADRO II.7

Comparação internacional da proporção dos factores (1995)

		EUA	EU	JAPÃO	CHINA	SINGAPURA	ÍNDIA
PIB e Volume do Comércio (1 bilião)	PIB	7126	8210	5092	712	163	434
	X	718	895	484	210	175	55
	M	883	883	435	167	178	65
Economia de Escala Relativa (%)	PIB	25.2	29	18	2.5	0.6	1.5
	X	17.5	21.9	11.8	5.1	4.3	1.4
	M	20.8	20.8	10.2	3.9	4.2	1.5

Dependência do Comércio (%)	X/PIB	10.1	10.9	9.5	29.5	107.1	12.8
Quota no Total Mundial (%)	Terra	12.7	5.9	0.3	6.5	0.5	13.9
	mão-de-obra agrícola	0.3	0.7	0.3	40	0.1	24.8
	mão-de-obra não qualificada	7.9	10.4	4.5	13.7	0.6	15.9
	mão-de-obra qualificada	14.5	15.6	3.6	17.5	0.5	8.1
	mão-de-obra total	5	6.4	2.4	26.5	0.4	19.3
	Capital	19.3	30.7	22.7	2	0.6	1.2
Estrutura de mão-de-obra (%)	mão-de-obra agrícola	2.7	5.2	5.5	71.3	19.1	60.8
	mão-de-obra não qualificada	66.7	68.9	78.6	21.7	64.9	34.8
	mão-de-obra qualificada	30.7	25.9	15.9	7	16	4.4
Intensidade do Capital	capital/ trabalho	115.6	88.6	281.9	2.2	48.1	1.8

Fonte: GTAP, YU (2000), pp. 47-48.

Relativamente aos recursos naturais, o Japão e a China pertencem às regiões relativamente pobres em terra lavrada; comparados com outros países, têm as taxas mais baixas na relação terra/trabalhador e as taxas mais altas de produção da terra. Nos Estados Unidos, no Canadá e na Austrália, a terra constitui um factor de produção muito abundante.

2.2.2.2. A estrutura do comércio da China com os seus parceiros comerciais

A estrutura do comércio externo refere-se ao tipo de comércio interna-

---

[197] JIN, Zhesong, (2000), p. 10.

cional de mercadorias realizado entre um determinado país e os seus parceiros [197]. Geralmente, uma boa estrutura de comércio externo revela a estrutura da produção e da procura de um país nos diferentes períodos do seu desenvolvimento económico.

De acordo com a teoria da vantagem comparativa, a estrutura do comércio externo é determinada pelos custos relativos dos produtos de cada país nos mercados internacionais. Mesmo que vários factores possam exercer influências sobre os custos de produção, o nível relativo da proporção dos factores de cada país constitui um factor determinante da estrutura do comércio externo. Deste modo, podemos entender a especialização internacional de um país, ou seja, o modo como selecciona a sua produção entre os produtos de trabalho intensivo, de capital intensivo, de recurso intensivo e de tecnologia intensiva.

Existem dois tipos do comércio internacional: o comércio inter-sectorial e o comércio intra-sectorial. O primeiro refere-se à especialização dos países em bens diferentes, que acontece sempre entre os países industrializados e os países em vias de desenvolvimento com diferentes etapas de desenvolvimento tecnológico e dissemelhante proporção dos factores. O segundo refere-se à especialização entre produtos do mesmo sector, que constitui a principal forma de comércio entre os países desenvolvidos. A estrutura do comércio internacional da China pode ser caracterizada pelo comércio inter-sectorial porque existe uma desigualdade de proporção entre esta e os seus parceiros. Consequentemente, a teoria do intervalo tecnológico e a formulação H-O-S explicam bem a estrutura do comércio externo da China[198].

No mercado internacional dos produtos industrializados, os países desenvolvidos importam principalmente produtos manufacturados de trabalho intensivo (vestuário, produtos de indústria leve, produtos electrónicos) e exportam produtos de capital intensivo (produtos intermediários, automóveis e peças, máquinas e equipamentos). A China e outros países asiáticos em vias de desenvolvimento apresentam semelhanças na sua estrutura comercial. Sendo importadores líquidos de produtos de capital intensivo são simultaneamente exportadores líquidos de produtos de trabalho intensivo e de produtos electrónicos [199]. Na China, o balanço favorável provém essencialmente de produtos mecânicos, electrónicos e vestuário, juntamente com outros produtos de indústria ligeira. Analisando as

---

[198] Entre os principais tipos de comércio da China, o comércio da indústria transformadora é o mais importante. JIN, Zhesong, (2000), pp. 111-113.

[199] Yu, (2000), p. 50.

tabelas de composição do comércio SITC (Quadro II.3 e 5), a China obtém vantagens comparativas explícitas no sector 8 e desvantagens nos sectores 1, 5 e 7. Comparada com os EUA e a União Europeia, a China não tem vantagens relativas nos sectores 0, 3 e 4. Os produtos em que a China não tem vantagens comparativas são de recurso intensivo (SITC 0, 1, 3, 4) e de capital/tecnologia intensivos (5, 7).

No mercado internacional de alimentos e produtos agrícolas, os EUA, o Canadá e a Austrália são exportadores líquidos, no entanto, o Japão, a União Europeia e a China são importadores muito importantes.

Podemos dizer que esta análise é compatível com a teoria tradicional do comércio internacional no que se refere à proporção dos factores. Num extremo, encontram-se a China e outros países asiáticos em vias de desenvolvimento, os quais podem ser considerados concorrentes fundamentais da exportação de produtos de trabalho intensivo e importadores importantes dos produtos de capital intensivo e de tecnologia intensiva; no outro extremo, os EUA, a União Europeia e o Japão podem ser considerados fornecedores principais de produtos de capital intensivo e mercados da procura de produtos de trabalho intensivo.

Evidentemente, hoje em dia, não existe concorrência económica directa entre a China e os países desenvolvidos em relação ao comércio internacional, porque as suas vantagens comparativas são muito diferentes. As diferentes estruturas dos factores de produção fazem com que os seus comércios desenvolvam a complementaridade. Todavia, outros países asiáticos em vias de desenvolvimento competem com a China na exportação dos produtos de trabalho intensivo e na atracção de investimentos directos estrangeiros. Igualmente, o Japão, a União Europeia e os EUA rivalizam no mercado chinês e nos outros países asiáticos, nomeadamente, no mercado de capital/tecnologia intensivo, e além disso, beneficiam de oportunidades de investimento nesses países.

2.2.2.3. *A direcção comercial da China (As relações económicas entre a China e os seus principais parceiros comerciais)*

A nível mundial, até ao início da década de noventa, o comércio intra-sectorial entre os países desenvolvidos ocupava mais de 70% do comércio total nestes países, as exportações dos países desenvolvidos para os países em vias de desenvolvimento representavam apenas 20% das exportações totais. Ao mesmo tempo, embora o comércio entre os países em vias de desenvolvimento atingisse mais ou menos 40% das suas expor-

A teoria da vantagem comparativa e a estratégia de desenvolvimento da China   89

tações totais, 60% das exportações totais eram dirigidas para os países desenvolvidos[200]. Além disso, de um modo geral o comércio intra-blocos tem aumentado[201-202].

A direcção comercial da China pode ser estudada sob duas perspectivas. Em primeiro lugar, analisa-se pelas percentagens do comércio externo da China nas várias regiões do mundo (Quadro II.8). Os dados demonstram o seguinte: embora a Ásia represente a maior percentagem do comércio externo da China, a proporção das exportações desceu de 66.94% em 1987 para 59.62% em 1997 e a das importações aumentou de 49.95% em 1987 para 62.09% em 1997. Pelo contrário, as importações vindas da Europa e da América do Norte diminuíram respectivamente de 27.48% e 14.39% em 1987 para 18.09% e 12.86% em 1997. No que se refere às exportações, a China expandiu-se significativamente na América do Norte mas reduziu o seu volume de actuação na Europa. Em segundo lugar, analisa-se através dos seus principais parceiros comerciais (Quadro II.9).

QUADRO II.8

Percentagens do comércio externo da China nas diferentes regiões do mundo (%)

Região	Ano	1987	1990	1992	1994	1997
Ásia	X	66.94	71.73	71.96	60.7	59.62
	M	49.95	54.37	60.85	59.48	62.09
Europa	X	18.47	14.97	13.37	15.54	15.85
	M	27.48	24.07	19.97	21.66	18.09
África	X	3.66	2.08	1.53	1.45	1.76
	M	1.52	0.68	0.62	0.77	1.73
América Latina	X	1.24	1.26	1.26	2.03	2.52
	M	2.86	2.83	2.35	1.94	2.65
América do Norte	X	8.73	9.03	10.88	18.89	18.94
	M	14.39	15.12	13.43	13.67	12.86
Oceania	X	0.91	0.85	0.93	1.42	1.31
	M	3.99	2.78	2.55	2.52	2.58

Fonte: *A Estatística da Administração Geral da Alfândega da China 1989-1997*, JIN, Zhesong, (2000), p.149.

---

[200] JIN, Zhesong, (2000), p. 144.

[201] PORTO, (1997), p. 456 (Quadro IV.22).

[202] Sobre os factores determinantes da direcção comercial, Cfr. FRANKEL, Jeffrey A, (1997), *Regional Trading Blocs in the World Economic System,* Institute For International Economics, Washington, Capítulo 2,3 e 4.

90 A China e a Organização Mundial do Comércio

Há três características fundamentais no percurso do comércio externo da China[203]. Em primeiro lugar, o comércio externo da China está concentrado em poucos parceiros, designadamente, Hong Kong, Japão, Estados Unidos e Alemanha[204]. Em segundo lugar, o comércio externo da China está concentrado em regiões relativamente próximas, especialmente na zona do Pacífico. Em terceiro lugar, o comércio externo da China é sobretudo um comércio inter-sectorial com os países mais desenvolvidos, devido à existência de diferentes vantagens comparativas.

QUADRO II.9

Principais parceiros comerciais da China em 1998

Lista	X+M	X	M
1	Japão	Hong Kong	Japão
2	EUA	EUA	EUA
3	Hong Kong	Japão	Formosa
4	Coreia do Sul	Alemanha	Coreia do Sul
5	Formosa	Coreia do Sul	Alemanha
6	Alemanha	Holanda	Hong Kong
7	Singapura	Reino Unido	Singapura
8	Reino Unido	Singapura	Rússia
9	Holanda	Formosa	Austrália
10	Rússia	França	Malásia

Fonte: The United States-China Business Council[205]

Embora as exportações e as importações da China representem, respectivamente, apenas 3.4% e 2.5% da soma mundial em 1998[206], é o maior país exportador de vestuário e outros produtos de trabalho intensivo; até 1994, detinha 17.9% da quota internacional[207]. A América do Norte, a União Europeia e o Japão constituem os três mercados mais importantes para a exportação chinesa. Em 1995, as três regiões absorviam 2/3 da exportação total. Mais de metade das importações da China

---

[203] Sobre os vários factores determinantes da direcção do comércio internacional, ver teorias explicativas do *"Index of Trade Intensity"* e *"Gravity Model"* desenvolvidas por Peter Drysdale, J.Tinbargen, J.E.Andeson, etc. JIN, Zhesong, (2000), pp. 153-169.

[204] WANG, Lei, (1997), "Are Trade Disputes Fairly Settled?", *Journal of World Trade,* Vol. 31, N.º 1, February, p. 60. *"Japan, Hong Kong, the United States account for 66% of China's total trade"*.

[205] «hyperlink "http://www.uschina.org/press/tradetable.html"».

[206] *Livro Branco,* (1999), p. 402.

[207] FINDALAY, (1996).

A teoria da vantagem comparativa e a estratégia de desenvolvimento da China 91

têm origem nos países asiáticos recém-nascidos (a Coreia do Sul, área específica de Hong Kong, Formosa, Singapura) e no Japão. A nível sectorial, os EUA são o maior mercado de produtos electrónicos e de indústria ligeira para a China e o Japão constitui o maior mercado de vestuário, alimentos e produtos agrícolas chineses. O Japão, a União Europeia, a Formosa e os Estados Unidos são fornecedores importantes dos produtos de capital/tecnologia intensivos para a China.

2.2.3. O percurso das estratégias de desenvolvimento da China para o século XXI

2.2.3.1. *Estratégias adoptadas anteriormente*

As estratégias de desenvolvimento da China, desde a fundação da República, em 1949, passam pelas seguintes etapas.

Em primeiro lugar, verificou-se a estratégia da recuperação do atraso na década de cinquenta, ou seja, o volume dos produtos industrializados principais (i.e., o aço) deveria alcançar e ultrapassar o nível dos países desenvolvidos num curto espaço do tempo. As características desta estratégia são: (1) a preferência do desenvolvimento do sector secundário, especialmente, a indústria pesada de capital intensivo e de energia intensiva; (2) a concretização da nacionalização, o estabelecimento da economia estatal, especialmente, a economia pública de grande escala com mais capital e menos trabalho; (3) a realização da orientação do tipo "elevada acumulação e baixo consumo"; (4) a adopção da política de substituição da importação no sentido de diminuir a diferença tecnológica relativamente aos países desenvolvidos. De facto, esta estratégia da década de cinquenta negligenciou as realidades da China naquela época e as suas vantagens e desvantagens comparativas, por isso é igualmente designada por "estratégia de contra vantagem comparativa".

Mais tarde, nos anos sessenta, surgiu a estratégia das "Quatro Modernizações", isto é, até 2000, a China deveria concretizar a modernização da indústria, da agricultura, da ciência e tecnologia e da defesa nacional. Na realidade, esta estratégia pertencia também à "estratégia da recuperação do atraso". Até 1978, a população das zonas rurais ocupava mais de 80% da população total, os trabalhadores agrícolas ocupavam 70% da mão-de-obra total do país. O PIB *per capita* ficava muito atrasado relativamente ao nível mundial.

Em terceiro lugar, nos anos oitenta, o governo da China propôs a estratégia de duplicação, quer dizer, de 1980 a 2000 a China deveria realizar a

92   *A China e a Organização Mundial do Comércio*

duplicação do PIB e do produto interno da indústria e da agricultura e, ao mesmo tempo, aumentar o nível de vida do povo chinês. É preciso sublinhar que esta estratégia regulou significativamente a estratégia tradicional da recuperação, abandonou os objectivos de modernização até 2000 e passou da procura do aumento da soma total da economia para a procura do aumento do benefício económico e da eficiência, através do reajustamento da estrutura económica e da preocupação com a qualidade dos produtos. Em termos mais exactos, a estratégia dessa época foi uma estratégia de reajustamento, porque, nessa altura, a China encontrava-se no decurso do processo de reforma de um sistema de economia planificada para uma economia de mercado, as políticas seriam mais abertas, com orientação das exportações em vez de substituição das importações.

2.2.3.2. A estratégia da vantagem comparativa

Hoje em dia, em nosso entender, a estratégia do desenvolvimento da China deve ser a estratégia da vantagem comparativa e do livre-cambismo.

2.2.3.2.1. Razões

Do ponto de vista teórico, a proporção das exportações e das importações da China na globalidade do comércio internacional (cerca de 3%) significa que as exportações e as importações da China no mercado global se encontram num estado de concorrência perfeita. Relativamente à importação, a China é um "recebedor dos preços internacionais"; no que se refere à exportação, embora a China tenha algumas quotas monopolistas no mercado internacional, nomeadamente nos sectores do vestuário, produtos têxteis e sapatos, tais produtos exportados possuem muitas semelhanças com os produtos exportados pelos outros países em vias de desenvolvimento. Além disso, a dimensão das indústrias da China é muito reduzida, com poucos rendimentos de economia de grande escala. A percentagem de grandes empresas da China representava apenas 24% e as suas produções apenas 27% do produto nacional. A concentração do mercado demonstra que a estrutura do mercado chinês não é monopolista, por isso, a teoria clássica de David Ricardo sobre a vantagem comparativa e sobre o interesse comparativo é exemplificativa das relações comerciais da China[208].

---

[208] GONG, (1999), p. 245.

Como é que um país aproveita as suas vantagens comparativas? Segundo o teorema H-O-S, se, no país abunda relativamente a mão-de-obra, as suas vantagens relativas residem no sector do trabalho intensivo. Se ele se conforma com o princípio da vantagem comparativa, promove a indústria leve, designadamente, o sector do trabalho intensivo, utiliza mais mão-de-obra barata e reduz o capital durante a produção, os custos de produção são relativamente mais baixos e, por conseguinte, tais produtos possuem competitividade e implicam um aumento dos rendimentos [209]. Pelo contrário, se o recurso de capital é mais abundante do que a mão-de-obra, a indústria com vantagem comparativa é a de capital intensivo.

Quando analisamos as condições básicas da China e as suas vantagens e desvantagens comparativas, é fácil verificar que a China tem somente vantagens comparativas e competitividade dos recursos de mão-de-obra e tem desvantagens comparativas nas áreas de recursos agrícolas, de petróleo, de gás natural e produtos minerais. Em relação aos recursos de capital intensivo e de tecnologia intensiva, tem desvantagens visíveis. No século XXI, a população total da China aumentará de 1.2 biliões para 1.5 biliões até ao ano de 2020 e o PIB aumentará 10 vezes mais. Quanto ao total do comércio externo, este aumentará de igual forma e a disparidade será cada vez maior entre o aumento da população e o consumo dos recursos, bem como entre o aumento da economia e a prestação dos recursos. A China não pode depender totalmente dos recursos internos, como acontecia na década de oitenta, para suportar a enorme escala económica, proceder ao seu desenvolvimento e fazer face às necessidades de uma população com mais de 1 bilião de pessoas, especialmente a nível da alimentação e de outros recursos naturais. Devido a este facto, a China, para poder realizar o seu principal objectivo, que é o desenvolvimento do país, terá de se voltar para o mundo e dele obter mais recursos, capitais, mercados e técnicas internacionais de âmbito mais alargado.

A estratégia adoptada pela China no passado com a preferência do desenvolvimento da indústria pesada, é uma "estratégia típica de recuperação do atraso". Alcançar e ultrapassar os países desenvolvidos é o desejo mais premente de todos os países atrasados. Todavia, quase todos os países que adoptaram a estratégia da recuperação ficaram numa situação muito difícil. Outros países em vias de desenvolvimento que não adoptaram a estratégia da recuperação do atraso conseguiram um desenvolvi-

---

[209] PORTO, (1997), p. 306. "...Nos seus termos o comércio acaba assim por ser um modo de exportar a vantagem proporcionada pela abundância de um determinado factor: por exemplo, um país de mão-de-obra barata, face à diferença de salários, ao exportar produtos de trabalho intensivo está a exportar o contributo por ela proporcionado."

mento económico visível e tornaram a ser estrelas da economia mundial. A primeira história aconteceu no Japão, seguindo-se a Coreia do Sul, Singapura, Formosa e Hong Kong. Nas últimas décadas, estes países ou territórios, com o mesmo ponto de partida de outros países em vias de desenvolvimento, têm obtido um mérito totalmente diferente, sendo portanto considerados como "o milagre da Ásia de Leste". As experiências destes países ou territórios demonstram que estes aproveitaram as suas vantagens comparativas e a proporção dos factores em cada período de desenvolvimento económico, em vez de se apartarem das suas vantagens relativas. Devido às diferentes vantagens comparativas, determinadas por desigual proporção dos factores, os principais sectores destes países também não são iguais. No entanto, uma regra geral aplicável é que, relativamente ao desenvolvimento económico, à acumulação de capital e ao aumento de capital *per capita,* a estrutura da proporção dos factores é modificada, ao mesmo tempo que os sectores principais se transferem das indústrias de trabalho intensivo para as de capital intensivo e de tecnologia intensiva.

De facto, a estratégia da recuperação do atraso é um caminho do desenvolvimento ineficaz e com desperdício. Na prática, a evolução da estrutura sectorial é considerada sinónimo de recuperação do atraso. Para este objectivo, a maioria dos países em vias de desenvolvimento usam sempre recursos limitados e apoiam prioritariamente um ou dois sectores de capital intensivo. Entretanto, o problema consiste em que a evolução da estrutura sectorial é apenas resultado do desenvolvimento económico, ou seja, o resultado da mudança da proporção dos factores. Já sabemos que a estrutura da proporção dos factores representa os recursos naturais (terra, recursos energéticos e minerais) e a abundância relativa dos factores de produção (a taxa de capital/trabalho)[210]. Os recursos naturais são sempre definitivos, o ritmo do aumento de mão-de-obra, que é determinado pela taxa de crescimento da população, é mais ou menos igual em diferentes países; por isso, a única dissemelhança significativa é o factor capital[211]. Para os países em vias de desenvolvimento, um factor significativo durante o processo de industrialização é o aumento do capital em vez do aumento da população, porque a falta do capital restringe o crescimento económico e o percurso do desenvolvimento.

---

[210] HUANG, Lucheng, (1996), p. 58.

[211] LIN, Justin, Yifu, HAI, Wen, PING, Xinqiao, (2000), "Bijiao Youshi yu Fazhan Zhanlue" (A Vantagem Comparativa e A Estratégia do Desenvolvimento), *China Center for Economic Research Working Paper 1995-1999*, Editora Universidade de Pequim, Beijing, pp. 199-201.

A teoria da vantagem comparativa e a estratégia de desenvolvimento da China 95

Na China dos anos quarenta e cinquenta, havia grave escassez de capital. A promoção artificial da industrialização, através da distorção dos preços dos factores e das outras intervenções públicas, era executada com o fim de distribuir de forma desequilibrada o limitado capital a alguns sectores determinados e, ao mesmo tempo, reprimir o desenvolvimento dos outros. As razões pelas quais a China abandonou a estratégia da recuperação do atraso são as seguintes:

Antes de mais, a recuperação do atraso dos sectores minoritários, à custa do sacrifício do desenvolvimento económico geral, não pode suportar a evolução da estrutura da proporção dos factores. As indústrias protegidas carecem de competitividade e de rendimento; devido à falta de capital, as indústrias reprimidas não têm uma produtividade eficaz nem acumulação de capital. Nesta situação, o pressuposto de promoção da estrutura sectorial torna-se vã[212].

Em segundo lugar, as indústrias protegidas, sem corresponder às vantagens comparativas, só podem viver dependendo da distorção dos preços e de políticas estatais de privilégio. Em situação de não concorrência, por certo que desenvolvem e modificam a estrutura sectorial em sentido de estatística; mas, na realidade, tais sectores são ineficazes e não competitivos. Na reforma económica da China, a situação embaraçosa que as empresas públicas, especialmente as de capital intensivo, enfrentaram comprova este argumento.

Em terceiro lugar, sob a estratégia da recuperação do atraso, a estrutura sectorial irregular contrariava a proporção abundante dos factores de mão-de-obra na China. Este fenómeno impedia a absorção de mão-de--obra. Todavia, a adopção da estratégia das vantagens comparativas permite a realização eficaz do crescimento económico, através das vantagens estáticas e dinâmicas e de mais oportunidades de emprego para os trabalhadores. À medida que a economia se desenvolve, a mão-de-obra torna--se relativamente escassa, o nível dos salários é cada vez mais elevado e os trabalhadores beneficiam progressivamente do crescimento económico.

Em quarto lugar, a estratégia de recuperação tem em vista a redução da diferença tecnológica entre os países em vias de desenvolvimento e

---

[212] Um bom exemplo é a União Soviética. Orientado pela estratégia de desenvolvimento privilegiado da indústria pesada, o governo distribuía recursos, com intervenção estatal coerciva, para apoiar a indústria militar e a tecnologia de espaço cósmico. Durante a guerra fria, a União Soviética era capaz de competir com os Estados Unidos na produção nacional. Todavia, ao nível do PIB *per capita* e da estrutura da proporção dos factores, tem mantido a diferença com os países desenvolvidos. O ponto mais importante é que a indústria civil da União Soviética está muito atrasada.

desenvolvidos. Ainda que não possa alterar a estrutura da proporção dos factores, o aumento da intensidade de capital de alguns sectores causa inevitavelmente a descida da intensidade de capital dos outros sectores, e, por conseguinte, não consegue minimizar integralmente as diferenças tecnológicas e económicas.

Daqui se retira que o verdadeiro sentido do desenvolvimento económico não é o desenvolvimento de alguns sectores da indústria pesada, pelo contrário, é o aumento da potência do Estado em geral. Isto é, para um país em vias de desenvolvimento, o objectivo do desenvolvimento é o aumento do capital *per capita*. A evolução sectorial e a diferença tecnológica e salarial são apenas resultados naturais durante este processo.

A razão pela qual a China deve participar no comércio internacional e obter benefícios económicos já foi explicada na parte teórica deste capítulo.

Numa palavra, a estratégia das vantagens comparativas tem que ser realizada através do comércio internacional e do aumento da taxa de abertura[213], quer dizer, através da importação de produtos com desvantagens comparativas e da exportação de produtos com vantagens comparativas.

2.2.3.2.2. *Conteúdo*

O objectivo da estratégia da vantagem comparativa é: com base nas vantagens e desvantagens comparativas da China no seio dos mercados internacionais, a China deve aproveitar a vantagem da mão-de-obra, promover activamente a exportação de produtos de trabalho intensivo, importar moderadamente produtos de agricultura intensiva (e.g., cereais), de energia intensiva (e.g., gás natural e petróleo), de mineral intensivo (e.g., minas de ferro) de que a China carece a longo prazo, introduzir activamente técnicas avançadas internacionais aplicadas, abrir cada vez mais as

---

[213] A partir de 1983, o grau de abertura aumentou rapidamente e atingiu o apogeu em 1994. Regra geral, o grau de abertura está ligado à escala da economia e ao PIB *per capita* de um país, isto é, quanto maior for a escala da economia, menor é a taxa de abertura, e *vice versa*. Um país grande tem mais facilidade em promover a auto-suficiência em vez de depender dos mercados estrangeiros. Do ponto de vista do PIB *per capita*, os consumidores de um país com maior PIB *per capita* dependem mais de produtos estrangeiros. Na doutrina, muitos economistas estrangeiros duvidaram do grau de abertura levado a cabo pelos economistas chineses, pelo seu modo de calcular o PIB; os referidos números eram obtidos através da taxa de câmbio em vigor (como já sabemos, a taxa de câmbio da China era sobrevalorizada) em vez de PPP, por isso, a taxa de abertura da China é considerada demasiado alta. Cfr. JIN, Zhesong, (2000), pp. 108-109.

portas e participar no processo de integração no mundo. Esta estratégia abrange os seguintes pontos essenciais:

(1) A China tem que explorar efectivamente e importar os três principais recursos internacionais de que carece: o recurso agrícola, o mineral e o energético. Em 1994, a percentagem da população do Japão e dos EUA no total mundial eram, respectivamente, de 2.2% e de 4.7%; entretanto, a percentagem na importação dos produtos de agricultura intensiva do Japão no total mundial era de 12.64%, sendo o primeiro país de importação dos produtos agrícolas. Os Estados Unidos são o primeiro país na importação dos produtos minerais, a sua percentagem representando 16.27% do total mundial. A do Japão era de 13.13%. Todavia, a percentagem da China na importação dos produtos agrícolas era apenas de 2.377% e a da importação dos produtos minerais era apenas de 1.571%[214]. Isto é, as percentagens da China na obtenção dos recursos agrícolas e minerais eram mais baixas do que as do Japão e dos EUA e eram também mais baixas do que a percentagem da população da China no total mundial. Numa perspectiva de longo alcance dos interesses da China, o custo da auto-suficiência dos recursos escassos é enorme e a continuação desta acção significa, sem dúvida, que a China abandonará os benefícios do comércio internacional. O objectivo que a China deveria prosseguir seria a concretização da sua auto-suficiência, mas o facto é que a sua realização tem um elevado custo e não será possível atingir esse objectivo a médio prazo.

(2) A China tem que produzir e exportar os produtos de recursos intensivos e trocar alguns recursos por outros. A estrutura dos recursos agrícolas da China é diversificada. Há 94970000 hectares de terra lavrada, 35350000 hectares de terra inculta, mas cultivável, 313330000 hectares de prado disponível, 480000 quilómetros quadrados de zona subtropical[215]. Embora a China não tenha vantagem comparativa nos produtos cerealíferos, tem vantagem comparativa nos produtos não cerealíferos. É muito vantajoso para a China exportar mais frutas, verduras, e produtos aquáticos e importar os produtos de terra lavrada intensiva, como, por exemplo, os cereais. A China é também um país com vários recursos minerais. O carvão, o chumbo, o zinco, o estanho e o cimento têm vantagens visíveis nos mercados de exportação. Isto significa que a China pode trocar alguns recursos por outros, promover o aumento da importação com o aumento

---

[214] Hu, Angang, (1999), Zhongguo Fazhan Qianjing, (A Perspectiva do Desenvolvimento da China), Editora Povo Zhejiang, Hangzhou, pp. 228-235.

[215] «hyperlink "http://www.stats.gov.cn"».

da exportação, e assim poderá resolver a contradição entre a população e os recursos, entre o crescimento da economia e a prestação dos recursos.

(3) A China tem que introduzir efectivamente técnicas estrangeiras avançadas e utilizar capitais estrangeiros. O nível da ciência e tecnologia da China está atrasado em relação aos países desenvolvidos. A percentagem da autorização das patentes internacionais da China é de apenas 0.27% no quadro mundial. Introduzir novas técnicas significa a utilização das "vantagens do futuro". Adquirir tecnologia mediante oferta de mercado é uma das estratégias mais importantes da China. O quantitativo do capital da China é de 3.4% no cômputo mundial, mas a atracção dos capitais estrangeiros vai complementar os investimentos internos. Os investimentos estrangeiros nas infra-estruturas, nas zonas mais atrasadas da China, são também uma estratégia de longo alcance.

(4) A China tem que explorar os recursos de mão-de-obra, promover a exportação dos produtos de trabalho intensivo. A China é o primeiro país de exportação dos produtos de trabalho intensivo no mercado internacional; a sua percentagem representa 10.55%, sendo mais elevada do que a dos EUA (6.3%) e do Japão (4.95%) [216]. A China resolve o problema de emprego de 1/5 da mão-de-obra mundial com apenas 3.4% do capital total internacional. Por isso, é necessário explorar os recursos humanos, trocar recursos por trabalho, fomentar a importação com a exportação.

(5) A estratégia da vantagem comparativa é actualmente a estratégia da abertura. Esta visa exercer a estratégia do livre-cambismo. Do ponto de vista económico, o objectivo principal da política de abertura é a liberalização do comércio, premissa importante para que a China aproveite as suas vantagens comparativas. Os dois assuntos estão intimamente ligados. A liberalização do comércio em causa visa abandonar a estratégia tradicional de "substituição da importação", reduzir os impostos alfandegários, eliminar os obstáculos não pautais, oferecer gradualmente os mercados internos, anular os limites do acesso aos seus mercados a empresas estrangeiras, alterar a situação monopolista de algumas empresas públicas em determinadas áreas (e.g., petróleo, telecomunicações, indústria química), e oferecer o tratamento nacional para empreendimentos nacionais e estrangeiros. Em suma, o objectivo da liberalização do comércio é o da integração no mundo e, simultaneamente, desenvolver as vantagens comparativas na importação e exportação, melhorando a afectação dos recursos com a introdução do mecanismo de concorrência internacional.

---

[216] Hu, Angang, (1999), p. 237.

2.3. A VANTAGEM COMPARATIVA E A VANTAGEM COMPETITIVA DA CHINA

Os produtos de trabalho intensivo da China têm vantagem comparativa no comércio internacional, mas não é certo que estes produtos tenham vantagem competitiva a nível internacional. A segunda vantagem significa que aqueles produtos ou recursos têm uma posição dominante ou o monopólio nos mercados internacionais [217-218]. Tanto na teoria clássica do custo comparativo baseada nas diferenças da produtividade de trabalho, como na teoria neo-clássica da proporção dos factores baseada na doação dos factores de produção, a premissa dos interesses comparativos é que factores de produção e recursos não podem circular entre vários países (seria livre apenas dentro de cada um deles). Com base nestes pressupostos, é possível que os recursos e produtos com vantagens comparativas tenham vantagens monopolistas. Todavia, tais pressupostos já sofreram alterações significativas hoje em dia. Os factores de produção circulam a nível mundial, os recursos naturais são recicláveis ou substituíveis através de novas tecnologias ou investimentos; além disso, a melhoria das técnicas e a qualificação dos trabalhadores aliviam a carência de mão-de-obra. Tudo isso sugere que as vantagens comparativas da maioria dos países em vias de desenvolvimento no que diz respeito à mão-de-obra e aos recursos naturais não constituem vantagens competitivas nos mercados internacionais. Embora as trocas internacionais baseadas nas vantagens comparativas obtenham benefícios económicos do comércio, é necessário ajustar a estrutura de vantagens comparativas com o fim de reduzir diferenças económicas relativamente a países mais desenvolvidos.

A adesão à OMC significa a abertura de mercado em dois sentidos. Por um lado, a China abre as suas portas a produtos e empresas estrangeiros, por outro lado, a entrada na OMC cria possibilidades comerciais para produtos e empresas chineses nos mercados internacionais. Contudo, os produtos que podem entrar nos mercados estrangeiros são os que possuem vantagens comparativas da China, as empresas capazes de rivalizar mundialmente são as que detêm vantagens competitivas internacionais.

---

[217] HONG, Yinxing, (1997), "Cong Bijiao Youshi Dao Jingzheng Youshi" (Da Vantagem Comparativa à Vantagem Competitiva), *Economic Research Journal*, N.º 6, p. 21. Para mais explicações, Cfr. PORTER, M. E, (1990), *The Competitive Advantage of Nations,* Macmillan Press, London.

[218] Os dados que medem a competitividade dos sectores são a percentagem do domínio nos mercados internacionais e taxas de rendimentos. JIN, Pei, (1996), p. 41. *Vide* a fórmula do índice de competitividade.

100   *A China e a Organização Mundial do Comércio*

A noção de vantagem de capacidade produtiva industrial, a noção de vantagem comparativa de indústrias e a noção de vantagem de competitividade de empresas são três conceitos distintos[219].

A vantagem de capacidade produtiva industrial demonstra a posição de uma indústria específica na produção total do sector secundário. Aquelas indústrias com vantagem de capacidade produtiva industrial são sectores essenciais na produção industrial. Tal vantagem pode ser medida através dos índices de valor acrescentado ou de percentagem de capital[220].

Já sabemos que a vantagem comparativa é um conceito do comércio internacional, que demonstra as categorias dos produtos exportados de um país e é medida sempre através do índice da vantagem comparativa revelada.

A vantagem da competitividade das empresas é limitada no âmbito das próprias empresas, ou seja, é a competência de uma empresa ou empresas de um país comparada com a das empresas estrangeiras.

Segundo a analise feita por YU (2000)[221], a vantagem da capacidade produtiva industrial da China revela-se principalmente nos produtos intermediários dos seguintes sectores: energia eléctrica (7.27%)[222], química (6.56%), indústria mineira não metalúrgica (5.82%), indústria têxtil (5.74%), indústria metalúrgica de metais pretos (5.51%), indústria extractiva de petróleo e gás natural (5.48%), manufactura de equipamentos de transporte (5.12%), indústria de transformação de tabaco (4.18%), manufactura de máquinas electrónicas (4.09%) e maquinaria em geral (4.01%). Os 10 sectores acima referidos representam um total de 53.78% do valor acrescentado do sector secundário. A vantagem da capacidade produtiva industrial da China reflecte-se nos produtos intermédios.

A vantagem comparativa da China revela-se nos produtos de trabalho intensivo, nomeadamente, vestuário, produtos de lazer e de desporto, produtos em couro, indústria de transformação de alimentos, produtos têxteis, mobiliário, artigos de metal, artigos de borracha, produtos minerais não metais, produtos de plástico. Todos estes sectores pertencem à indústria de trabalho intensivo e são sectores de baixo grau de processamento e baixo nível de tecnologia. Simultaneamente, a desvantagem comparativa é concentrada nos seguintes sectores: maquinaria geral, indústria metalúr-

---

[219] YU, Yongding, ZHENG, Bingwen, SONG, Hong, (2000), p. 584 e ss.

[220] YU, (2000), p. 585.

[221] YU, (2000), pp. 585-589.

[222] Os dados entre parênteses representam as percentagens dos respectivos sectores no valor acrescentado do sector secundário total. YU, (2000), p. 585.

A teoria da vantagem comparativa e a estratégia de desenvolvimento da China 101

gica de metais pretos, química, manufactura de equipamentos de transporte, indústria electrónica, produção de papel, transformação de petróleo e fornecimento de gás, indústria extractiva de metais pretos, fabricação de aparelhos, fibra química. Exceptuando a produção de papel (falta de recursos), todos são de capital intensivo e de tecnologia intensiva.

Entre as primeiras 50 empresas competitivas dos países em vias de desenvolvimento, havia 7 empresas chinesas na lista referente ao ano de 1995, sendo grupos societários de exploração pluralista. Destes, um pertence ao sector secundário, 6 são grupos cujas actividades consistem no comércio, na construção civil ou nos transportes [223].

Podemos concluir que as características destas vantagens da China são antes de mais: a vantagem comparativa das indústrias da China centra-se principalmente nos elos de produção, visto o custo de mão-de-obra da China ser relativamente baixo. Entretanto, a vantagem da produção não se transforma automaticamente na vantagem própria de uma empresa; geralmente, as empresas chinesas não têm marcas famosas nem as vantagens de exploração dos mercados internacionais. Em segundo lugar, as experiências das companhias transfronteiriças demonstram que a raiz do crescimento reside numa concorrência imperfeita. Hoje em dia, a competitividade das empresas chinesas está a formar-se. Em terceiro lugar, a distribuição das três vantagens da China não é coincidente. A vantagem da capacidade produtiva industrial está concentrada nos elos centrais da transformação industrial, designadamente, na indústria pesada; a vantagem comparativa da indústria reflecte-se nos sectores de trabalho intensivo, nomeadamente, na transformação de produtos primários; ainda, a vantagem da competitividade das empresas não está ligada às duas primeiras vantagens. Todavia, as três vantagens encontram-se mais ou menos sobrepostas nos outros países desenvolvidos e apenas nesta situação, um país poderá ocupar uma posição dominante na concorrência internacional [224].

Segundo a teoria da vantagem competitiva elaborada por M. E. Porter [225], a competitividade do comércio internacional de um país ainda está ligada à procura de mercado [226]. Desde o último período dos anos noventa, a procura de produtos de trabalho não qualificado intensivo pelo mercado internacional tem diminuído [227], os produtos de trabalho inten-

---

[223] Yu, (2000), p. 586.

[224] Yu, (2000), p. 589.

[225] Sobre a teoria da vantagem competitiva (*the national competitive advantage diamand*) , Cfr. Das, (1998), pp. 136-138.

[226] Cfr. Shang, Linlin, (2000), pp. 23-24.

[227] Das, Dilip K, (1998), p. 124,"*Generally, both income elasticity and price elas-*

102 A China e a Organização Mundial do Comércio

sivo dos exportadores principais enfrentam uma concorrência cada vez mais intensa, os requisitos qualificativos são cada vez mais rigorosos. Por outro lado, a procura de produtos chineses de trabalho intensivo é cada vez menor, havendo maior necessidade dos produtos chineses de capital intensivo e de tecnologia intensiva pelo mercado mundial.

Nesse caso, como transformar vantagens comparativas em vantagens competitivas? Ou seja, como aproveitar as suas vantagens comparativas e formar uma estrutura sectorial com mais vantagens competitivas internacionais? Os interesses comparativos não se reflectem só em diferentes produtos, mas também se reflectem em custos e qualidades variáveis do mesmo produto. As vantagens comparativas de mão-de-obra barata da China podem transformar-se em vantagens ao nível dos preços. Neste sentido, o comércio transformador e os investimentos estrangeiros das grandes empresas competitivas a nível internacional são vias importantes para criar vantagens competitivas. Com o fim de satisfazer as necessidades do mercado internacional, através do aumento de factores tecnológicos, os produtos do trabalho intensivo não especializado ganham mais vantagens competitivas.

Síntese:

De facto, desenvolver a economia de um país de acordo com a vantagem comparativa baseada na proporção dos factores representou um passo para um desenvolvimento menos custoso e muito racional, situação que ainda hoje se mantém. Uma participação mais activa da China no sistema multilateral aumentará o "bolo do comércio mundial", permitindo um maior grau de especialização do trabalho, mais benefícios das vantagens comparativas e, por fim, o aumento do rendimento e da produção internacional.

A criação da Organização Mundial do Comércio apoia o sistema do comércio internacional numa base constitucional sólida. Pela primeira vez, os pilares do sistema do comércio internacional dependem de uma organização internacional, com personalidade jurídica, que constitui um conjunto de normas comerciais. Dentro desta instituição, os objectivos nacionais devem ser seguidos de forma compatível com o uso eficiente dos recursos mundiais. Nestes termos, a base racional da teoria da vantagem comparativa poderia ser implantada no preâmbulo do Acordo que Institui a Organização Mundial do Comércio [228].

---

ticity of global demand are presumed higher for manufactures than for traditional primary goods".

[228] QURESHI, Asif H, (1996), *The World Trade Organization – Implementing international trade norms*, Manchester University Press, UK, pp. 3-4.

A Organização Mundial do Comércio é considerada como um mercado onde diversos países estabelecem negócios com concessões mútuas e através do qual certos países elaboram e modificam as normas de comportamento comercial [229]. À medida que a liberalização do comércio se desenvolve, muitos países em vias de desenvolvimento manifestam vontade de respeitar as regras do jogo. Entre eles, a China, cujas reformas económicas espontaneamente adoptadas nos últimos anos, têm trazido mais pressão à competitividade e mais custos para os países desenvolvidos. Embora a integração na economia global beneficie plenamente tanto o sistema multilateral como o próprio crescimento da China, há inevitavelmente fricções comerciais. Portanto, o estabelecimento da OMC e a extensão das normas multilaterais do comércio, juntamente com o reforço de órgãos para a resolução dos conflitos, correspondem exactamente a esta tendência.

A relação entre o princípio da vantagem comparativa e a entrada da China na OMC consiste em a OMC fornecer a garantia mecânica e jurídica para a China desenvolver e aproveitar as suas vantagens comparativas no mercado internacional. Do ponto de vista teórico, a China pode importar produtos com desvantagens e exportar bens com vantagens relativas se não for um membro da Organização Mundial do Comércio, mas, na prática, é difícil atingir tal objectivo. Sem a garantia mecânica e jurídica da OMC, sectores que carecem de vantagens comparativas de qualquer país preferem não se abrir à concorrência internacional. As relações económicas complicadas entre a China e o mundo exterior são dificilmente administradas através de negócios bilaterais instáveis, inconstantes e arbitrários. A China precisa de um mercado internacional mais livre e estável para exportar produtos de trabalho intensivo e importar a tecnologia mais avançada durante a sua industrialização e modernização. Sendo uma economia de transição, a China tem que depender da OMC para facilitar interacções com outros países, com o fim de estabelecer uma economia de mercado eficaz.

Entretanto, quais os focos das negociações da adesão da China à OMC? De que modo a China pode aderir a esta organização mundial, considerando as suas próprias condições internas? O próximo capítulo procura trazer algumas explicações.

---

[229] HOEKMAN, Bernard, M, KOSTECKI, Michel M, (1998), *The Political Economy of the World Trading System – from GATT to WTO,* (edição chinesa), Law Press, Beijing, p. 15.

CAPÍTULO 3
A adesão da China à OMC

3.1. O CONTEXTO INTERNACIONAL E O CONTEXTO INTERNO DA CHINA

3.1.1. O contexto internacional

A economia do século XX evoluiu a passos largos: a formação do comando dos Estados Unidos, o desenvolvimento estável da União Europeia, o crescimento da economia do Japão, o salto da economia asiática e o desenvolvimento da China são pontos de destaque no mapa económico mundial.

Desde os anos oitenta, a tendência da globalização tem sido cada vez mais notável[230]. Mas o que é a globalização? A globalização tem como força motriz o desenvolvimento da produtividade, promovendo a circulação dos factores de produção a nível internacional, através da liberalização do investimento, da liberalização do comércio e da liberalização financeira[231]. A globalização é um processo de aceleração da interdependência dos diferentes países e de estabelecimento de uma economia sem fronteiras[232]. Em primeiro lugar, há a globalização da produção, isto é, os produtores preferem utilizar recursos internacionais mais baratos. Em segundo lugar, há a globalização do consumo, os consumidores compram tanto pro-

---

[230] O aumento da taxa de abertura de cada país ilustra uma interdependência mais intensa no mundo actual. A antiga liderança dos EUA foi substituída pelo equilíbrio tripartido formado pelos EUA, pela União Europeia e pelo Japão.

[231] O Instituto da Cooperação Económica do Comércio Internacional, (2000), *2000nian Xingshi yu Redian (Os Pontos Quentes do ano 2000),* Editora Economia e Comércio Externo da China, Beijing, p. 1.

[232] HAI, Wen, (1999), *Jingji Quanqiuhua yu Zhongguo de Xuanze (A Globalização Económica e a Escolha da China),* trabalho apresentado no seminário " A Globalização Económica e a Escolha da China" em 11 de Novembro de 1999 na Universidade de Pequim.

dutos nacionais como estrangeiros. Mais ainda, a globalização é um processo de integração ou de harmonização dos regimes, com o fim de estabelecer regras universais.

Hoje em dia, o aumento das trocas internacionais e dos investimentos estrangeiros reflectem o curso da globalização. Desde as cooperações voluntárias, às zonas de comércio livre, às uniões aduaneiras, aos mercados comuns até à União Europeia, a integração regional promove este processo. As companhias transfronteiriças que representam mais de 40% do comércio mundial[233] têm um papel essencial. Estas adoptam estratégias de exploração mundial e, ao mesmo tempo, constituem-se sujeitos de actos económicos de relações internacionais complexas. Cada grupo transnacional forma uma grande rede que inclui muitos países e diferentes regiões. Por último, a criação da OMC e as negociações do *round* do milénio demonstram a necessidade e a infalibilidade da globalização, embora tal rumo implique muitas dificuldades. As normas relativas a trocas mundiais, investimentos estrangeiros e finanças, estabelecidas pela OMC, são disposições uniformes que regularizam actividades comerciais internacionais e, portanto, fomentam a concorrência livre e leal no mercado mundial.

Numa outra perspectiva, os blocos regionais têm-se desenvolvido muito rapidamente. Antes de mais, o número dos blocos regionais aumentou substancialmente. De 1948 a 1994, surgiram 109 organizações cooperativas regionais, tendo 2/3 das quais surgido após a década de noventa[234]. Em segundo lugar, verifica-se o alargamento do âmbito dos blocos regionais, a NAFTA (*North America Free Trade Association*), a ASEAN (*Association of South-East Asian Nations*) e a União Europeia englobam novos membros. Em terceiro lugar, a APEC (*Asian-Pacific Economic Forum*), ligando 18 países de diferentes regimes sociais, realiza uma cooperação mais aberta.

Admite-se, em geral, que a formação dos blocos regionais seja compatível com a tendência da globalização. A integração regional favorece a globalização, que, por sua vez, é a base sólida dos agrupamentos dos mais diversos países. Entretanto, o regionalismo, *de per si,* exerce alguns impactos negativos sobre o regime multilateral. Embora os blocos regionais declarem o princípio da abertura ao exterior, há uma tendência que favorece os seus membros, sempre com exclusividade, porque as preferências

---

[233] HAI, (1999).

[234] YANG, Shengming, CHEN, Jiaqin, FENG, Lei, (1999), *Zhongguo Duiwai Jingmao Lilun Qianyan (Teoria do Comércio Externo da China),* Editora Documentações das Ciências Sociais, Beijing, p. 18.

recíprocas internas não podem ser gozadas por países terceiros. Na etapa inicial da liberalização do comércio dentro de um bloco regional, há ainda um razoável volume de negócios com países estranhos ao bloco; à medida que o mercado comum se desenvolve, a sua exclusividade integral torna-se cada vez mais visível. A concentração em direcção ao interior vai causar desvantagens aos países fora dos blocos regionais, relativamente à utilização dos recursos internacionais. A China, por exemplo, é um membro da APEC, mas esta organização, em sentido estrito, não é um bloco regional típico[235], o que significa que a China não é actualmente membro de ne-nhum bloco regional económico[236]. Esta situação torna mais difícil a possibilidade de esta aproveitar o mercado internacional e outros recursos. Além disso, há contradições entre um bloco regional e os seus subgrupos, contradições entre um bloco integral e os Estados-Membros, entre outras.

Devido ao desequilíbrio do nível de desenvolvimento e da consideração dos factores políticos, os blocos regionais dependem tanto deles próprios como de terceiros. Hoje em dia, ainda têm um papel muito importante.

Ao mesmo tempo em que se desenvolve a liberalização do comércio internacional, muitos países adoptam medidas de salvaguarda não aduaneiras para realizar um novo tipo do proteccionismo do comércio. À medida que se invocam propostas de revisão da OMC, podemos ver, actualmente, a alteração de atitude por parte dos Estados Unidos no que diz respeito ao proteccionismo. Tendo sido o principal responsável pela formação do GATT depois da IIª Guerra Mundial, os Estados Unidos continuaram a ter uma posição preponderante durante os primeiros trinta anos de existência do GATT. No entanto, desde meados dos anos oitenta, os Estados Unidos, sob a pressão do *déficit* crescente do comércio, voltaram a constatar a utilidade

---

[235] FUMIHIDE, Takeuchi, *Regional Integration and the Role of China in Asia,* Japan Center for Economic Research, Asian Research Bureau, «hyperlink http://www.jecr.or.jp/ /jpn/ken/asia_03.html». Segundo o autor, *"Some people classified these two types of regional integration in different ways: Restaurant-type and Club-type...Turning to the Asian type of integration, we can easily understand that APEC is categorized as the natural integration. APEC, which includes North America, Oceania, and East Asia in a regional scheme for economic cooperation, is neither a free trade area nor a customs union, though it is one intergovernmental organization. This has so far been a soft organization in that there has been no binding rule of trade and investment."*

[236] A China será o sexto Estado Membro do *Acordo de Banguecoque,* assinado em 1975. Os cinco membros actuais são: a Índia, a Coreia do Sul, o Sri Lanka, o Bangladesh e o Laos. O *Acordo de Banguecoque* é um acordo comercial regional com disposições preferenciais essenciais.

108 *A China e a Organização Mundial do Comércio*

do unilateralismo. Hoje, aparecem cada vez mais vozes a favor do proteccionismo dentro dos EUA[237]. Nesta conjuntura, a China começou a sua reforma económica e jurídica, de acordo com as normas internacionais estabelecidas pelos princípios do GATT e da OMC. No momento em que a China notificou a intenção de reassumir a sua qualidade de membro do GATT, em 1986, as circunstâncias internacionais estavam a mudar profundamente. Segundo Jack Behrman, na sua obra *China in the World Economy*[238], a China encontra hoje a economia internacional já modelada pelos países desenvolvidos; os Estados Unidos, por sua vez, verificam que as regras que haviam promulgado estão a ser alteradas significativamente. Embora seja difícil apurar o resultado da adaptação de ambas as partes, é certo que a convergência de forças contrabalançadas determinará a direcção não só da integração internacional no futuro, como também da globalização jurídica no novo milénio.

Sendo a sétima economia[239], o décimo poder comercial do mundo e uma economia de transição e de industrialização, o objectivo mais importante da China é integrar mais profundamente a sua economia no regime comercial internacional. Em especial, a China espera atingir os objectivos a seguir expostos.

Antes de mais, a China pretende ser permanentemente tratada de forma não discriminatória na ordem económica mundial. Como a China não é um Estado-Membro da OMC, não tem automaticamente o tratamento de Nação Mais Favorecida (doravante NMF) relativamente a outros parceiros comerciais. É necessário negociar acordos comerciais com cada país. Até agora, a China já assinou acordos bilaterais de NFM com mais de 110 países. Entretanto, alguns deles não são estáveis, designadamente, a análise anual nos Estados Unidos tem prejudicado as relações sino-americanas desde 1989. Através da adesão à OMC, a China quer garantir relações estáveis e não discriminatórias com todos os Estados-Membros.

Actualmente, as relações económicas entre a China e outros parceiros são baseadas em acordos bilaterais, por conseguinte, a resolução dos conflitos depende principalmente de negociações bilaterais. A maioria dos conflitos é resolvida pela legislação interna de cada país. Nos últimos anos, houve mais de 200 acusações de *dumping* contra exportações chine-

---

[237] JACKSON, John, H, (1998), *The World Trading System: Law and Policy of International Economic Relations,* Second Edition, the MIT Press, pp. 169-173.

[238] LAI, Guanrong, YE, Qing, (1999), *WTO: Zhongguo Jiameng (A Adesão da China à OMC),* Editora Universidade de Xiamen, Xiamen, pp. 37-38.

[239] De acordo com o Banco Mundial (The World Development Indicator Database, World Bank 2000), o PIB total da China em 1999 era o sétimo a nível mundial.

sas. Caso falhem as negociações, sanções comerciais e represálias unilaterais são sempre usadas como resoluções finais. À medida que a China se integra na economia mundial e se torna uma potência comercial, um mecanismo eficaz de resolução de conflitos multilaterais é essencial para a estabilidade comercial, a justiça e a confidencialidade do próprio sistema.

O GATT já terminou o último *round* de negociações, mas a OMC prossegue os seus esforços para o livre-cambismo no futuro. Como uma potência emergente, a China deseja ter um papel activo para regulamentar regras futuras e ganhar uma posição mais importante no palco político internacional.

3.1.2. O contexto interno

No contexto interno da China, forma-se um sistema de macro-administração, com uma alavanca económica e já não impulsionado por medidas administrativas. As reformas de mais de 10 anos trazem vitalidade para a economia chinesa, nomeadamente o PIB tem aumentado, atingindo a taxa média de 9% a longo prazo. Simultaneamente, o comércio externo e os investimentos estrangeiros têm aumentado também, promovendo, sucessivamente, as actividades económicas de outros sectores. As reformas e políticas de abertura ao exterior da China são condições prévias e o contexto interno necessário para as negociações de adesão.

Todavia, que razão levou a China a acelerar recentemente a negociação de entrada na OMC, depois de 14 anos de esforços? Sob a pressão da competitividade global, a China encontra várias dificuldades de reforma, nomeadamente no campo da deflação interna, do desequilíbrio da balança de pagamentos, do declínio dos investimentos estrangeiros e da exportação, do aumento da responsabilidade de saldar as dívidas e da ausência de uma reforma contínua.

3.2. CONSIDERAÇÕES GERAIS DA ADESÃO À OMC

3.2.1. Os progressos no processo de adesão de países candidatos

Desde a entrada em vigor dos acordos da OMC, em 1 de Janeiro de 1995 até finais de Maio de 1999, 7 países, que não eram membros do GATT entraram na OMC (por ordem cronológica, Equador, Bulgária, Mongólia, Panamá, Quirguistão, Letónia e Estónia). Outros 30 países requereram a

110 *A China e a Organização Mundial do Comércio*

qualidade de membro da OMC e agora mantêm-se em vários níveis de negociações com os Estados-Membros actuais. Alguns destes candidatos, nomeadamente, a China e a Argélia, candidataram-se à parte contratante do GATT de 1947 há mais de 10 anos [240].

Em termos das economias candidatas numa perspectiva global, os países candidatos constituem 30% da população mundial, enquanto que a China representa por si só 20%. Contraditoriamente, as economias dos países candidatos constituem apenas 6% da produção mundial, 8.9% das exportações de mercadorias e 7.4% das importações de mercadorias internacionais. Todavia, muitos economistas consideram que a importância destas economias é reduzida devido à avaliação do PIB, com base nas taxas de câmbio. A avaliação do PIB baseada em PPP (*purchasing power parity*) aumentará as quotas económicas destes países. A China, por exemplo, ficou em terceiro lugar depois dos EUA e do Japão, em 1993, e em segundo lugar depois dos EUA [241], em 1995. Entre os candidatos, a China, a Formosa, a Rússia e a Arábia Saudita são as quatro maiores e mais importantes economias. Nos mercados mundiais, a importância dos países candidatos a parceiros comerciais varia bastante segundo as várias categorias de mercadorias. Já sabemos que a China é um fornecedor importante de produtos têxteis e vestuário para os EUA e para a UE e de diversas outras mercadorias para o Japão; a China é também um mercado de exportação para o Japão e até certo ponto para os EUA. A Rússia é um fornecedor crucial de produtos metalúrgicos para os EUA, a União Europeia e o Japão e de produtos energéticos para a Europa. A Arábia Saudita é um fornecedor essencial de matérias energéticas para os EUA, para o Japão, bem como para a União Europeia. Para os EUA e o Japão, a Formosa é não só um fornecedor tão importante de produtos industrializados como também um mercado para exportação.

Um desafio para a OMC são as condições de admissão de economias em fase de transição [242], com base nos princípios e regulamentos estabele-

---

[240] LANGHAMMER, Rolf J, LÜCKE, Matthias, (1999), "WTO Accession Issues", *The World Economy*, vol. 22, No. 6, August, p. 837.

[241] YANG, Yongzheng, (1999), "Completing the WTO Accession Negotiations: Issues and Challenges", *The World Economy*, Vol. 22, No.4, June, p. 515. Em 1993, o relatório do Fundo Monetário Internacional *China – Emerging Economic Powerhouse of the 21st Century* indicou que a China era a terceira potência económica do mundo. O Banco Mundial classificou a China em segundo lugar, em 1995, no *World Bank Report*.

[242] MICHALOPOULOS, Constantine, (1998), *WTO Accession for Countries in Transition*, World Bank Policy Research Working Paper, No.1934, June. Segundo o autor, entre os candidatos à OMC, 20 constituem economias de transição, incluindo a China. Disponível na website do World Bank.

A adesão da China à OMC

cidos, que já foram, comprovadamente, benéficos para a economia mundial. O sistema comercial multilateral tem como finalidade ser universal e a adesão de novos membros é, em princípio, bem acolhida por todos os actuais membros da OMC. No entanto, para muitos países candidatos, a adesão à OMC tem sido um processo muito vagaroso. A seguir, iremos analisar as razões que estão na base deste fenómeno.

QUADRO III.1

Alguns indicadores básicos dos candidatos à OMC, 1995/1996

	População (milhão)	PIB (US$bilião)	Exportações (US$bilião)	Importações (US$bilião)
China	1200.2	697.6	151.0	138.8
Rússia	148.2	346.4	53.6	38.6
Formosa	21.3	260.3	115.9	102.4
Arábia Saudita	19.0	125.5	49.8	26.3
Vietname	73.5	20.4	6.8	10.4
Todos os Candidatos	1694.9	1782.1	417.7	365.9
Percentagem mundial	29.9	6.4	8.6	7.2
China/todos os candidatos	70.8	39.1	36.2	37.9

Fonte: United Nations Commodity Trade Statistics,
World Table. China Customs Statistics.
Extraído do Yang, Yongzheng, (1999), p.516.

Em primeiro lugar, os países que concordavam com o tratado do GATT de 1947 eram, na sua maioria, os países em vias de desenvolvimento que usufruíam de derrogações significativas em termos de políticas comerciais, segundo o artigo 18.º do GATT de 1947 ("As partes contratantes reconhecem, por outro lado, que pode ser necessário às partes contratantes visadas no parágrafo 1, para a execução dos seus programas e políticas de desenvolvimento económico orientados para a elevação do nível geral de vida da sua população, tomar medidas de protecção ou de outra espécie que afectem as importações e que tais medidas se justificam quando facilitem a realização dos objectivos deste Acordo. Supõem, consequentemente, que há lugar a prever, em favor das partes contratantes em questão, facilidades adicionais que lhes permitam: *a*) conservar uma flexibilidade suficiente na estrutura das suas pautas aduaneiras para que possam conceder a protecção pautal necessária à criação de um ramo de produção determinado, e *b*) aplicar restrições quantitativas destinadas a proteger o equilíbrio da sua balança de pagamentos de uma forma que tenha plena-

112 · A China e a Organização Mundial do Comércio

mente em conta o nível elevado e estável da procura de importações, susceptível de ser criada pela realização dos seus programas de desenvolvimento económico")[243]. Contraditoriamente, hoje em dia, os países candidatos são sobretudo economias de transição, que ficarão sujeitos juntamente com outros Estados-Membros desenvolvidos a regras mais ou menos iguais às da OMC. A premissa das normas da OMC é o funcionamento dos mecanismos de mercado e das economias descentralizadas. Embora a OMC estabeleça regras sobre alguns aspectos das economias de não mercado (as disposições referentes a empresas comerciais do Estado têm a sua origem no artigo 17.° do GATT[244]), estas normas não delimitam o grau de intervenção pública das economias planificadas[245]. Durante as últimas duas décadas, a China e os antigos países socialistas têm efectuado reformas económicas compatíveis com os princípios da OMC e, simultaneamente, o processo de candidatura é sempre acompanhado de verificações durante as negociações de adesão.

Além disso, as regras da OMC são mais complicadas do que as do GATT em 1947 e as disposições do GATT são apenas uma parte do sistema da OMC, que inclui ainda o Acordo Geral sobre o Comércio de Serviços (GATS) e o Acordo sobre os Aspectos dos Direitos de Propriedade Intelectual Relacionados com o Comércio (TRIPS), além dos outros acordos. Por isso, abrangem não só medidas pautais, como também políticas internas, nomeadamente subsídios à exportação. Os acordos da OMC englobam sectores anteriormente descurados no sistema, com base nas regras estabelecidas (a agricultura, a indústria têxtil e os serviços)[246]. Por conseguinte, quando as negociações tocam estes sectores mais sensíveis, é natural que retardem o processo de adesão, como é o caso das exportações de produtos têxteis e vestuário da China para países desenvolvidos ou o caso de acesso aos mercados internos do sector terciário da China.

---

[243] LOPES, J. M .Cidreiro, (1965), *O Acordo Geral sobre Pautas Aduaneiras e Comércio (GATT)*, Fundação Calouste Gulbenkian, Lisboa. *The Legal Texts – The Results of the Uruguay Round of Multilateral Trade Negotiations,* (2000) Law Press, Beijing, p. 447.

[244] Outros artigos ligados às empresas comerciais do Estado (*State Trading Enterprise*) são os artigos 2.°, 20.° e 37.° As notas interpretativas dos artigos 11.°, 12.°, 13.°, 14.° e 18.° do GATT especificam os termos "restrições à exportação" e "restrições à importação" e incluem aquelas feitas efectivamente por empresas comerciais do Estado. (Notas interpretativas podem ser encontradas no Anexo A do GATT.)

[245] YANG, Yongzheng, (1999), p. 517.

[246] KIM, Chulsu, (1996), "Process of Accession to the World Trade Organization", *Journal of Northeast Asian Studies,* Fall, p. 9.

A adesão da China à OMC   113

Por último, as medidas administrativas disponíveis para questões de adesão à OMC são insuficientes, tanto nos países candidatos, como no secretariado da OMC e nos Estados-Membros[247]. O processo formal de adesão constitui em si um factor determinante. Iremos analisar este ponto mais adiante.

É necessário notar que a questão da adesão à OMC de alguns países candidatos (especialmente da China) está relacionada com considerações políticas e conflitos ideológicos. Tais factores, no entanto, não vão ser abordados neste trabalho.

3.2.2. As formalidades da adesão à OMC

O artigo 12.° do Acordo que Institui a Organização Mundial do Comércio[248] que trata a questão de adesão à OMC dispõe o seguinte: "Qualquer Estado ou território aduaneiro distinto que possua plena autonomia na condução das suas relações comerciais externas e em relação a outras questões previstas no presente acordo e nos acordos comerciais multilaterais pode aderir ao presente acordo, em condições a acordar entre ele e a OMC. Tal adesão é aplicável relativamente ao presente acordo e aos acordos comerciais multilaterais que o acompanham. As decisões em matéria de adesão serão tomadas pela Conferência Ministerial. A Conferência Ministerial aprovará o acordo sobre as modalidades de adesão por uma maioria de dois terços dos membros da OMC".

A expressão "em condições a acordar" obriga a uma série de negociações entre os países candidatos e os membros da OMC, sendo diferente do processo de adesão a outras entidades internacionais, como o FMI[249]. Geralmente, antes desta fase, os países tornam-se observadores, para conhecer bem os requisitos da OMC e o processo de adesão. Durante este período, aos observadores não é exigido o cumprimento de quaisquer obrigações. Visto que estes se familiarizam com as exigências da OMC e realizam reformas económicas internas, o processo de adesão pode ser dividido em duas fases distintas. A primeira fase representa formalidades e a segunda envolve três etapas essenciais que dizem respeito respectivamente à preparação de memorando, à clarificação de informações e à rea-

---

[247] MICHALOPOULOS, (1998).

[248] Jornal Oficial das Comunidades Europeias, N.° L 336 de 23 de Dezembro de 1994.

[249] A adesão à OMC é tratada nos artigos 11.°, 12.° e 14.° do Acordo Que Institui a Organização Mundial do Comércio e no artigo 33.° do GATT de 1994.

lização de negociações[250]. Mesmo que o artigo 12.° nada refira sobre o prazo para pôr termo ao processo de adesão, os países candidatos responsabilizam-se pelo próprio ritmo de trabalho.

No que diz respeito às formalidades, depois que um país envia a comunicação oficial, expressando o seu desejo de adesão ao Director-Geral da OMC, o Conselho Geral composto por todos os representantes dos membros estabelecerá um Grupo de Trabalho (*Working Party*) para examinar a candidatura do país. Em teoria, quaisquer membros da OMC podem compor o Grupo de Trabalho, embora habitualmente participem no Grupo de Trabalho os parceiros comerciais particularmente interessados na adesão do país candidato. No caso da entrada da China, o Grupo de Trabalho abrange a maioria dos membros da OMC[251].

A primeira etapa essencial é a preparação do memorando do regime do comércio externo de mercadorias e serviços promovido pelo país candidato[252]. A introdução do regime do comércio externo percorre vários aspectos de políticas macro-económicas, especialmente, aquelas relacionadas com a administração e o controlo de divisas, políticas de investimentos e de concorrência, a protecção dos direitos de propriedade intelectual, a privatização de empresas estatais, bem como políticas comerciais sobre as importações e exportações[253].

A segunda etapa é a clarificação de informações, isto é, os membros do Grupo de Trabalho têm oportunidade de apresentar questões por escrito sobre quaisquer "escaninhos e recantos" do regime comercial do país candidato[254]. A maioria dos países candidatos tem dificuldade em fornecer as

---

[250] MICHALOPOULOS, (1998).

[251] O Grupo de Trabalho da China foi estabelecido em 4 de Março de 1987. Consultar «hyperlink "http://.www.wto.org"».

[252] QURESHI, Asif H, (1996), p. 127. *"The memorandum is to cover certain pre-set topics under the following broad headings: (1) Goals of economic policy; (2) Economy and foreign trade; (3) Foreign trade regime; (4) Other policies affecting foreign trade; (5) Institutional base for trade and economic relations with third countries; (6) Statistics and publications."*

[253] Para mais informações detalhadas sobre os assuntos incluídos no memorando, consular a página «hyperlink "http://www.wto.org"».

[254] KIM, (1996), pp. 7-8. As perguntas têm como objectivos (1) descobrir mais pormenores sobre políticas, leis, regulamentos do sector primário, secundário e terciário para estabelecer relações comerciais com o país candidato; (2) conhecer as políticas industriais, o regime fiscal, a protecção dos direitos de propriedade intelectual e planos de privatização; (3) prosseguir medidas aduaneiras e não pautais e regulamentos que influenciam as trocas internacionais; (4) obter pormenores de todos os acordos comerciais com outros países, incluindo tratados de amizade, de comércio, de navegação e outros tratamentos preferenciais do comércio.

A adesão da China à OMC   115

informações exigidas, porque é natural que os seus governos tentem evitar
as discussões sobre características incompatíveis com as normas internacionais. Como se torna claro, este processo prolonga-se de acordo com as
condições concretas de cada país candidato.

A terceira etapa começa com o decurso das negociações entre o país
candidato e os membros do Grupo de Trabalho. O requerente entregará um
conjunto de concessões de mercadorias e serviços. As ofertas incluem (a)
uma lista detalhada de concessões dos impostos alfandegários sobre mercadorias e o nível pelo qual os impostos alfandegários são consolidados,
com excepção de circunstâncias definidas [255]; mas, na realidade, os impostos alfandegários aplicados pelo país candidato podem ser inferiores ao nível
consolidado. (b) os compromissos em relação à garantia do livre acesso
aos mercados de serviços [256]. Uma vez apresentadas as ofertas, o processo
envolve negociações bilaterais e, simultaneamente, o Grupo de Trabalho
continua a tratar de perguntas e respostas em relação ao regime do comércio externo do país candidato. De acordo com o grau de abertura, o tempo
que leva o processo de negociações varia para cada país candidato.

Eventualmente, um relatório feito pelo Grupo de Trabalho, o qual
resume todas as discussões, juntamente com um protocolo da adesão, será
submetido ao Conselho Geral. O relatório e o protocolo da adesão têm que
ser aprovados por uma maioria de 2/3 dos membros da OMC. O protocolo
entrará em vigor 30 dias após a ratificação pelo governo candidato.

3.2.3. As exigências dos acordos da OMC e as respectivas negociações de adesão

Tal como muitos acordos internacionais, os acordos assinados para a
entrada na OMC conferem aos novos membros tanto direitos como deveres. Entre numerosos pormenores, há três obrigações essenciais: a adesão
ao princípio da não discriminação [257], a limitação das medidas não pautais
e a aplicação dos direitos aduaneiros, não ultrapassando o nível consolidado da lista de concessões feita por um país candidato. Naturalmente, os

---

[255] Por exemplo, "restrições destinadas a proteger o equilíbrio da balança de pagamentos" do artigo 12.° do GATT 1994.

[256] MICHALOPOULOS, (1998).

[257] O princípio da não discriminação comporta duas cláusulas, como sejam a da
nação mais favorecida e a do tratamento nacional. Para mais explicações, Cfr. CUNHA,
Luís Pedro Chaves Rodrigues da, (1997), *Lições de Relações Económicas Externas,* Livraria Almedina, Coimbra, pp. 204-205.

116 *A China e a Organização Mundial do Comércio*

deveres de um membro são também os direitos dos outros membros e *vice-
-versa*. Por esse motivo, o equilíbrio dos direitos e dos deveres é um desafio
para a OMC. A coerência e a consistência da orientação política entre
vários sectores exigem não só políticas comerciais como também políticas
internas ligadas ao comércio[258].

Na prática, as negociações de adesão decorrem a nível bilateral segundo o processo estabelecido pela OMC. Comparadas com as negociações
multilaterais, estas têm objectivos e características próprios[259]. Os países
desenvolvidos consideram que as exportações provenientes dos países
candidatos poderiam enfraquecer as suas economias, através quer do
aumento em termos de *déficit* do comércio quer da perda em termos da
competitividade dos preços[260]. Por isso, a maior preocupação das negociações é a equiparação do mercado (*market equalization*) em vez dos
ganhos do livre-cambismo. Nessas circunstâncias, os países desenvolvidos
prestam uma maior atenção ao abrandamento da balança comercial entre
si e o país candidato, em vez de apenas à exportação.

Por um lado, os Estados-Membros procuram a firmeza que o país
candidato aplica no cumprimento das regras da OMC, nomeadamente se
a legislação interna é compatível com os acordos internacionais. Por outro
lado, a questão com que os membros desenvolvidos se preocupam mais é
a melhoria do acesso aos mercados[261]. O conjunto dos compromissos
assumido por um país candidato é considerado o pagamento do "bilhete de
entrada". Os problemas-chave da adesão à OMC serão analisados a seguir.

3.2.3.1. *Exigências relativas a impostos alfandegários de mercadorias*

A) *Introdução de impostos alfandegários*

Há três espécies de impostos: impostos de importação, de exportação e de trânsito, consoante o tipo de movimento que é tribu-

---

[258] ANDERSON, Kym, (1997), "Complexities of China´s WTO Accession", *The
World Economy,* Vol. 20, No. 6, pp. 754-755.

[259] TAIT, A. Neil, and LI, Kuiwai, (1997) "Trade Regimes and China´s Accession to
the World Trade Organization", *Journal of World Trade,* Vol. 31, N.º 3, June, pp. 94-96.

[260] Como TAIT, A. Neil, *et.al* exprimiram, o uso das várias restrições bilaterais,
nomeadamente o *anti-dumping* e os contingentes são instrumentos essenciais de equiparação do mercado com o fim de realizar o equilíbrio da balança comercial.

[261] Em princípio, a melhoria do acesso aos mercados para as exportações do país
candidato também pode ser negociado, mas, na prática, tais requisitos não têm um papel
relevante.

A adesão da China à OMC   117

tado [262]. Hoje em dia, os governos, em geral, não cobram impostos de trânsito, o direito de exportação também é pouco utilizado, por isso, nos acordos internacionais, os impostos alfandegários referem-se normalmente a impostos de importação.

Existe uma distinção consoante o modo de apuramento da colecta dos impostos de importação, podendo tratar-se de impostos específicos e impostos *ad valorem*. O primeiro tipo estabelece os quantitativos a pagar por unidade física, de peso, de capacidade ou de superfície; o segundo estabelece uma percentagem a aplicar ao valor do que é importado [263].

O nível das pautas refere-se à taxa média dos impostos alfandegários de um país. Este constitui um índice importante quanto à medição do grau de protecção para a economia nacional e, ao mesmo tempo, é sempre um tema das negociações do GATT. Regra geral, são usados dois métodos quando analisamos o nível pautal: método de média aritmética simples (ou *Method of Simple Arithmetic Mean*) e método de média aritmética ponderada (ou *Method of Weighted Arithmetic Mean*) [264]. O primeiro soma todas as taxas pautais de todas as listas, e o resultado é em seguida dividido pelo número total do sector da matriz e depois multiplicado por cem por cento. Embora seja mais fácil de calcular, a média aritmética simples não consegue reflectir, numa perspectiva completa, o grau de protecção através dos direitos pautais, porque tal método não considera as influências dos volumes de importação de diferentes bens nem as da classificação de listas pautais sobre o nível aduaneiro calculado [265]. O segundo método, sendo mais racional e científico, calcula o nível pautal através da divisão da receita total dos impostos alfandegários pelo valor total das mercadorias importadas; em alguns casos, o dividendo exclui o valor das mercadorias importadas com a taxa de imposto zero.

---

[262] PORTO, (1997), pp. 112-113. (p. 131)

[263] PORTO, (1997), pp. 113-116. O autor analisa as características dos impostos específicos e *ad valorem*.

[264] WANG, Puguang, HE, Xiaobing, LI, Yi, (1999), *Guanshui Lilun Zhengce yu Shiwu (Direitos Pautais: teorias e políticas)*, Editora Universidade de Economia e Comércio Externo, Beijing, pp. 152-156.

[265] Por exemplo, se se criarem em mais sub-categorias de uma base tributável sujeita a uma taxa relativamente baixa e se se combinarem artificialmente categorias com elevadas taxas de imposto, o resultado, afinal, pode ser mais baixo e *vice versa*.

118 A China e a Organização Mundial do Comércio

B) *O foco dos debates sobre a redução dos impostos alfandegários nas negociações multilaterais*

Os países candidatos são obrigados a consolidar um nível máximo de impostos alfandegários e também se comprometem a baixar esse nível dentro de um período de transição (normalmente sete anos) depois da adesão à OMC[266]. As negociações multilaterais da adesão concentram-se no nível pautal de média aritmética ponderada, na estrutura dos impostos de diferentes mercadorias, entre outros.

A exigência principal dos Estados-Membros actuais da OMC tem sido que os países candidatos (a China e a Rússia) consolidem os seus impostos alfandegários numa taxa média ponderada que não ultrapasse duas vezes a taxa média dos países da OCDE (Organizações de Cooperação e Desenvolvimento Económico)[267]. Isto significa que a média ponderada é consolidada nos 10%.

Actualmente, os níveis consolidados pelos países candidatos são considerados elevados[268]. Do ponto de vista dos países candidatos, faltam argumentos sólidos à exigência segundo a qual a taxa média dos impostos alfandegários será consolidada nos 10%. Em primeiro lugar, muitos países membros em vias de desenvolvimento ainda estão a aplicar taxas de direitos aduaneiros superiores a 10% depois do *Uruguay Round*[269]. Além disso, muitos países em vias de desenvolvimento e países industrializados recém-nascidos na Ásia não têm um nível consolidado dos impostos alfandegários de alguns produtos industrializados[270].

---

[266] LANGHAMMER, Rolf J. LÜCKE, Matthias, (1999), p. 847.

[267] ANDERSON, K, (1997), p. 766. *Vide* também van der GEEST, (1998), "Bringing China into the Concert of Nations: An Analysis of Its Accession to the WTO", *Journal of World Trade*, Vol.32, No.3, p. 104.

[268] LANGHAMMER, Rolf J, LÜCKE, Matthias, (1999), p. 847. Nomeadamente, Belarus teve uma proposta na qual a média da taxa de direitos aduaneiros será de 15% decorridos 7 a 10 anos após a adesão. A proposta da Rússia era semelhante por causa do acordo de união aduaneira bilateral com Belarus. A China, inicialmente, tinha oferecido uma média do nível consolidado de 18% e aceitou que, até 2005, este limite seria reduzido para 10%. Apenas alguns países candidatos pequenos, por exemplo a Estónia e o Quirguistão, se comprometeram a reduzir todos os impostos alfandegários para 10% ou menos.

[269] Segundo o cálculo do Finger (1996), o nível consolidado médio das pautas aduaneiras dos países membros em vias de desenvolvimento é de 20%. O nível consolidado da Índia atinge 34% e a sua taxa média dos impostos alfandegários dos produtos industriais representa 29%. LANGHAMMER Rolf J. LÜCKE, Matthias, (1999), p. 847.

[270] Em meados dos anos noventa, apenas 9% da importação dos produtos industrializados era inferior ao nível consolidado no Sri Lanka, 67% na Tailândia e nas Filipinas,

A adesão da China à OMC

Do ponto de vista dos Estados-Membros da OMC, a consolidação dos impostos alfandegários realçará a transparência dos regimes do comércio externo dos países candidatos. Entretanto, esta exigência cria dois padrões em relação à candidatura à qualidade de membro da OMC. Em semelhante nível de desenvolvimento é, hoje em dia, exigida aos países candidatos uma liberalização mais rigorosa do que aos actuais membros da OMC. Esta situação enfraquece a credibilidade dos Estados-Membros quando proclamam a característica universal da OMC[271].

Em segundo lugar, a maioria dos países candidatos carece de uma base tributável sólida, bem como de uma administração de tributação eficaz. Sendo mais fáceis as tributações das transacções transfronteiriças do que das transacções internas, os impostos alfandegários geralmente contribuem com mais ou menos 10% a 20% para a receita governamental. A redução rápida dos direitos aduaneiros diminui a sua função como instrumento de obtenção de receitas.

Outro problema é que, por causa da isenção discricionária de impostos alfandegários e outras práticas anormais, para alguns países candidatos constituem reduzidas taxas de cobrança[272]. No caso chinês, por exemplo, os impostos alfandegários representaram apenas 2.74% do valor total das importações em 1994; entretanto, a sua taxa nominal média simples era 35.9%[273]. Pelo contrário, os países desenvolvidos têm taxas de cobrança semelhantes às taxas dos impostos alfandegários, sendo inferiores a 10%. Normalmente, a existência de zonas económicas especiais e a isenção de impostos alfandegários sobre os *inputs* dão origem às baixas taxas de cobrança[274]. A fraca administração tributária, juntamente com altas taxas dos impostos alfandegários, restringe a utilização efectiva dos direitos aduaneiros. Por conseguinte, com o fim de diminuir distorções causadas pelas políticas comerciais, a redução de impostos alfandegários é menos impor-

---

69% na Índia, 75% em Singapura e 79% na Malásia. FINGER, J.M, *et.al* (1996), *The Uruguay Round: Statistics on Tariff Concessions Given and Received,* World Bank, Washington, DC.

[271] LANGHAMMER, Rolf J, LÜCKE, Mattias, (1999), p. 848.

[272] Quer dizer, a taxa de cobrança equivale à receita fiscal das importações (impostos alfandegários cobrados) / valor total das importações.

[273] CHAN, Thomas M H, (1999), *Economic Implications of China´s Accession to the WTO*. O artigo está disponível em «hyperlink "http://www.future-china.org/csipt/activity/19991106/mt9911_03e.htm"».

[274] IANCHOVICHINA, Elena, MARTIN, Will, FUKASE, Emiko, (2000), *Comparative Study of Trade Liberalization Regimes: The Case of China´s Accession to the WTO,* paper presented at the Third Annual Conference Global Economic Analysis, Melbourne, Australia, June 27-30, 2000, p. 1.

120   *A China e a Organização Mundial do Comércio*

tante do que o aumento da transparência relativamente às isenções e às execuções de regulamentos em geral.

QUADRO III.2

Comparação entre a taxa nominal de impostos alfandegários e a taxa real de cobrança da China (%)

	Taxa aduaneira (média simples)	Taxa real de cobrança
1992	43.1	4.79
1993	39.9	4.28
1994	35.9	2.74
1995	35.3	2.64
1996	23	2.61
1997	17	2.71
1999	15	5.46

Fonte: CHAN, Thomas M H (1999)

Em suma, as negociações de adesão comportam dois elementos fundamentais. Primeiro, os países candidatos devem aplicar taxas de impostos alfandegários semelhantes às dos Estados-Membros da OMC com o mesmo nível de desenvolvimento e, ao mesmo tempo, estabelecer uma boa estrutura dos impostos alfandegários; assim, em certo sentido, os direitos aduaneiros podem ainda contribuir para a receita fiscal governamental. Por outro lado, os países candidatos devem aceitar a redução de distorções do regime comercial quando consolidam o nível dos impostos alfandegários e reforçam a administração da cobrança.

Sem dúvida, esta estratégia talvez encontre a resistência de grupos privilegiados que procuram rendimentos provenientes dos monopólios. No entanto, ela trará benefícios para os países candidatos em geral e, ao mesmo tempo, demonstra que os países candidatos têm vontade de liberalizar os seus regimes comerciais a longo prazo através da redução dos impostos alfandegários.

3.2.3.2. *O Acordo Sobre a Agricultura da OMC*

(A) *Considerações gerais*

Devido à posição especial do sector agrícola na economia interna e à importância da segurança nacional, o comércio agrícola era sempre incluído na ordem do dia das negociações multilaterais. Relativamente à agricultura, o *Tokyo Round* não conseguiu chegar a acordo no que diz respeito à redução dos direitos aduaneiros, à limitação dos obstáculos não pautais e às subvenções, ressalvados o Acordo Internacional Sobre o Sector Lácteo e o Acordo Internacional Sobre a Carne Bovina. O Acordo sobre a Agricultura da OMC do *Uruguay Round,* que entrou em vigor a 1 de Janeiro de 1995, integrou o sector agrícola no quadro do sistema multilateral.

Essencialmente, os compromissos dos Estados-Membros sob o acordo podem ser classificados em três áreas[275]. Em primeiro lugar, trata-se do princípio da conversão (*tarrification)*[276], isto é, com o fim de obter o acesso aos mercados, as restrições quantitativas à importação, os direitos niveladores agrícolas[277], os preços mínimos à importação, os regimes de importação discricionários, as medidas não pautais aplicadas por intermédio de empresas comerciais estatais e as auto-limitações às exportações devem ser convertidas em direitos aduaneiros consolidados[278] (artigo 4.°, n.° 2). Além disso, os membros da OMC têm a obrigação de reduzir os direitos aduaneiros dos produtos agrícolas em 36% num período de 6 anos (para os países desenvolvidos) ou em 24% num período de 10 anos (para os países em vias de desenvolvimento)[279]. Todos os direitos aduaneiros têm de ser consolidados. Em algumas circunstâncias, os impostos alfandegários de certos produtos agrícolas, após a conversão, mantêm-se muito altos devido ao proteccionismo, impedindo desse modo o comércio agrícola. O artigo 5.°, n.° 2, permite o regime de contingente alfandegário (*tariff-rate*

---

[275] CAMPOS, João Mota de, *et.al (1999), Organizações Internacionais,* Fundação Calouste Gulbenkian, Lisboa, pp. 362-363.

[276] Cfr. YANG, Pengfei, HONG, Minrong, *et.al,* (2000), *WTO Falu Guize yu Zhongguo Nongye, (As Disposições Jurídicas da OMC e a Agricultura da China),* Editora Universidade de Finanças e Economia de Shanghai, Shanghai, p. 23. Segundo os autores, a conversão tem três excepções: (1) as medidas adoptadas com o fim de manter o equilíbrio da balança de pagamentos, as de urgência respeitantes à importação de produtos particulares e as excepções (os artigos 12.°, 17.°, 19.°, 20.° e 21.° do GATT de 1994) ou as conformes à disposição de Salvaguarda Especial do artigo 5.° e o Tratamento Especial do Anexo 5 do Acordo Sobre a Agricultura; (2) as medidas não pautais irrelevantes para a agricultura, adoptadas segundo o GATT de 1994 e outros acordos da OMC; (3) um membro oferece um acesso aos mercados mais favorável, enquanto escolhe voluntariamente medidas não pautais provisórias.

[277] Para explicações mais pormenorizadas, Cfr. CUNHA, Luís Pedro Chaves Rodrigues, (1997), pp. 55-57.

[278] A conversão dos obstáculos não pautais em direitos aduaneiros é obtida através da diferença entre os preços internos médios (1986-1988) e os preços do mercado mundial. Para mais pormenores, ver o Apêndice do Anexo 5 do Acordo Sobre a Agricultura.

[279] CAMPOS, João Mota de, *et.al* (1999), p. 362.

122 A China e a Organização Mundial do Comércio

quotas ou TRQs)[280], com o objectivo de cumprir os compromissos de acesso mínimo e corrente estabelecidos no âmbito de uma concessão. A administração do contingente alfandegário é um regime de comércio externo entre medidas aduaneiras e restrições quantitativas[281], isto é, dentro de um período específico, relativamente ao volume das importações de determinados produtos[282] tributa-se a importação dentro dos contingentes estabelecidos (por Estados-Membros individuais ou através das negociações), com as taxas dos impostos preferenciais e tributa-se a importação aquém dos contingentes com as taxas normais dos impostos alfandegários[283]. Note-se que o volume das importações definido pelo regime de contingente alfandegário é apenas um compromisso de um país, em vez do volume das importações reais.

Enquanto disposição de segundo âmbito considera-se a Medida Global de Apoio (doravante MGA, na designação inglesa *Aggregate Measurement of Support*)[284]. Em geral, as políticas de apoio interno estimulam a superprodução, por conseguinte, excluem produtos importados ou causam *dumping* dos produtos nacionais no mercado mundial. Certos subsídios concedidos aos produtos agrícolas nacionais, os quais influenciam significativamente o comércio ("subsídios amarelos")[285] serão limitados e

---

[280] O contingente da importação é baseado em volume da importação/o consumo interno. Segundo o artigo 5.º do Acordo Sobre a Agricultura, o contingente equivale a 3% do consumo interno, com base no período entre 1986-1988. O contingente deve ser aumentado gradualmente. YANG, Pengfei, *et.al*, (2000), p. 25.

[281] As restrições quantitativas proíbem as importações superiores aos dispositivos. Cfr. CUNHA, Luís Pedro Chaves Rodrigues, (1997), pp. 95-96. O contingente alfandegário pode compatibilizar-se com a aplicação de um imposto reduzido ou de um imposto nulo. O contingente quantitativo fixa um montante a importar que não pode ser ultrapassado. Até ao limite do contingente quantitativo, as importações, sujeitas aos impostos normais, são permitidas. Uma vez o contingente quantitativo esgotado, as importações são proibidas. Ora o contingente alfandegário não fixa um limite às importações de um dado produto ou produtos; limita apenas a entrada de importações tributadas preferencialmente.

[282] Regra geral, são produtos sensíveis como por exemplo os produtos agrícolas.

[283] LIU, Fayou, ZHANG Lijun, (1998), *Shijie Jingji yu Zhongguo (A Economia Internacional e a China),* Social Sciences Documentation Publishing House, Beijing, p. 386.

[284] Sobre a noção da MGA, ver o artigo 1.º (h) do Acordo sobre a Agricultura da OMC, "Por MGA total entende-se a soma de todos os apoios internos concedidos a favor dos produtos agrícolas, calculada adicionando todas as medidas globais de apoio aos produtos agrícolas de base, todas as medidas globais de apoio não directamente ligado a produtos e todas as medidas equivalentes de apoio aos produtos agrícolas".

[285] YE, Qinzhong, REN, Hongyan, CHENG, Guoqiang, (2000), "Shishi Fuhe Guize de Tiaozheng" (Ajustamentos segundo Regras da OMC), *Intertrade*, No.2, pp. 19-23. No

A adesão da China à OMC   123

reduzidos; outros subsídios que não influenciam significativamente o comércio ("subsídios verdes" ou "subsídios azuis")[286] ficam isentos desta forma de cálculo.

Em terceiro lugar, trata-se da redução consolidada das subvenções à exportação com o fim de estabelecer um sistema de justa concorrência das exportações. As subvenções à exportação, embora não declaradas ilegais para produtos industrializados (segundo o Acordo Sobre as Subvenções e as Medidas de Compensação), são também limitadas e reduzidas[287]. Segundo a disposição do artigo 1.º (e), por subvenções à exportação consideram-se os subsídios subordinados aos resultados da exportação. Comparadas com o apoio interno, as subvenções à exportação, sendo uma política mais injusta, apoiam directamente a exportação dos produtos agrícolas. Os membros comprometem-se a não conceder subsídios à exportação que não estejam em conformidade com compromissos especificados nas suas listas (artigo 8.º do Acordo Sobre a Agricultura). As reduções são de 36% em 6 anos para os países desenvolvidos e de 24% em 10 anos para os países em vias de desenvolvimento (artigo 9.º). Além disso, os países em vias de desenvolvimento estão dispensados do compromisso de redução que diga respeito a subvenções ligadas a encargos de comercialização das exportações agrícolas e a despesas de transporte interno[288].

Anexo 3 do Acordo sobre a Agricultura da OMC há limitações a este tipo de subsídios, por exemplo, o apoio aos preços de mercado, pagamentos directos, subsídios aos factores de produção, entre outros.

[286] Segundo o Anexo 2 do Acordo sobre a Agricultura da OMC, subsídios verdes são o apoio fornecido no quadro de um programa estatal financiado por fundos públicos que não implique transferências da parte dos consumidores e não tenha por efeito prestar um apoio aos preços no produtor. Eles incluem serviços públicos gerais, detenção de existências públicas para fins de segurança alimentar, ajuda alimentar interna, pagamentos directos aos produtores, apoio ao rendimento diferenciado, participação financeira do Estado em programas de garantia dos rendimentos e em programas que estabeleçam uma disposição de segurança relativo ao pagamento, pagamentos a título de ajuda em caso de catástrofes naturais, de protecção do ambiente, de ajuda regional, ajuda ao ajustamento das estruturas. No Acordo Sobre a Agricultura, os pagamentos directos a título de programas de limitação à produção ou apoio interno que represente menos de 10% do valor total da produção para os países em vias de desenvolvimento ou 5% para os países desenvolvidos, são chamados medidas de *"blue box"*. Os subsídios verdes não vão ser incluídos na MGA de 1986-1988, enquanto que os subsídios azuis são deduzidos em MGA.

[287] Alguns países, incluindo a Austrália, prometeram abolir as subvenções agrícolas à exportação.

[288] CAMPOS, João Mota de, (1999), p. 363.

(B) *As negociações de adesão relativamente à agricultura*

No que diz respeito à conversão das restrições quantitativas, na prática, os países candidatos não são obrigados a extinguir tais práticas nem a consolidar os direitos aduaneiros agrícolas convertidos com base nas restrições quantitativas[289]. Este procedimento evita as dificuldades que muitos países candidatos teriam de enfrentar relativamente à determinação dos efeitos das políticas comerciais com poucos dados durante a transformação do regime comercial.

Em relação ao cálculo da redução da Medida Global de Apoio, segundo o Anexo III do Acordo Sobre a Agricultura da OMC, existem muitos problemas técnicos. O período de referência de 1986 a 1988, por exemplo, é impraticável para a maioria dos países candidatos. Além disso, o apoio interno é calculado em termos de preços actuais. Contudo, sobre como resolver problemas do cálculo em relação à inflação crescente em alguns países candidatos, não há procedimentos universalmente aceitáveis[290]. O ponto que gera mais polémica é o seguinte: uma das exigências requeridas pelos Estados-Membros é a de que os países candidatos se comprometam, de acordo com o artigo 6.º, n.º 4, do Acordo Sobre a Agricultura da OMC[291], a restringir os "subsídios amarelos" para produtos agrícolas básicos até 5% do valor da produção (para os membros dos países em vias de desenvolvimento, o apoio interno representa 10% do valor total da produção). Contudo, comparados com os subsídios de muitos produtos agrícolas na União Europeia ou nos outros países da OCDE, o montante destes subsídios é inferior. Isto é, as negociações de adesão à OMC exigem um ajustamento mais rápido do apoio interno à agricultura para os países candidatos do que para os actuais Estados-Membros nas negociações do *Uruguay Round*[292].

Sobre as subvenções à exportação, a Austrália e a Nova Zelândia do "grupo de Cairns"[293] exigem que os países candidatos eliminem as sub-

---

[289] LANGHAMMER, Rolf J, (1999), p. 849.

[290] LANGHAMMER, Rolf J, (1999), pp. 849-850.

[291] Este compromisso designa-se por percentagem *de minimis* que afecta o mercado apenas de um modo insignificante. Ao calcular a MGA, se o resultado for inferior a 5% do valor da produção agrícola total (10% para países em via de desenvolvimento), um membro não será obrigado a incluí-lo no cálculo da sua MGA total corrente nem a reduzi-lo.

[292] LANGHAMMER, (1999), p. 850.

[293] O "grupo de Cairns" é um conjunto de grandes nações exportadoras de produtos agrícolas que foi assim denominado pelo facto de a primeira reunião, em 1986, ter tido lugar em Cairns. É constituído por 14 nações, sendo as principais a Argentina, a Austrália,

venções à exportação. Tal exigência é mais rigorosa do que as práticas adoptadas hoje em dia pelos países da OCDE.

3.2.3.3. *Exigências relativas a obstáculos não pautais*

As medidas não pautais, em sentido lato, incluem não só restrições quantitativas, mas também outras barreiras ao comércio, por exemplo, obstáculos técnicos[294] como medidas sanitárias e fitossanitárias e normas técnicas de produção; medidas de investimento relacionadas com o comércio, regras de determinação do valor aduaneiro, inspecção antes da expedição, regras de origem, licenças de importação, entre outras. Em relação às restrições quantitativas, estas estão sujeitas à eliminação geral, com excepção do artigo 11.°, n.° 2, do GATT 1994. A aplicação das outras medidas não pautais está sujeita aos vários acordos do comércio de mercadorias (Anexo 1A do Acordo Que Institui a Organização Mundial do Comércio). Por conseguinte, nas negociações de adesão trata-se apenas das divergências entre a legislação nacional e as regras internacionais.

Em muitos países em fase de transição económica, os obstáculos não pautais incompatíveis com normas da OMC ainda existem devido aos vestígios da economia planificada. O ponto essencial é o tempo que os países candidatos necessitam para se conformarem com as regras universais. Em alguns casos, incluindo a Bulgária, os Estados-Membros da OMC concordavam com a adesão a esta organização com base no compromisso do país candidato de modificar a sua legislação nacional de acordo com regras internacionais apenas a partir do primeiro dia da adesão[295]. Contudo, noutros casos, incluindo a China, alguns membros exigiam dos países candidatos a conformação com a legislação e práticas internas da OMC antes da votação do Conselho Geral.

---

o Canadá e a Nova Zelândia (para além do Brasil, do Chile, da Colômbia, das (Ilhas) Fidji, da Hungria, da Indonésia, da Malásia, das Filipinas, da Tailândia e do Uruguai).

[294] O Acordo Sobre os Obstáculos Técnicos ao Comércio, entrou em vigor pela primeira vez em 1 de Janeiro de 1980 e foi modificado no *Uruguay Round* em 15 de Março de 1994. Os artigos 11.° e 12.° do Acordo dispõem tratamentos preferenciais verticais para os países em vias de desenvolvimento, no que diz respeito às dificuldades específicas da legislação interna.

[295] LANGHAMMER, (1999), p. 852. A Bulgária tornou-se um membro da OMC em 1 de Dezembro de 1996, todavia, o seu compromisso era executar reformas antes do dia 31 de Dezembro de 1997.

Durante as negociações, por um lado, os países candidatos, têm muitas oportunidades para esclarecer todos os aspectos pertinentes das suas políticas e práticas e, por outro lado, é exigida pelos actuais membros a alteração da legislação interna incompatível com as regras da OMC. Depois, um acordo sobre o plano de execução será estabelecido entre ambos. Para muitos países candidatos, talvez haja um grande número de mudanças necessárias. As prioridades são sempre definidas e alterações menos importantes poderão ser implantadas depois de o país candidato entrar na organização. Quaisquer conflitos provenientes de incumprimento das obrigações de um novo membro serão resolvidos através do mecanismo de resolução de diferendos.

3.2.3.4. *Exigências relativas a empresas comerciais do Estado*

As disposições do GATT, relativamente às actividades das empresas comerciais do Estado, abrangem os seguintes pontos:

(A) *As obrigações gerais dos membros, nomeadamente, a eliminação geral das restrições quantitativas, o tratamento nacional e as restrições aos pagamentos*

Segundo o artigo 17.º do GATT 1994, as empresas comerciais estatais, bem como as empresas com privilégios exclusivos ou especiais, devem funcionar unicamente em conformidade com considerações de ordem comercial. A lógica por detrás desta cláusula reside no facto de estas empresas públicas ou empresas dotadas com privilégios exclusivos de comércio externo poderem enfraquecer os compromissos de acesso aos mercados de um Estado Membro da OMC, caso explorassem as suas actividades sem observarem as regras económicas [296].

O artigo 11.º do GATT proíbe a imposição das restrições à importação feitas efectivamente através da exploração das empresas estatais [297].

---

[296] LANGHAMMER, (1999), p. 853. "*Furthermore, the centrally planned economies that were members of GATT 1947 (Poland, Czechoslovakia and Romania) had special membership protocols that stipulated, inter alia, mandatory rates of import growth from GATT 1947 contracting parties; tariff bindings or similar commitments would have been meaningless in centrally planned economies*".

[297] *Vide Annex I Notes and Supplementary Provisions; Ad Articles XI, XII, XIII, XIV, XVIII, the terms "import restrictions" or "export restrictions" include restrictions made effective through state trading operations.*

A adesão da China à OMC 127

As medidas que influenciam o acesso aos mercados do comércio agrícola incluem também aquelas mantidas pelas empresas comerciais do Estado [298].

O artigo 3.° do GATT, normalizando o tratamento nacional da tributação e regulamentação internas, estabelece o tratamento para as mercadorias importadas depois de terem chegado ao país importador. As disposições do artigo 3.°, n.° 2 e n.° 4, aplicam as medidas implementadas pelas empresas comerciais do Estado, ou seja, as empresas comerciais estatais devem garantir que os bens importados estarão sujeitos a um tratamento não menos favorável que o concedido aos produtos de origem nacional. Saliente-se ainda que a exigência do artigo 3.° não se refere à acção de importação em si.

O artigo 8.°, n.° 1, trata de formalidades e taxas relativas à importação e à exportação que as empresas comerciais do Estado devem aplicar.

(B) *O princípio da transparência*

Talvez o princípio da transparência seja o ponto essencial para as empresas comerciais do Estado. Os membros da OMC têm que fornecer informações ao Conselho de Mercadorias sobre as actividades das empresas comerciais do Estado [299].

(C) *Os monopólios de importação*

Quer se trate de uma empresa pública quer de uma entidade privada [300], a consideração principal consiste em saber se lhe foi conferido o monopólio de importação pelo Estado. O artigo 2.°, n.° 4, proíbe os Estados-Membros de executarem monopólios de importação com o fim de proteger excessivamente os mercados internos, salvo disposição em contrário que conste da lista [301]. Por outras palavras, a actividade das

---

[298] WILLIAMS, Brett.

[299] Ver Memorando de Entendimento Sobre a Interpretação do Artigo XVII do Acordo Geral Sobre Pautas Aduaneiras e Comércio de 1994.

[300] A OMC não proíbe o estabelecimento e a existência de empresas comerciais do Estado, mas tem o objectivo de garantir que as actividades realizadas por tais empresas sejam compatíveis com os princípios e as normas da OMC.

[301] *GATT Articles II:4 and XVII:3 deal with concessions relating to market access. Article II of GATT 1994 deals with GATT schedules of concessions and sets out (in paragraph 4) that any monopoly of the importation of any product covered in a GATT Schedule shall not result in protection which is on the average in excess of the amount of protection*

empresas comerciais estatais não pode corromper ou invalidar as concessões aduaneiras já negociadas através da elevação dos preços da importação monopolista.

Embora haja disposições quanto às empresas comerciais do Estado no GATT, na prática, estas parecem fracas. Alguns países membros, por exemplo, têm dificuldades em determinar que empresas pertencem à categoria do artigo 17.º [302]. A aplicação do artigo 2.º, n.º 4, necessita de uma lista de produtos específicos; caso esta não exista, não é permitida a sua aplicação; ainda, o cálculo permissível do aumento dos preços necessita de informações definitivas, juntamente com o regime de preços dos mercados, como por exemplo, os preços de terrenos, entre outros.

À medida que muitos países socialistas (a Jugoslávia, a Polónia, a Roménia [303], a Hungria e outros países de economias de transição) foram entrando no GATT e na OMC, foram surgindo mais negociações focando as empresas comerciais do Estado. As empresas estatais e os seus direitos exclusivos ao comércio são comuns em muitos países candidatos. Algumas economias de transição têm feito poucos progressos em matéria de privatização, por isso, a maioria do PIB é ainda produzida pelas empresas estatais. Em muitos países, o acesso aos recursos naturais e à distribuição de mercadorias estratégicas (minérios ou combustíveis) é tradicionalmente dominado pelo Estado. Na China, as reformas económicas têm prosseguido de uma maneira desequilibrada entre várias regiões e, ao mesmo tempo, existe um grande número de empresas estatais industriais com direitos especiais de comércio [304].

---

provided for in that Schedule. An Interpretative Note clarifies that the provisions of paragraph 4 are to be applied in the light of Article 31 of the Havana Charter (which contains the obligation to negotiate the level of protection afforded by monopolies) and explains that: "the term "import mark-up"... shall represent the margin by which the price charged by the import monopoly for the imported product (exclusive of internal taxes within the purview of Article III, transportation, distribution, and other expenses incident to the purchase, sale or further processing, and a reasonable margin of profit) exceeds the landed cost." Vide «hyperlink "http://www.wto.org"».

[302] WILLIAMS, Brett.

[303] A Polónia e a Roménia conseguiram aderir ao GATT, assumindo a obrigação de importação através das empresas comerciais do Estado, prática essa fora das disposições do GATT.

[304] WANG, X., Zhang J., ZUO C., (1997), "State Trading and China´s Trade Policy Reform" in K. Anderson *et.al, China´s WTO Accession, Financial Services, Intellectual Property, State Trading, and Anti-Dumping* (Center for International Economics Studies, University of Adelaide, Seminar Paper 97-14, November)

A compatibilidade de uma empresa comercial do Estado com as regras da OMC não consiste na propriedade, mas sim nos seus comportamentos. Os países candidatos em fase de transição necessitam de demonstrar que as compras e vendas têm fundamentos comerciais devido às reformas económicas, embora a sua propriedade seja pública.

Além da obrigação de notificar a existência de empresas estatais do comércio e outras com direitos privilegiados, os países candidatos têm fornecido à OMC informações relativas a programas de privatização (na China designada por societarização), ao mesmo tempo que, a fim de garantir tais programas, promovem a transparência das actividades comerciais estatais.

3.2.3.5. *GATS*

O Acordo Geral Sobre o Comércio de Serviços (GATS) representa o primeiro passo no sentido da liberalização do comércio internacional de serviços. O Acordo define quatro formas de oferta dos serviços internacionais (artigo 1.º, n.º 2)[305], faz uma lista de obrigações gerais dos Estados--Membros (por exemplo, o tratamento de Nação Mais Favorecida, a transparência, a integração económica, regulamentação interna, *vide* Parte II), descreve pormenorizadamente medidas sujeitas aos compromissos específicos do acesso aos mercados (limitação do número de prestadores, do valor total das transacções, da participação de capital estrangeiro ou medidas que restrinjam tipos específicos de entidades jurídicas, *vide* artigo 16.º, n.º 2) e dispõe várias excepções das obrigações do GATS (por exemplo, excepções do tratamento de NMF, compras públicas, restrições para salvaguarda da situação da balança de pagamentos, subvenções e excepções por razões de segurança). Sucessivamente, os compromissos específicos dos Estados-Membros sobre serviços consistem em três partes: em primeiro lugar, compromissos horizontais que influenciam todos os sectores, designadamente, os relacionados com a circulação de pessoas singulares e de capitais; em segundo lugar, compromissos de alguns sectores específicos e, em terceiro lugar, isenções do tratamento de NMF[306]. O GATS constitui uma moldura global para a liberalização de serviços, pois

---

[305] Os quatro tipos de ofertas de serviços são os seguintes: (a) fornecimento de serviços transfronteiriços; (b) prestação de serviços destinada a um consumidor de outro Estado-Membro; (c) presença comercial (o prestador de serviços transfere-se para o estrangeiro); (d) presença física de um membro no território de outro membro. CAMPOS, João Mota de, (1999), p. 367.

[306] QURESHI, Asif. H, (1996), pp. 42-45. LANGHAMMER, (1999), p. 855.

130   *A China e a Organização Mundial do Comércio*

as negociações após o *Uruguay Round* sobre serviços financeiros, particularmente sobre telecomunicações, têm promovido uma maior liberalização destes sectores.

Geralmente, nas economias de transição de alguns países candidatos, o sector terciário sofre de duas desvantagens: em primeiro lugar, sob o sistema planificado, os recursos eram afectados principalmente ao sector secundário, por conseguinte, o sector terciário encontrava-se pouco desenvolvido, nomeadamente no que se refere aos serviços comerciais e financeiros, decisivos para o funcionamento do mercado; em segundo lugar, os serviços eram sempre prestados sob a forma de monopólios estatais. Por este motivo, a abertura do sector terciário à concorrência internacional, especialmente através dos investimentos estrangeiros directos e pelas presenças comerciais estrangeiras, tem encontrado resistências poderosas dentro dos países candidatos.

O exemplo da China demonstra problemas que surgiam nas negociações de adesão no que diz respeito aos serviços. Em geral, a China tenta proporcionar protecção ao sector terciário [307]. Esta envolve a liberalização primitiva dos serviços de comercialização e serviços dos profissionais liberais e, mais tarde, a liberalização dos serviços financeiros. As principais limitações reflectem-se nos seguintes aspectos: restringir o tipo específico de entidade jurídica a *joint ventures* com uma participação de capital estrangeiro máxima até 50% [308]; limitar operações de serviços de determinados sectores, nomeadamente, a exclusão dos serviços retalhistas a presenças comerciais estrangeiras. Dentro de sectores particulares, o acesso seria restringido a zonas seleccionadas como cidades ou regiões relativamente desenvolvidas e a possibilidade de expansão da oferta seria sucessivamente limitada [309]. Mais problemas aparecem a seguir, porque a liberalização dos serviços está relacionada com uma série de regulamentos internos, alguns dos quais estão actualmente sob a responsabilidade das unidades locais e municipais.

Os Estados-Membros da OMC esperam dos países candidatos, como premissa da sua qualidade de membro, a oferta de compromissos signi-

---

[307] Van der GEEST, W, (1998), p. 855.

[308] Limitações sobre participações estrangeiras de capital social também existem nos outros países candidatos, como por exemplo, no Vietname (WTO "Accession of Vietnam", WTO Document WT/ACC/VNM/2, 24 September 1996, mimeo) e no Belarus, que aplica uma participação máxima de 49% em sociedades de seguros. Cfr. LANGHAMMER, (1999), p. 855.

[309] Tais fragmentações geográficas parecem uma especialidade chinesa. Os exemplos destas são planos de desenvolvimento espacial como zonas económicas especiais.

A adesão da China à OMC   131

ficativos, pelo menos em alguns importantes sectores de serviços[310]. Entre estes, o acesso aos serviços financeiros e às telecomunicações revelam-se especialmente interessantes porque os próprios membros da OMC têm negociado uma liberalização mais profunda desses serviços após a conclusão do *Uruguay Round*. A prática da exclusão das regiões seleccionadas pelos países candidatos é inaceitável porque a prestação de muitos serviços é caracterizada pela indivisibilidade técnica, bem como pela economia de escala. Restringir actividades de fornecedores estrangeiros a certas regiões particulares ou a certos sectores, por conseguinte, resulta em posição desfavorável nas concorrências. Além disso, esta prática não é compatível com o princípio da OMC, segundo o qual os territórios aduaneiros são indivisíveis[311].

Durante as negociações de adesão, o possível envolvimento de poderes locais constitui um obstáculo significativo. Este é sempre acompanhado do papel de associações não governamentais em relação à concessão de licenças aos prestadores de serviços. A divisão das responsabilidades entre diferentes hierarquias governamentais é um problema bem conhecido mesmo nos países de sistema federal bem estabelecido, como é o caso da Alemanha. A situação em países como a Rússia, com um sistema não definido, torna-se mais difícil. O Acordo Geral Sobre o Comércio de Serviços (GATS) reconhece tal dificuldade quando o seu artigo 1.°, n.° 3 dispõe apenas o seguinte: "cada membro tomará todas as medidas adequadas ao seu alcance para assegurar a sua observância, no seu território, por parte da administração ou autoridades públicas regionais e locais e dos organismos não governamentais".

Por isso, para os países candidatos, é necessário assumir compromissos significativos sobre a liberalização dos serviços e, ao mesmo tempo, garantir que as autoridades regionais não criem barreiras à livre prestação de serviços dentro do seu território.

3.2.3.6. *TRIPS*

O Acordo Sobre os Aspectos dos Direitos de Propriedade Intelectual Relacionados com o Comércio (TRIPS) obriga principalmente os Estados-

---

[310] Diferentes das outras medidas proteccionistas do comércio de mercadorias, como por exemplo, direitos aduaneiros, licenças e contingentes, as medidas proteccionistas do comércio de serviços derivam principalmente de legislação interna.

[311] LANGHAMMER, (1999), p. 856.

132   *A China e a Organização Mundial do Comércio*

-Membros a executarem certos procedimentos para o cumprimento efectivo dos vários direitos de propriedade intelectual: direitos de autor e direitos conexos, marcas, indicações geográficas, desenhos e modelos industriais, patentes, topografias de circuitos integrados, protecção de informações não divulgadas, controlo das práticas anti-concorrenciais em licenças contratuais. Este Acordo junta-se às convenções internacionais existentes em matéria de propriedade intelectual, incorporando as obrigações contidas na Convenção de Paris, na Convenção de Berna e no Tratado Sobre a Protecção da Propriedade Intelectual Relativa aos Circuitos Integrados[312].

O cumprimento eficaz do TRIPS encontra problemas tanto nos antigos países socialistas, como nos países em vias de desenvolvimento, porque ambos consideram, tradicionalmente, a propriedade intelectual como uma propriedade pública ou parcialmente pública, não um património privado[313]. Este entendimento contrariou as atitudes dos países industrializados, reflectidas no acordo do TRIPS, para o qual a propriedade intelectual é um bem privado merecendo protecção através de legislação apropriada[314].

Muitos países em vias de desenvolvimento têm demonstrado relutância em oferecer protecção aos direitos de propriedade intelectual de empresas estrangeiras dos países mais desenvolvidos, especialmente se a protecção permite àquelas empresas extrairem rendimentos de monopólios estatais quanto ao uso de tecnologias decisivas para o desenvolvimento[315]. A dificuldade em executar as leis é outro problema que surge nas negociações de adesão[316].

Na medida em que os países candidatos aceitem a necessidade de cumprir as cláusulas do TRIPS quanto à legislação e às aplicações internas, a protecção dos direitos de propriedade intelectual não é um obstáculo essencial para a entrada na OMC. Segundo disposições do TRIPS, a legis-

---

[312] CAMPOS, João Mota de, *et.al* (1999), pp. 372-373.

[313] LANGHAMMER, (1999), p. 857. Nos países socialistas, os novos conhecimentos eram considerados objectos pertencentes à sociedade que apoiava todas as investigações. Por isso, toda a legislação dos direitos de propriedade intelectual nas economias de transição é um fenómeno mais recente.

[314] No TRIPS, os membros reconhecem que os direitos de propriedade intelectual são direitos privados.

[315] LANGHAMMER, (1999), p. 857.

[316] Por exemplo, o Vietname permite a possuidores de patentes o uso de invenções, em conformidade com as necessidades do desenvolvimento social-económico. Além disso, a protecção de patentes será anulada em caso de intervenção de considerações de necessidades urgentes da sociedade ou de incapacidade de utilizar intervenções, entre outras (WTO, "Accession of Vietnam", WT/ACC/VNM/2, 24 September 1996, mimeo).

lação interna permite o uso de propriedade intelectual por terceiros, em circunstâncias especiais, sem o consentimento do titular como, por exemplo, se tiver uma finalidade pública não comercial (o artigo 30.° sobre excepções aos direitos conferidos e o artigo 31.° sobre outras utilizações sem o consentimento do titular). Assim, os países candidatos podem preservar a ideia de que a propriedade intelectual é um bem parcialmente público o que ainda é compatível com o Acordo do TRIPS[317].

3.2.3.7. *O tratamento do país em vias de desenvolvimento e o período de cumprimento*

Os acordos da OMC admitem que os países em vias de desenvolvimento encontrem mais dificuldades em cumprir obrigações da OMC em termos de liberalização do comércio. Por isso, esses países exigem sempre mais liberdade para restringir o comércio internacional em situações excepcionais (artigo 12.° do GATT 1994 – os objectivos relacionados com o equilíbrio da balança de pagamentos), para desistir de compromissos anteriormente assumidos como a consolidação dos direitos aduaneiros com o fim de proteger indústrias nascentes (artigo 18.° do GATT 1994), ou para subvencionar a agricultura nacional (tal como subsídios admissíveis *de minimis* de 10% do valor de produção em vez de 5% segundo o artigo 6.° n.° 4, (a)(ii) e (b) do Acordo Sobre a Agricultura da OMC). Outras disposições para os países em vias de desenvolvimento relacionam-se com períodos prolongados de cumprimento dos vários deveres da OMC, por exemplo, o artigo 15.° do Acordo Sobre a Agricultura, o artigo 12.° do Acordo Sobre os Obstáculos Técnicos ao Comércio, o artigo 27.° do Acordo Sobre as Subvenções e as Medidas de Compensação, o artigo 10.° do Acordo Relativo à Aplicação de Medidas Sanitárias e Fitossanitárias, entre outros.

Durante muitos anos, economistas (especialmente Prebisch e Hirschman) têm discutido o resultado da especialização dos países em vias de desenvolvimento, baseando-se na teoria clássica e neo-clássica. Tendo em conta que a distribuição dos ganhos do comércio pelos vários países no comércio internacional é determinada pelos termos de troca – quanto mais esses termos se aproximam dos custos relativos internos de um determinado país, menor é o lucro do comércio desse país –[318], foi realizada a

---

[317] LANGHAMMER, Rolf. J, *et.al,* (1999), p. 858.
[318] CUNHA, Luís Pedro, (1997), pp. 108-118.

1ª Conferência das Nações Unidas sobre o Comércio e o Desenvolvimento, na qual se estabeleceram preferências concedidas pelos países desenvolvidos aos países em vias de desenvolvimento. Além disso, desde o *Tokyo Round*[319], os Estados-Membros da OMC têm concedido *"Enabling Clause", i.e.* o tratamento diferencial aos países em vias de desenvolvimento em relação aos direitos aduaneiros sob o Sistema de Preferências Pautais Generalizadas (SPG) e aos obstáculos não pautais. Outras disposições especiais são também elaboradas com o objectivo de favorecer os países menos desenvolvidos.

Todas as disposições conduzem a uma questão prévia, isto é, que países serão considerados em vias de desenvolvimento, podendo beneficiar de tratamento mais favorável. Notavelmente, tal critério nunca foi estabelecido, tanto pelas partes contratantes do GATT 1947, como pelos membros da OMC[320]. A qualidade de país em vias de desenvolvimento depende da decisão unilateral do país, concedendo preferências sob o Sistema de Preferências Pautais Generalizadas (o procedimento dos Estados Unidos)[321], ou depende da qualidade de membro do Grupo 77 (o procedimento da União Europeia)[322]. Somente o termo "os países menos desenvolvidos" é definido expressamente pela OMC de acordo com a lista fornecida pelas Nações Unidas[323].

Nas negociações de adesão, a China, em particular, tem procurado privilégios de país em vias de desenvolvimento, nomeadamente, os dos artigos 12.º e 18.º do GATT 1994. Entretanto, esta exigência enfrentava a resistência dos actuais membros da OMC, em razão das muitas incertezas que a dependência dos privilégios causaria, fazendo com que os compromissos perdessem o seu sentido. Por outro lado, poucos economistas argumentam hoje em dia, que as restrições comerciais são uma solução sensata para o equilíbrio da balança de pagamentos. De igual modo, poucos economistas consideram que a protecção das indústrias nascentes representa uma política industrial eficaz. Por isso, os países candidatos perdem pouco

---

[319] Em 28 de Novembro de 1979 foi assinado *"Decision on Differential and More Favorable Treatment, Reciprocity and Fuller Participation of Developing Countries"*.

[320] QURESHI, Asif H, (1996), pp. 137-138.

[321] HOEKMAN, Bernard, M. KOSTECKI, Michel M, (1998), *The Political Economy of the World Trading System – from GATT to WTO,* (edição chinesa), Law Press, Beijing, p. 244. Em 1968, os EUA aceitaram o sistema de Preferências Pautais Generalizadas da CNUCED I; tal concessão é unilateral e não obrigatória.

[322] LANGHAMMER, Rolf J, (1999), p. 859.

[323] O artigo 2.º do Acordo Que Institui a Organização Mundial do Comércio.

quando não insistem em tais privilégios e, sucessivamente, as negociações de adesão aceleram.

O problema dos períodos prolongados de cumprimento é mais complicado[324]. Os países em vias de desenvolvimento possuem capacidade administrativa limitada, portanto, a plena aplicação das regras da OMC na legislação interna constitui uma carga bastante pesada. Os períodos prolongados de cumprimento parecem então justificados. No entanto, este problema desaparece gradualmente com o tempo porque, para os membros da OMC de adesão recente, todos os períodos prolongados de cumprimento são calculados a partir da entrada em vigor dos acordos da OMC em vez de a partir da data de adesão de um país candidato[325]. Esta prática já foi estabelecida e será aplicada em futuras adesões. Por isso, quaisquer prorrogações de períodos de cumprimento precisam de ser negociadas e lançadas numa lista nos protocolos de adesão[326].

Em relação às disposições especiais de *Enabling Clause,* não há razão para que novos membros em vias de desenvolvimento não possam continuar a beneficiar das preferências pautais generalizadas, mesmo que não tenham exigido privilégios dos países em vias de desenvolvimento nas outras áreas. De facto, a China é o maior beneficiário da redução unilateral dos direitos aduaneiros de produtos acabados e semi-acabados sob o sistema de preferências generalizadas usado pelos países da OCDE[327].

3.3. AS NEGOCIAÇÕES ENTRE A CHINA E OS MEMBROS DA OMC

Embora não haja critério formal de adesão, o Grupo de Trabalho da China declarou dois princípios: antes de mais, a entrada da China na OMC

---

[324] KIM, Chulsu, (1996), "Process of Accession to the World Trade Organization", *Journal of Northeast Asian Studies,* Fall, pp. 8-9. *"Special provisions in the WTO Agreement providing transitional periods are not automatically available to acceding governments. For the instance, many observers of the process do not realize that merely because an applicant economy considers itself to be developing does not mean that the members will necessarily agree that all the special provisions for developing countries negotiated between Uruguay Round participants are automatically available to it".*

[325] Por exemplo, o artigo 27.°, n.° 3, do Acordo Sobre as Subvenções e as Medidas de Compensação já perdeu o sentido para a maioria dos países candidatos, hoje em dia, eles podem continuar a invocar o artigo 29.° do respectivo acordo até 2002.

[326] LANGHAMMER, (1999), p. 859-860.

[327] Actualmente, são concedidas à China preferências pautais generalizadas por 22 países desenvolvidos (no total há 27 países desenvolvidos que oferecem preferências pautais generalizadas). «hyperlink "http://www.sina.com.cn"».

promoverá tanto o comércio como o investimento através do desmantelamento dos obstáculos pautais e não pautais, promovendo também o aperfeiçoamento das normas internas relacionadas com o comércio; em segundo lugar, a adesão da China é apoiada pela maioria dos membros da OMC como um marco milenar da integração na economia global [328].

A China e os membros da OMC encaram as negociações sob perspectivas diferentes e às vezes parecem "navios navegando à noite"[329]. Por um lado, a China está a caminhar de uma economia planificada para uma economia de mercado e quer ser admitida na OMC como um país em vias de desenvolvimento; por outro lado, os membros da OMC estão preocupados com o sistema multilateral, que já foi estabelecido pelos acordos do *Uruguay Round* e vai ser estendido a países não membros, porque as preocupações residem em que os países candidatos com poderes económicos e políticos poderosos como a China e a Rússia, querendo privilégios específicos durante as negociações de adesão, talvez enfraqueçam o sistema multilateral [330].

As condições de entrada da China na OMC são importantes não só para a própria China, como também para outros membros prospectivos da OMC, especialmente, para economias de transição como a Rússia e o Vietname, porque tais condições poderiam estabelecer precedentes para eles. Em nosso entender, realçar desacordos destas condições, por um lado, cria um fundamento para análises subsequentes e, por outro, indicia problemas que surgirão para outras economias de transição durante as negociações.

3.3.1. *O breve decurso histórico da entrada da China na OMC*

A China foi um dos 23 signatários do GATT em 1947. Houve a mudança do poder político a 1 de Outubro de 1949 e nesse dia foi estabelecida a República Popular da China. O Partido Nacional (a Formosa) anun-

---

[328] TAIT, A. Neil, LI, Kuiwai, (1997), pp. 106-107.

[329] CORBET, Hugh, (1996) "Issues in the Accession of China to the WTO System", *Journal of Northeast Asian Studies,* Fall, 1996, p. 15.

[330] CORBET, Hugh, (1996), p. 16. *"...Chulsu Kim, the deputy director-general of the WTO overseeing accession negotiations, has stressed we must ensure that the integration of the outsiders leads to concrete benefits for them as well as members of WTO...The terms and conditions of entry should preserve and, hopefully, strengthen the credibility of the multilateral trading system, rather than weaken it or expose it to disputes and divisions".*

A adesão da China à OMC

ciou a retirada do GATT em nome do governo chinês, em 1950[331], e tornou-se um observador na década de sessenta. Em Outubro de 1971, a deliberação n.° 2758 das Nações Unidas reconheceu que o representante da República Popular da China era o único representante legal da China[332]. Desde então, a qualidade de observador da Formosa foi abolida pelo GATT. Devido a razões históricas, a posição de parte contratante da China no GATT encontrava-se desocupada.

À medida que o comércio externo se desenvolvia, o governo chinês começou a pensar em regressar à sua qualidade de parte contratante do GATT. As relações comerciais originais baseadas nos acordos bilaterais entre a China e os seus principais parceiros não conseguiram satisfazer as necessidades de desenvolvimento económico da China. Com o fim de fortalecer relações comerciais com outros países, a China precisa de se aproximar do sistema multilateral do GATT, através de reformas do seu regime económico e comercial.

No período inicial das reformas, era muito difícil cumprir as obrigações do GATT em todos os aspectos. A partir do início da década de oitenta, a China começou a participar em algumas actividades do GATT como observador, aderiu aos Acordos Multifibras (AMF)[333] em 17 de Janeiro de 1984[334] e fez preparativos para as negociações de reassunção dos seus compromissos.

Apenas em Julho de 1986, o governo chinês solicitou o regresso à sua qualidade de membro do GATT e iniciou as negociações de reassunção. Logo a seguir, participou do *Uruguay Round* como observador. Após o estabelecimento da Organização Mundial do Comércio, as negociações da reassunção tornam-se as de entrada na OMC.

No entanto, os princípios destas negociações adoptados pela China são sempre firmes[335]. Em primeiro lugar, a China crê que a OMC, sendo uma instituição internacional, encontra-se incompleta sem a sua participa-

---

[331] Sobre a legitimidade da retirada do GATT levada a cabo pelo Partido Nacional, alguns países, incluindo a República Checa, levantaram a dúvida.

[332] Instituto de Economia e Comércio Internacional da Universidade de Línguas Estrangeiras e Comércio Externo de Guangdong, (1999), *Zhongguo de WTO Zhilu, (A Entrada da China na OMC)*, Editora Economia de Guangdong, Guangzhou, pp. 17-18.

[333] As dezenas de acordos bilaterais (AMF) regulavam, em 1990, 80% das exportações de produtos têxteis. Sobre AMF, ver mais explicações a seguir.

[334] ZHANG, Xiangchen, (1999) *The Political and Economic Relations Between the Developing Countries and WTO,* Law Press, Beijing, p. 174.

[335] Os três princípios, pela primeira vez, foram apresentados pelo Presidente da China, Jiang Zemin na Conferência da APEC, em 1993.

138   A China e a Organização Mundial do Comércio

ção, visto tratar-se do maior país em vias de desenvolvimento e ter um papel cada vez mais importante no palco internacional; a sua população representa 1/5 da população do mundo e o seu desenvolvimento representa parte do desenvolvimento humano. Em segundo lugar, a China vai entrar na OMC com a qualidade de país em vias de desenvolvimento. Por último, a China crê que a sua adesão à OMC deve manter o equilíbrio entre os seus direitos e os seus deveres [336].

As negociações da China abrangem duas etapas distintas: uma fase de exames e discussões do regime do comércio externo (1986 – 1992) e outra de negociações de acesso aos mercados (1992 – até hoje). De todos os membros da OMC, de 37 exigem negociações bilaterais com a China [337].

3.3.2. Os focos das negociações entre a China e os membros da OMC

3.3.2.1. *A qualificação da China como um país em vias de desenvolvimento*

Conforme os vários acordos da OMC, os países em vias de desenvolvimento são sujeitos a regras e disciplinas menos rigorosas relativamente às políticas do comércio. Estes têm igualmente solicitado a redução dos direitos aduaneiros, com resultados menos significativos, e é-lhes permitido realizar os seus compromissos num período de tempo mais alargado. Deste modo, quer a China seja tratada como país em vias de desenvolvimento quer como país desenvolvido, existem implicações importantes para os seus compromissos de liberalização.

Nos acordos multilaterais sobre o comércio de mercadorias, os países em vias de desenvolvimento usufruem de preferências específicas. Segundo os acordos, por exemplo, se a China vier a ser considerada como um país em vias de desenvolvimento, em primeiro lugar ela terá mais tempo (*"grace periods"*) para cumprir as suas obrigações: (i) 10 anos para cumprir os deveres do Acordo Sobre a Agricultura; (ii) 10 anos de aplicação de medidas de salvaguarda (artigo 9.°, n.° 2 do Acordo Sobre as Medidas de Salvaguarda), entre outros.

Em segundo lugar, a China poderia ter obrigações menos prementes, por exemplo em relação à redução dos direitos aduaneiros dos produtos agrícolas – esta redução constitui apenas 2/3 das obrigações dos países

---

[336] Instituto de Economia e Comércio Internacional da Universidade de Línguas Estrangeiras e Comércio Externo de Guangdong, (1999), pp. 160-161.

[337] «hyperlink "http://www.sina.com.cn"».

A adesão da China à OMC 139

desenvolvidos; além disso, enfrentaria regras menos estritas quanto às subvenções (artigos 27.º e 29.º do Acordo Sobre as Subvenções e as Medidas de Compensação).

Em terceiro lugar, a China poderia ter mais flexibilidade no que diz respeito às formalidades e obrigações. Por exemplo, poderia impor restrições quantitativas ao comércio, em relação ao desequilíbrio da conta-corrente, e manter uma protecção intensa relativamente às suas indústrias nascentes (artigos 12.º e 18.º do GATT 1994)[338]. Poderia ter um apoio interno à agricultura equivalente a 10% do valor total da produção (artigo 6.º, n.º 4b). Além disso, há novas disposições flexíveis sobre as regras e processos que regem a resolução de litígios (artigo 3.º, n.º 12, artigo 4, n.º 10, artigo 8.º, n.º 10, artigo 12, n.º 10, n.º 11, artigo 21.º, n.º 2, n.º 7 e n.º 8, artigo 24.º, artigo 27.º, n.º 2, do Memorando de Entendimento Sobre as Regras e Processos que Regem a Resolução de Litígios)[339].

Em quatro lugar, se for tratada como um país em vias de desenvolvimento, no Acordo Geral Sobre o Comércio de Serviços, a China poderá liberalizar menos sectores de serviços do que os países desenvolvidos (artigo 19.º, n.º 2)[340]; além disso, o acesso aos mercados de serviços e o tratamento nacional não são concedidos automaticamente pelos membros (artigo 20.º)[341]. Segundo o Acordo Sobre os Aspectos dos Direitos de Propriedade Intelectual Relacionados com o Comércio, os países em vias de desenvolvimento terão 5 anos para realizar todas as exigências em vez de 1 ano como é o caso dos países desenvolvidos (artigo 65.º, n.º 2)[342].

Ainda, e talvez mais importante, a China poderá continuar a usufruir das preferências pautais generalizadas[343], se for admitida a entrar na OMC como país em vias de desenvolvimento.

---

[338] YANG, Yongzheng, (1996), "China´s WTO Membership: What´s at Stake?" *The World Economy,* Vol. 19, N.º 6, p. 662.

[339] WANG, Xinkui, (1998), *Shijie Maoyi Zuzhi yu Fazhanzhong Guojia (A OMC e os Países em vias de Desenvolvimento),* Editora Yuandong, Shanghai, pp. 139-140.

[340] YANG, Yongzheng, (1996), p. 662. Em relação ao Acordo Sobre os Aspectos dos Direitos de Propriedade Intelectual Relacionados com o Comércio, os países em vias de desenvolvimento não possuem preferências específicas como nos Acordos Multilaterais Sobre o Comércio de Mercadorias. Cfr. Wang, Xinkui, (1998), pp. 229-231.

[341] Instituto de Economia e Comércio Internacional da Universidade de Línguas Estrangeiras e Comércio Externo de Guangdong, (1999), p. 162.

[342] De facto, a China compromete-se a não recorrer às disposições do período de transição para países em vias de desenvolvimento do TRIPS.

[343] Os EUA têm uma condição prévia de concessão de preferências pautais generalizadas, isto é, um país em vias de desenvolvimento deve ser membro do FMI e do GATT em simultâneo.

Desde as negociações de solicitação de regresso à qualidade de membro do GATT até às da adesão à OMC, a questão sobre se a China merece obter a qualidade de país em vias de desenvolvimento tem sempre sido relacionada com as obrigações prospectivas. Devido à ausência de um critério universal de classificação de país em vias de desenvolvimento, os Estados Unidos e a União Europeia decidiram considerar a China um país entre desenvolvido e em vias de desenvolvimento durante as negociações, quer dizer, mesmo que admita a qualificação de país em vias de desenvolvimento, é muito difícil para a China usufruir dos benefícios concedidos aos outros países em vias de desenvolvimento já membros. No que diz respeito aos baixos rendimentos *per capita*, a China qualifica-se como país em vias de desenvolvimento, mas o facto é que não se trata de um país em vias de desenvolvimento comum, tendo em conta a sua importância na ordem económica internacional. Do ponto de vista da China, não há dúvida de que é um país em vias de desenvolvimento, pelo que tem o direito às cláusulas dos tratamentos preferenciais para os países em vias de desenvolvimento nos acordos da OMC [344].

A partir de 1997, os improdutivos debates sobre a qualificação da China como país em vias de desenvolvimento têm sido abandonados pelas partes envolvidas. Embora seja conferido algum tempo para adaptação às regras da OMC, ficou acordado que todos e quaisquer acordos serão baseados numa análise caso a caso.

De acordo com o princípio fundamental da China, nenhum membro da OMC tem o direito de obrigá-la a não invocar tais cláusulas, contudo, o direito legítimo da China de invocar tratamentos preferenciais não quer dizer que esta venha a requerer automaticamente recursos sob quaisquer circunstâncias.

De qualquer forma, não existe uma cláusula no acordo sino-americano sobre a adesão da China à OMC que impeça a China de citar cláusulas de excepção dos pactos da OMC. A seguir, iremos verificar caso a caso os direitos e as obrigações da China reflectidos nos sectores específicos.

---

[344] O representante da delegação chinesa, o Sr. LONG, Yongtu, disse em Genebra, em 28 de Julho de 2000: "*It is an indisputable fact that China is a developing country. In the WTO, it is up to the members themselves to decide whether they are developing economies or not, requiring no recognition of any other members, let alone to obtain their approval*".

A adesão da China à OMC

3.3.2.2. A agricultura

3.3.2.2.1. Considerações gerais sobre o comércio agrícola da China

Sendo um país em vias de desenvolvimento, como a maioria dos outros, a China não apoiava o sector primário sob o sistema de planificação, quer dizer, os ganhos e fundos da agricultura eram frequentemente transferidos para o sector secundário, por conseguinte, a agricultura da China, durante muitos anos, mantém-se atrasada. Com o fim de manter a estabilidade da produção e da oferta interna e, ao mesmo tempo, evitar choques provenientes dos produtos importados mais baratos, o comércio agrícola da China sempre foi protegido pelo governo. Há muito tempo que as políticas comerciais agrícolas da China complementavam a auto-suficiência [345].

Do lado da importação, o governo estabeleceu pautas aduaneiras muito altas (com média simples de 22%) [346]. Além disso, havia muitas medidas não pautais para controlar as quantidades e espécies dos produtos agrícolas importados, nomeadamente contingentes, licenças de importação, medidas sanitárias e fitossanitárias, entre outras. A importação de frutas, carnes e outros alimentos intermediários estava sujeita aos direitos pautais; a introdução de produtos básicos, como cereais, algodão, açúcar, óleo, era limitada através do registo das quantidades e dos contingentes (por exemplo, a partir de 1996, a China adoptou o regime de contingente alfandegário sobre o trigo, a importação dentro dos contingentes estava sujeita a 1% dos impostos alfandegários e a quantia superior aos contingentes era tributada até 114%) [347]. Logo que os produtos agrícolas chegavam ao mercado interno, eram distribuídos segundo os preços estabelecidos internamente, independentemente dos preços de importação. Por isso, quando os preços estabelecidos internamente eram inferiores aos de mercado, tal situação revelava-se mais favorável para os consumidores nacionais.

Do lado da exportação, a China adoptava um regime de entrega, isto é, independentemente dos preços de mercado, os produtos agrícolas suspensos da exportação por empresas comerciais do Estado deviam ser fornecidos exclusivamente pela Reserva Nacional de Cereais ou pela Companhia de Importação e Exportação de Cereais e Óleos da China. Havia dois sistemas paralelos de preços quanto à aquisição dos produtos agrícolas, sendo um o sistema dos preços de encomenda de contratos de aquisição

---

[345] YU, Yongding, (2000), p. 132.
[346] YANG, Pengfei, *et.al*, (2000), p. 108.
[347] YANG, Pengfei, *et.al*, (2000), p. 108.

142   *A China e a Organização Mundial do Comércio*

pública e o outro o sistema dos preços de mercado[348]. Evidentemente, por vezes, empresas comerciais do Estado podiam comprar produtos agrícolas com preços mais baixos do que os do mercado interno, por outras palavras, o factor determinante da competitividade dos produtos agrícolas da China eram os preços de encomenda (visto que, se fossem superiores aos preços de mercado, a exportação enfrentaria situações bastante difíceis).

3.3.2.2.2. *Os compromissos feitos pela China no Acordo Sino-Americano sobre a Agricultura*

Actualmente, o governo chinês ainda não publicou o conteúdo do acordo sino-americano sobre a agricultura. As análises que se seguem são baseadas principalmente no *US-China Agreement on China´s WTO Accession* anunciadas pelo *White House Office of Public Liaison,* em 17 de Novembro de 1999[349].

(1) *A consolidação dos direitos aduaneiros sobre produtos agrícolas*

A China compromete-se a reduzir imediatamente os impostos alfandegários dos produtos agrícolas, logo após a adesão à OMC, de 22% para 17%[350]. A redução será feita até 2004, podendo igualmente dividir tal obrigação anualmente. Para produtos exportados pelos Estados Unidos, a taxa média de importação será reduzida para 14.5%. Todos os direitos aduaneiros serão consolidados.

(2) *A adopção do regime de contingente alfandegário*

Em relação aos principais produtos de base sensíveis (incluindo trigo, milho, arroz, algodão, óleo de soja, açúcar, lã), a China compromete--se a adoptar o regime de contingente alfandegário somente para produtos agrícolas. Sob este regime, as importações dentro dos contingentes estão sujeitas a direitos aduaneiros muito baixos (normalmente entre 1% e 3%)

---

[348] *Vide* explicações no próximo capítulo.

[349] As informações detalhadas estão disponíveis na página «hyperlink "http:/ /www.uschina.org/public/991115a.html"».

[350] USTR (US Trade Representative), (1999), *Statement of Ambassador Charlene Barshefsky Regarding Broad Market Access Gains Resulting from China WTO Negotiations,* disponível na página do web «hyperlink "http://www.ustr.gov/releases/1999/04/1999- -34.html"». *"China´s agricultural tariffs will be comparable to or better than those of major US trading partners (including developed countries) after the reductions".*

A adesão da China à OMC 143

e as outras importações fora dos contingentes estão sujeitas a taxas de impostos alfandegários mais altas[351]. Este regime vai estimular efectivamente as empresas estatais a comprar produtos agrícolas básicos aos preços do mercado internacional.

A China também se compromete a administrar os contingentes segundo o princípio económico em vez de político, com o fim de distribuir os contingentes por outros usufrutuários. Caso as empresas estatais não tenham aproveitado totalmente os contingentes, os importadores particulares podem participar da respectiva repartição.

Iremos analisar os compromissos da China no acordo sino-americano no que diz respeito aos contingentes dos produtos agrícolas. (i) Os contingentes do óleo de soja serão eliminados até 2006, os actuais contingentes serão aumentados de 17 milhões de toneladas para 33 milhões de toneladas em 2005, as participações de importadores privados aumentarão de 50% para 90%; (ii) os contingentes de trigo aumentarão de 73 milhões de toneladas para 93 milhões de toneladas[352], os contingentes usufruídos por importadores privados constituem um total de 10%, além da redistribuição dos contingentes que não forem usados pelas empresas estatais no último período do ano; (iii) os contingentes de milho aumentarão de 45 milhões para 72 milhões de toneladas[353], as participações de importadores particulares aumentarão de 25% para 40%, até 2004; (iv) os contingentes de arroz aumentarão de 25 milhões para 53 milhões de toneladas, tendo os importadores particulares 50% das quotas totais; (v) os contingentes de algodão aumentarão de 7.43 milhões para 8.94 milhões, até 2004, as participações de importadores particulares atingem 67%; (vi) não se aplica o contingente alfandegário à cevada e a taxa aduaneira sobre este produto é reduzida para 9%.

---

[351] A China estabelece as taxas dos direitos aduaneiros fora dos contingentes de determinados produtos agrícolas (algodão, óleo, cereais, açúcar) entre 80% e 85%. LIU, Fayou, ZHANG, Lijun, (1998), p. 392. Conforme o Apêndice do Anexo 5 do Acordo Sobre a Agricultura, § 6 e 7, "Se um equivalente pautal resultante das presentes directrizes for negativo ou inferior à taxa consolidada corrente, o equivalente pautal inicial pode ser estabelecido ao nível dessa taxa ou com base nas ofertas nacionais relativas ao produto em causa. No caso de o nível de um equivalente pautal resultante das directrizes supra--indicadas ser ajustado, o membro em causa facultará, se receber pedidos nesse sentido, todas as possibilidades de consulta, com vista à negociação de soluções adequadas".

[352] As importações de trigo da China são actualmente inferiores a 20 milhões de toneladas. Cfr. YANG, Pengfei, et.al, (2000) p. 76.

[353] As importações de milho e de arroz da China são, hoje em dia, apenas de 0.25 milhões de toneladas, respectivamente, YANG, Pengfei, et.al, (2000), pp. 76-77.

(3) *A reforma do monopólio estatal*

A China compromete-se a permitir que quaisquer entidades possam importar a maioria dos produtos para quaisquer localidades da China, sendo este compromisso cumprido num prazo de três anos. Posteriormente, quaisquer entidades económicas possuirão o direito de importação e exportação. Contudo, alguns produtos agrícolas seleccionados estão isentos deste dispositivo, designadamente o comércio de trigo, milho, arroz e algodão continuamente realizado através das vias estatais (em relação ao comércio do óleo, as empresas estatais deixarão de o monopolizar).

Apenas no que respeita à importação, já sabemos que os importadores particulares, por um lado, têm mais participações nos contingentes (10% das quotas de trigo, 40% das quotas de milho, 50% das quotas de arroz, 67% das quotas de algodão); por outro lado, podem usufruir ainda daqueles contingentes que não forem utilizados pelas empresas estatais.

O direito de comercialização será igualmente garantido. Após três anos, a venda de quase todos os produtos, incluindo os cereais, poderá ser também realizada por empresas estrangeiras.

(4) *O apoio interno*

A China compromete-se a eliminar e reduzir os subsídios internos com efeitos de distorção do comércio. Esta vai também ser mais transparente na previsão das suas medidas de apoio. Segundo a porta-voz da China, na conferência da OMC, em 12 de Janeiro de 2001, a China não vai desistir do direito de aumentar os subsídios à agricultura após a sua adesão porque, de acordo com o artigo 4.º do Acordo Sobre a Agricultura, os países em vias de desenvolvimento podem apoiar 10% da produção agrícola total ao seu sector primário (5% para os países desenvolvidos); entretanto, actualmente, a China apoia-a apenas em 2% [354]. Entretanto, os deveres mais concretos de redução do apoio interno serão apresentados no relatório do Grupo de Trabalho, através das negociações multilaterais em Genebra.

(5) *As subvenções à exportação*

A China compromete-se a não subsidiar a exportação de produtos agrícolas.

---

[354] «hyperlink "http://www.sina.com.cn"».

A adesão da China à OMC

(6) Medidas sanitárias e fitossanitárias

A China cumprirá as disposições do Acordo Relativo à Aplicação de Medidas Sanitárias e Fitossanitárias. Segundo o acordo sino-americano sobre a adesão à OMC, a China vai liberalizar as restrições sanitárias de alguns produtos agrícolas, que não possuíam bases científicas, nomeadamente cítrinos, trigo e carnes exportados pelos EUA.

3.3.2.3. Compromissos relacionados com os direitos aduaneiros

Os direitos aduaneiros da China serão cobrados em conformidade com as disposições do GATT 1994 e da OMC.

Em termos de direitos aduaneiros de mercadorias industrializadas, a China compromete-se no acordo sino-americano a reduzir de 24.6% (1997) para 9.4% até 2005; no caso de mercadorias dos Estados Unidos serão reduzidos prioritariamente para 7.1%. Dois terços da redução dos direitos aduaneiros de mercadorias industrializadas serão cumpridos antes de 2003, o restante poderá ser concluído até 2005 (sendo poucas as excepções). A China também se compromete a consolidar as suas listas pautais após a adesão [355]. Além disso, no que diz respeito aos compromissos específicos, a China aderirá ao Acordo Sobre a Tecnologia Informática (*Information Tecnology Agreement*), isto é, até 2005, a actual taxa de 13% dos impostos alfandegários sobre produtos tecnológicos (nomeadamente, computadores, equipamentos de telecomunicações, entre outros) será reduzida para 0% [356]. As taxas pautais de automóveis serão diminuídas de 80% e 100% para 25% até 2006 (as taxas de peças de automóveis serão reduzidas até 10%).

---

[355] Muitos países mantêm o direito de aumentar as taxas pautais actuais. YE, Weiping, (1999), *Zhongguo Rushi Chongci yu Bixian Qiuqiang Duice, (As Contrapartidas da Entrada da China na OMC)*, Editora Economia da China, Beijing, p. 81.

[356] YANG, Yongzheng, (2000), "China's WTO Accession – The Economics and Politics", *Journal of World Trade*, 34, (4), p. 79.

146   *A China e a Organização Mundial do Comércio*

QUADRO III.3

**Consolidação dos direitos aduaneiros de produtos industrializados
pela China (percentagem)**

	Actual	Consolidada
Automóveis	80~100	25
Cerâmicas	24.5~35	10~15
Produtos químicos	35	0~6.5
Madeira	12~18	5~7.5
Papel	15~25	5~7.5
Bebidas alcoólicas	65	10
Produtos informáticos	13.3	0

Fonte: O Acordo Sino-UE e o Acordo Sino-Americano relativo à entrada
da China na OMC[357]

3.3.2.4. *Compromissos relacionados com os obstáculos não pautais*

Todas as restrições quantitativas de importação na China serão eliminadas. As medidas não pautais serão eliminadas, num período máximo de
5 anos, a maioria delas até 2002[358].

3.3.2.4.1. *Licenças de importação*

O regime de licenças de importação da China será ajustado em conformidade com o Acordo Sobre os Procedimentos em Matéria de Licenças
de Importação. Várias medidas serão executadas com o fim de garantir o
cumprimento, tais como (1) a publicação regular da lista de mercadorias
sujeitas à restrição ou proibição de importação/exportação; (2) a notificação à OMC de todas as concessões de licenças e as exigências de
contingentes que permanecerão em vigor após a data de entrada; (3) a
apresentação anual ao comité do relatório sobre procedimentos de autorização de importação automática (*automatic import licensing*), expli-
cando as circunstâncias que fundamentam tais exigências e justificando a
necessidade da sua continuação; (4) a notificação imediata à OMC de
quaisquer alterações respeitantes à prescrição das licenças[359].

---

[357] «hyperlink "http://mkaccdb.eu.int/mkdb/chksel.pl"».
[358] YANG, Yongzheng, (2000), p. 79.
[359] ZHAO, Wei, (1998), p. 61.

3.3.2.4.2. *Contingentes*

Os contingentes dos produtos dos EUA, nomeadamente fibra óptica, serão eliminados logo após a adesão. Os contingentes de automóveis podem ser mantidos, no máximo até 2005. No período de transição, os contingentes de outros produtos aumentam anualmente 15%, até à eliminação em 2005 [360].

3.3.2.4.3. *Obstáculos técnicos ao comércio*

Os obstáculos técnicos envolvidos na inspecção de importação serão estabelecidos de acordo com normas internacionais relativas e o critério da inspecção de mercadorias será publicado nos diários oficiais.

3.3.2.4.4. *Empresas comerciais do Estado*

Numa economia como a China, em que há muitas intervenções públicas [361], as actividades das empresas comerciais estatais têm sido um ponto fulcral das negociações sobre a adesão à OMC.

Em relação ao direito de exploração, a China já prometeu substituir o regime de autorização pelo regime de registo, num prazo de 5 anos, após a entrada na OMC [362]. Entretanto, à maioria dos particulares na China são ainda proibidas as transacções de importação. Empresas comerciais não podem importar para revender e os indivíduos não podem importar para revenda nem para consumo próprio. Recentemente, a China concordou em liberalizar gradualmente o direito ao comércio externo nos 3 anos que se seguirem à entrada na OMC. As empresas americanas, pela primeira vez, terão o direito de importação e de exportação.

Apesar da liberalização das empresas comerciais estatais, a importação de alguns produtos é ainda controlada pelas empresas estatais de nível central ou provincial, nomeadamente cereais, óleos vegetais, tabaco, açúcares, algodão, petróleo, adubos químicos. No acordo celebrado entre a China e a União Europeia relativo à entrada na OMC, a China compromete-se a liberalizar gradualmente o sector dos adubos químicos e do

---

[360] YANG, Yongzheng, (2000), p. 79.
[361] Pelo menos 35% do PIB foi produzido pelas empresas públicas na China.
[362] WILLIAMS, Brett.

148   *A China e a Organização Mundial do Comércio*

petróleo bruto. Assim, além das 5 categorias de bens acima referidos, as restrições anteriormente impostas serão eliminadas[363].

No acordo sino-americano, relativo à entrada da China na OMC, a China concorda em fundamentar as compras e vendas das empresas comerciais do Estado apenas nas considerações de ordem comercial, tais como o preço, a qualidade, as quantidades disponíveis, a vendabilidade no mercado, os transportes e condições de livre concorrência. Além disso, o governo chinês concorda também em não influenciar, directa ou indirectamente, tais decisões comerciais, excepto através de medidas compatíveis com as disposições da OMC.

3.3.2.4.5. *Subsídios à exportação*

Todos as subvenções à exportação serão eliminadas[364].

Do ponto de vista dos principais parceiros comerciais, a China está a usar subsídios indirectos (nomeadamente matérias-primas baratas), para promover a exportação. Empresas públicas ou sociedades comerciais estatais, por exemplo, recebem muitos empréstimos, em condições preferenciais, e acabam por não pagar a maior parte deles[365].

Em relação aos subsídios definidos no Acordo Sobre as Subvenções e as Medidas de Compensação (artigo 1.º, n.º 1 e artigo 2.º), no acordo sino-americano, a China compromete-se a regularizar os subsídios às empresas públicas, especialmente, quando são usufruídos pelas empresas públicas que representam predominantemente um sector. Ainda, os países importadores dos membros da OMC podem identificar e determinar se tais subsídios, incluindo empréstimos, já foram transferidos para um determinado sector, segundo o critério da economia de mercado.

3.3.2.5. *Compromissos das medidas de investimento relacionadas com o comércio*

A questão em causa que impôs o tratamento no *Uruguay Round* foi o da tomada de consciência dos efeitos restritivos e de distorção nas

---

[363] «hyperlink "http://europa.eu.int/comm/trade/bilateral/china/wto.htm"».

[364] No acordo entre a China e a União Europeia sobre a adesão à OMC, a China compromete-se a eliminar subvenções à exportação de produtos industrializados.

[365] Segundo *Market Access Sectoral and Trade Barriers Database* da Comissão Europeia, disponível na página «hyperlink "http://mkaccdb.eu.int/mkdb/chksel.pl"».

trocas internacionais decorrentes de medidas de investimento e que no passado eram incompatíveis com o Acordo Geral[366].

O TRIMS tem um âmbito relativamente complicado, não só pela dificuldade de cumprimento, mas também pelo envolvimento intrincado das outras áreas, nomeadamente, a legislação interna dos investimentos estrangeiros e as tributações internas. Durante o processo de reformas, muitas economias de transição têm introduzido legislação e regulamentos complicados para atrair os investimentos estrangeiros.

Desde a adopção da política de abertura, a China elaborou e publicou mais de 100 decretos e leis relativos aos investimentos estrangeiros[367]. Do ponto de vista das formas legislativas não existe um código completo, as relações de investimentos são reguladas por um conjunto de decretos especiais, acordos bilaterais e convénios internacionais.

A legislação interna da China engloba três níveis verticais: a Constituição, os decretos elaborados pelo governo central e os regulamentos locais. Os decretos-leis abrangem as leis elaboradas pela Assembleia Popular Nacional da China ou pelo seu Comité Permanente, os decretos do Conselho de Estado e os regulamentos publicados pelos vários ministérios. *A Lei das Joint Ventures (Law of Joint Ventures Using Chinese and Foreign Investment)*[368], *a Lei das Cooperativas com Capitais Mistos (Law of Sino-Foreign Contractual Cooperative Enterprises)*[369] *e a Lei das Sociedades com Capitais Exclusivos Estrangeiros (Law of Enterprises Operated Exclusively with Foreign Capital)*[370] são três leis essenciais no âmbito dos investimentos estrangeiros. Os poderes locais, incluindo as assembleias populares locais, têm o direito de legislar, desde que não contrariem a Constituição e outras leis.

Apesar dos esforços da legislação para incentivar os investimentos estrangeiros, algumas práticas da China, enquanto vestígios do sistema

---

[366] CAMPOS, (1999), p. 375.

[367] XU, Haining, (2000), *WTO yu Maoyi Youguan de Touzi Cuoshi Xieyi: Guifan yu Chengnuo (A OMC e o Acordo Sobre as Medidas de Investimento Relacionadas com o Comércio: Normas e Compromissos)*, Editora Huangshan Shushe, Hefei, p. 84.

[368] Adoptada em 1 de Julho de 1979, a primeira modificação foi realizada pela Assembleia Popular Nacional em 4 de Abril de 1990, a última modificação foi feita em 15 de Março de 2001 por Decisão do Comité Permanente.

[369] Adoptada em 13 de Abril de 1988 pela Assembleia Popular Nacional e modificada por decisão do Comité Permanente em 31 de Outubro de 2000.

[370] Adoptada em 12 de Abril de 1986 pela Assembleia Popular Nacional e modificada por decisão do Comité Permanente em 31 de Outubro de 2000 e em 12 de Abril de 2001.

150   *A China e a Organização Mundial do Comércio*

planificado, não eram compatíveis com as disposições do TRIMS da OMC, nomeadamente no âmbito do tratamento nacional, da eliminação das restrições quantitativas, do princípio da transparência e da unificação das políticas comerciais e das leis.

3.3.2.5.1. *O tratamento nacional*

Resumindo o princípio do tratamento nacional introduzido no Acordo Sobre as Medidas de Investimento Relacionadas com o Comércio e enumerado no Anexo a seguir, um membro deve garantir o tratamento do investimento para estrangeiros igual ao dos investidores internos, ou seja, no que diz respeito à tributação, à comercialização, ao transporte, à compra e venda, entre outros, os investidores gozam de paridade relativamente a outras entidades nacionais. As políticas de investimentos estrangeiros da China, por um lado, reflectem o estímulo da atracção de capitais estrangeiros e, por outro, revelam a limitação em determinadas áreas, por isso, há coexistência do tratamento superior e inferior ao tratamento nacional. No entanto, tanto as políticas preferenciais de tratamento superior ao tratamento nacional, como as limitações de tratamento inferior ao tratamento nacional, poderão exercer influências sobre as trocas internacionais e distorcer decisões de investimentos.

O tratamento superior ao tratamento nacional demonstra-se nos três âmbitos seguintes: a tributação do *IRC,* a preferência dos direitos aduaneiros e o direito à importação e exportação[371]. O tratamento inferior ao tratamento nacional inclui a limitação do quadro de investimento, o con-

---

[371] De acordo com a *Lei dos Impostos de Rendimentos para as Sociedades com Participações Estrangeiras da China,* as sociedades com investimentos estrangeiros podem gozar de preferências tributárias, consoante as localidades ou projectos de investimento, podendo a taxa mínima representar 15%; para sociedades recentemente constituídas, 40% do *IRC* dos novos investimentos podem ser devolvidos; o défice das sociedades com investimentos estrangeiros pode ser compensado pelo *IRC* do ano fiscal seguinte, mas, para empresas com capital exclusivo interno, a taxa do *IRC* é de 33%. De acordo com o artigo 71.° do *Estatuto da Aplicação da Lei das Joint Ventures,* as sociedades com investimentos estrangeiros podem importar equipamentos de produção, peças e *inputs* isentos de impostos alfandegários, os investidores estrangeiros podem ainda importar quantidades racionais de mercadorias para uso próprio. As sociedades com investimentos estrangeiros em geral têm o direito de importação de *inputs* e o direito de exportação dos seus produtos; excepto poucas empresas públicas possuindo o direito à importação e exportação, a maioria das empresas internas, face à exportação, têm que procurar as que conferem esse direito.

A adesão da China à OMC 151

teúdo local, o requerimento da realização da exportação e a restrição do acesso a divisas, entre outros que analisaremos individualmente.

Normalmente, a legislação relativa aos projectos por investimentos estrangeiros da China pode ser dividida em 4 categorias: o estímulo, a permissão, a limitação e a proibição. Segundo os artigos 4.° e 5.° das *Regras Pormenorizadas da Lei das Sociedades com Capitais Exclusivos Estrangeiros,* nos sectores de imprensa, edição, audiovisuais, comercialização interna, comércio externo, seguros, telecomunicações, etc. era proibido o estabelecimento de sociedades com participações estrangeiras exclusivas; nas áreas dos serviços públicos, transportes, imobiliário, crédito, arrendamento, etc. a participação para os investidores estrangeiros era limitada. Nestes sectores, havia sempre a limitação máxima de participações estrangeiras nas sociedades[372]. A partir de Junho de 1995, mais áreas têm sido liberalizadas gradualmente, como os transportes aéreos, a comercialização, a distribuição de mercadorias, o comércio externo, o sector financeiro, os seguros, os títulos, a contabilidade, os serviços jurídicos, a extracção e a metalurgia de metais preciosos, entre outros.

O conteúdo local, sendo uma prática contra o princípio do tratamento nacional, encontrava-se reflectido nas várias leis da China. Por exemplo, o antigo artigo 9.° da *Lei das Joint Ventures,* antes da sua última modificação, dispõe o seguinte: "*In its purchase of required raw and semi-processed materials, fuels, auxiliary equipment, etc., a joint venture should give first priority to Chinese sources, but may also acquire them directly from the world market with its own foreign exchange funds*". O artigo 15.° da *Lei das Sociedades com Capitais Exclusivos Estrangeiros,* antes da modificação, dispõe o seguinte: "*Within the scope of operations approved, the wholly-owned foreign enterprise may purchase, either in China or from the world market, raw and semi-finished materials, fuels and other materials it needs. When these are available from both sources, preference should be given to Chinese sources.*"

O requerimento para a realização da exportação é sempre um critério quanto à autorização da constituição das sociedades com investimentos estrangeiros. Na prática, aquelas empresas que já realizaram maiores exportações, em termos de proporção de volume ou valor da sua produção local, podiam obter preferências mais favoráveis de redução ou isenção do *IRC.*

A restrição do acesso a divisas também é uma das práticas que infringem as disposições da OMC. Por exemplo, antes da modificação, o artigo 18.° da *Lei das Sociedades com Capitais Exclusivos Estrangeiros*

---

[372] YANG, Yongzheng, (1999), p. 520.

152 *A China e a Organização Mundial do Comércio*

dispõe: *"The wholly-owned foreign enterprise shall open an account with the Bank of China or with a bank designated by the Chinese authorities in charge of foreign exchange control. The wholly-owned foreign enterprise should take care to balance its foreign exchange receipts and payments. If, with the approval of the competent authorities, the enterprise markets its production in China and consequently experiences an imbalance in foreign exchange, the said authorities shall be responsible for helping it to eliminate the imbalance."*

3.3.2.5.2. *A eliminação das restrições quantitativas*

As restrições quantitativas que contêm os efeitos de distorção ao comércio externo revelam, no âmbito das medidas de investimento, as seguintes práticas: a substituição da importação, a restrição do acesso a divisas para a importação e a restrição à exportação. Na legislação chinesa, existem também disposições desta natureza.

Em primeiro lugar, havia 1751 produtos que foram incluídos nas listas de substituição da importação publicadas pelos vários ministérios da China[373]. Nenhuma empresa podia importar os produtos das listas, antes que estivessem esgotados nos mercados internos. O Estado conferia numerosas preferências quanto à tributação, bem como relativamente ao crédito, entre outras. Em sentido estrito, o conteúdo local e a restrição do acesso a divisas pertencem também às restrições quantitativas, desenvolvendo, entretanto, medidas indirectas para restringir a importação; a limitação quantitativa da importação, sem dúvida, de uma maneira directa, exerce influência significativa sobre o comércio.

Em segundo lugar, refira-se outra medida que contraria a disposição do TRIMs, que consiste em obrigar as empresas a adoptar a substituição da importação através da restrição do acesso a divisas, em vez de estipular expressamente na lei restrições quantitativas. O governo interferia na utilização de divisas das sociedades com investimentos estrangeiros porque, na China, o RMB não podia ser convertido livremente em moeda estrangeira.

Em relação às restrições quantitativas à exportação, havia relativamente poucas disposições na China. Por vezes, os produtos das sociedades com investimentos estrangeiros para a exportação eram sujeitos à licença de exportação, além disso, alguns departamentos governamentais exigiam

---

[373] Xu, Haining, (2000), p. 96.

A adesão da China à OMC

às sociedades com investimentos estrangeiros que vendessem os seus produtos no mercado nacional a preços inferiores aos do mercado internacional[374].

3.3.2.5.3. O princípio da transparência

O artigo 6.º do TRIMs reafirma o princípio da transparência da OMC, ou seja, todos os membros devem assumir o compromisso de respeitar as obrigações de transparência da sua legislação, regularizando os investimentos estrangeiros, isto é, publicar as informações sobre medidas de investimento, ordenações e documentos das políticas.

A publicação é a premissa da entrada em vigor de uma lei, sendo, simultaneamente, o último processo de legislação. Contudo, muitos assuntos relacionados com o investimento estrangeiro, designadamente, assuntos financeiros, assuntos laborais, tributação, importação e exportação e o princípio da autorização das sociedades com investimentos estrangeiros, são expressos pelos documentos, directrizes administrativas, anúncios internos e despachos oficiosos. Estes documentos circularam através das vias administrativas. Além disso, alguns decretos-leis já publicados eram demasiado concisos e difíceis de ser aplicados e os órgãos legislativos dependeram, por muito tempo, das interpretações dos órgãos judiciais, em vez de suplementar as leis existentes. Tais interpretações judiciais, diferentes das leis e decretos, não se tornavam públicas e acessíveis aos investidores estrangeiros. Nesse sentido, a situação actual da China ainda fica longe das disposições da OMC.

3.3.2.5.4. A unificação das políticas e das leis

Segundo as disposições da OMC, a legislação do governo central e a dos poderes locais devem ser harmonizadas e unificadas. Sobre este aspecto, há bastantes problemas a ser resolvidos na China.

A nível vertical, existem diferenças entre as localidades, relativamente à redução do *IRC,* à jurisdição da autorização e à utilização do capital. Analisemos o exemplo da tributação do *IRC.* As taxas de *IRC* das sociedades com investimentos estrangeiros representam 33%; as que ficam nas cidades litorais são tributadas à taxa de 24%; outros empreendimentos

---

[374] Xu, Haining, (2000), p. 97.

154   *A China e a Organização Mundial do Comércio*

de manufactura situados nas zonas económicas especiais ou em Pudong, Shanghai são tributados à taxa de 15%. Esta situação preferencial causou por um lado um tratamento discriminatório, porque a preferência para uma zona significa a discriminação para a outra. Por outro lado, devido à descentralização das competências legislativas, as cláusulas que regularizam as mesmas relações jurídicas encontram-se dispersas pelos vários decretos-leis elaborados pelos diferentes níveis dos órgãos e os seus conteúdos, ora coincidem ora se distinguem.

A nível horizontal há desequilíbrio entre várias leis e regulamentos. Por exemplo, sobre a questão do investimento da parte chinesa, *a Lei Contratual Relativa aos Negócios Estrangeiros* e *o Estatuto da Administração dos Contratos de Introdução Tecnológica* têm diferentes disposições: o primeiro exclui os indivíduos, o segundo diz expressamente que os investidores da parte chinesa abrangem os indivíduos. O mesmo fenómeno aparece no conflito entre a legislação e a execução. Segundo o *Estatuto Provisório das Empresas do Sector Privado,* empresas individuais, empresas colectivas e sociedades por quotas podem investir nas sociedades com investimentos estrangeiros; no entanto, na prática, os órgãos competentes apenas autorizam a acção dos investimentos das sociedades por quotas [375].

Com o fim de se aproximar das normas internacionais, durante as negociações de entrada na OMC, a China tem promovido a liberalização das medidas de investimento relacionadas com o comércio. Entretanto, conforme o acordo sino-americano, a China não gozará do período de transição para os países em vias de desenvolvimento.

Em primeiro lugar, quanto à constituição das sociedades, os órgãos de nível provincial poderão ter o direito de autorizar investimentos estrangeiros de grande escala [376-377]. Embora o TRIMS não proíba a disposição sobre a percentagem das participações sociais, a China compromete-se a afrouxar esta limitação [378]. Os sócios estrangeiros poderão gradualmente

---

[375] Xu, Haining, (2000), p. 98.

[376] Na China, o funcionamento das sociedades depende de autorização em vez do regime de registo.

[377] No sector automobilístico, os órgãos provinciais podem autorizar investimentos estrangeiros superiores a 150 milhões de dólares americanos em vez dos actuais 30 milhões.

[378] A proibição da redução de capitais registados foi relaxada, segundo a última modificação da *Lei das Sociedades com Capitais Exclusivos Estrangeiros,* em 12 de Abril de 2001. «hyperlink "http://www.ChinaLegalChange.com"». Esta última modificação eliminou todas as disposições incompatíveis com os acordos da OMC, no que diz respeito às medidas de investimento relacionadas com o comércio.

possuir maiores participações de investimento. No sector das telecomunicações, por exemplo, os sócios estrangeiros podem ter 49% do capital social no primeiro ano da adesão, nos serviços *ad valorem,* e 50% no ano seguinte; nos serviços de telemóveis internacionais e internos, os sócios estrangeiros podem ter 49% após 6 anos (nos serviços de telemóveis locais, a participação poderá atingir os 49%, após 3 anos) [379].

Em segundo lugar, há mais liberdade para as actividades económicas exploradas por sociedades com participação estrangeira. Cada vez mais sectores vão abrir as portas aos investidores estrangeiros. No sector automobilístico, os produtores estrangeiros poderão decidir livremente o tipo de produtos e as companhias estrangeiras poderão prestar outros serviços, incluindo os serviços pós-venda, à clientela chinesa. Os comerciantes de seguros terão mais 7 licenças e poderão estabelecer filiais numa segunda cidade. Num prazo de 3 anos, o serviço de comercialização abrangerá o arrendamento e o *leasing,* o transporte, a reparação, a venda por atacado, entre outros. As actividades económicas das sociedades com investimentos estrangeiros não precisam de ser comunicadas aos órgãos superiores administrativos (segundo a modificação da *Lei das Sociedades com Capitais Exclusivos Estrangeiros,* em 31 de Outubro de 2000).

Em terceiro lugar, as disposições de conteúdo local foram recentemente eliminadas. A modificação da *Lei das Sociedades com Capitais Exclusivos Estrangeiros* em 12 de Abril de 2001, a modificação da *Lei das Cooperativas com Capitais Mistos,* em 31 de Outubro de 2000, e a da *Lei das Joint Ventures,* em 15 de Março de 2001, removeram tal expressão.

Em quarto lugar, a restrição do acesso a divisas também foi eliminada, segundo as novas modificações.

Em quinto lugar, embora o TRIMs não proíba a exigência da utilização das tecnologias avançadas e da realização da exportação, a China substituiu a palavra "dever" pela de "encorajar" nas novas modificações às respectivas leis [380].

---

[379] Sobre a exigência negociada das participações máximas dos sócios estrangeiros do sector terciário, ver mais detalhadamente o capítulo que se segue.

[380] YANG, Yongzheng, (2000), p. 82. *"The elimination of the technology transfer requirement may appear to disadvantage China, but it is doubtful that such a requirement has facilitated technology transfer in the past, because it is difficult to enforce and verify any technology transfer detailed in foreign investment contracts. The required transfer is often associated with concessions, in other areas, such as tariff exemptions on imports by foreign investors. It has fostered domestic interest groups who want to maintain preferential policies for particular imports and special economic zones".*

156 *A China e a Organização Mundial do Comércio*

Por último, as listas de restrições quantitativas com o fim de substituir a importação foram recentemente eliminadas[381]. A China compromete-se a esforçar-se por conseguir uma maior transparência em relação à aplicação das medidas de investimento relacionadas com o comércio.

3.3.2.6. *Focos das medidas de salvaguarda e* anti-dumping

O outro obstáculo particular para a China é o período de transição do mecanismo de salvaguarda que será usado pelos seus parceiros comerciais. Parcialmente, devido à rápida expansão das exportações da China na última década, os principais parceiros comerciais têm revelado a preocupação de que a expansão de produtos chineses possa prejudicar os interesses de alguns produtores nos seus países. Tendo em conta este facto, eles têm sugerido a criação de um período de salvaguarda contra a China. Embora o GATT tenha cláusulas de salvaguarda semelhantes, a China considerava tais tratamentos discriminatórios, e, portanto, opunha-se a esta proposta.

O artigo 19.° do GATT 1994 define as medidas de salvaguarda como acções de emergência face a certos produtos importados em quantidades de tal modo acrescidas e em condições tais que causem ou ameacem causar um grave prejuízo aos produtos nacionais de produtos similares ou de produtos directamente concorrentes.

No acordo sino-americano sobre a adesão à OMC, as partes convergiram nos seguintes pontos. Em primeiro lugar, os Estados Unidos poderão tratar a China como uma economia de não mercado com o fim de tecer considerações quanto ao direito *anti-dumping* e às medidas de compensação. Isto significa que os Estados Unidos poderão usar a referência de um país terceiro para determinar se as empresas chinesas estão em *dumping* ou se os produtos exportados foram subvencionados. Esta prática permanece válida até 15 anos, após a entrada da China na OMC. Em segundo lugar, haverá um mecanismo de salvaguarda, incluindo listas de produtos particulares que permite aos EUA restringir unilateralmente as exportações da China com base em critérios inferiores aos das cláusulas de salvaguarda da OMC. Este mecanismo mantém-se em vigor até ao 12.° ano após a adesão. Em terceiro lugar, os contingentes da China dos produtos têxteis serão eliminados até 2005 segundo o Acordo Multifibras; entretanto, os EUA poderão usar a cláusula de salvaguarda do Acordo Sino-Americano Sobre os Têxteis de 1997 para limitar as exportações dos produtos têxteis e vestuário da China até 2008 (4 anos depois, todos os contingentes da AMF deverão estar eli-

---

[381] XUE, Rongjiu, (1997), p. 486.

minados)[382]. Na verdade, alguns produtos exportados pela China continuarão a ser discriminados dentro de um período transitório. Estas práticas em si não são compatíveis com o princípio da não discriminação da OMC. Do lado da China, o artigo 30.° da *Lei do Comércio Externo* permite medidas de salvaguarda contra os produtos importados inferiores aos seus valores normais quando tais produtos tenham causado prejuízos essenciais ou ameaçado causar prejuízos essenciais para as indústrias internas, ou, impedido o estabelecimento das indústrias da China. Baseado neste artigo, entrou em vigor, em 25 de Março de 1997, o *Estatuto de Medidas Antidumping e Medidas de Compensação da República Popular da China*, abrangendo 42 artigos e 6 capítulos. Em princípio, este estatuto é compatível com o artigo 6.° do GATT 1994 e o Acordo Sobre a Aplicação do Artigo VI do Acordo Geral Sobre Pautas Aduaneiras de 1994; entretanto, se comparada com os acordos da OMC, a lei chinesa permanece pouco firme. Quando a China aderir à OMC, as suas medidas *anti-dumping* estarão sujeitas às normas internacionais, precisando, pois, de modificações[383].

3.3.2.7. *Compromissos relacionados com o comércio de serviços*

Durante as negociações de entrada na OMC entre a China e os EUA, a questão mais polémica refere-se ao comércio de serviços. A razão principal reside no facto de as percentagens do sector terciário e do comércio de serviços no PIB dos dois países serem muito distintas[384]. Em 1998, o sector terciário representou mais de 76% no PIB dos EUA, enquanto que o da China era apenas de 32.8%[385]. Não só com os EUA, mas também nas

---

[382] YANG, Yongzheng, (2000), p. 80 e YE, Weiping, (1999), p. 102.

[383] ALMSTEDT, Kermit W, and NORTON, Patrick, M, (2000), "China's Antidumping Laws and the WTO Antidumping Agreement", *Journal of World Trade*, 34 (6), pp. 75-113. Segundo os autores, "*Chinese antidumping proceedings lack transparency and have no clear rules for the submission or evaluation of evidence including release of confidential information; Chinese agencies have frequently made demands that foreign companies produce information in unreasonable quantities and on unreasonable schedules; and Chinese antidumping determinations are almost wholly conclusory, with no evidentiary sources cited, little or no response to respondents' legal positions or evidence contradicting the position of Chinese parties. Chinese authorities seem reluctant to disclose the specific basis upon which their decisions are made*".

[384] CAMPOS, *et.al*, (1999), p. 366.

[385] HUANG, Shengqiang, (2000), *Guoji Fuwu Maoyi Duobian Guize Libi Fenxi (Análise sobre as Vantagens e Desvantagens do Acordo Geral Sobre o Comércio de Serviços)*, Editora Ciências Sociais da China, Beijing, p. 1.

158 *A China e a Organização Mundial do Comércio*

negociações com a União Europeia, o Japão e os outros países desenvolvidos, o acesso aos mercados de serviços é um quebra-cabeça. Os países desenvolvidos constituem exportadores importantes de serviços e a China é o maior mercado potencial do mundo.

Encarando a problemática com objectividade, o comércio de serviços tornou-se um tema das negociações multilaterais do GATT, a partir do *Uruguay Round;* a liberalização dos serviços de mercado nunca antes constituíra condição prévia de aprovação de novos membros. No entanto, quanto à adesão da China, a oferta de acesso aos seus mercados de serviços é requisito necessário para a sua concretização futura. Do ponto de vista dos chineses, comparado com o sector industrial, o sector terciário, especialmente em áreas importantes como as finanças, os seguros e transportes aéreos, é bem mais fraco em termos de competitividade. O monopólio estatal, que se manteve por muito tempo naquelas áreas, tem conduzido a uma eficiência extremamente baixa.

A China tem razões suficientes para considerar excessiva a exigência da liberalização dos mercados de serviços. Antes de mais, mesmo que o Acordo Geral Sobre o Comércio de Serviços tenha prescrito o princípio da liberalização dos mercados de serviços, este permite algumas excepções. Por exemplo, os países podem comprometer obrigações específicas em relação ao acesso aos mercados e ao tratamento nacional bem como limitar as condições de acesso aos mercados e de tratamento nacional (artigos 16.º, 17.º e 20.º)[386]; podendo estabelecer excepções à obrigação da cláusula de Nação Mais Favorecida (artigo 2.º, n.º 2 e o anexo do respectivo acordo). Em segundo lugar, nunca antes um país viu a sua candidatura impedida pelas condições de abertura dos seus mercados de serviços[387].

A China participou em todos os aspectos nas negociações multilaterais do *Uruguay Round,* inclusivé nas da liberalização do comércio de serviços. Em 19 de Julho de 1991, a China apresentou, pela primeira vez, a sua lista de concessões[388]. A abertura dos mercados internos começou apenas gradualmente depois da década de noventa. Embora a China tivesse liberalizado o mercado de serviços, os seus passos foram ainda algo lentos e cautelosos. Os principais objectivos dos membros da OMC são a

---

[386] Existem dois tipos de obrigações do GATS: as obrigações gerais e as obrigações específicas.

[387] ZHAO, Wei, (1998), p. 67.

[388] A lista de concessões relativamente ao comércio de serviços da China tem sido modificada várias vezes.

melhoria das condições de acesso aos mercados, designadamente, a publicação da respectiva legislação interna, com o fim de realizar a transparência e o aumento das oportunidades de investimento estrangeiro. Após as duras negociações de adesão na OMC, a China compromete-se à eliminação da maioria das restrições das *joint ventures,* dentro de um período de transição razoável, ou seja, dentro de 2 ou 3 anos, e à eliminação das outras restrições, nomeadamente aquelas ligadas com as localidades e os âmbitos de negócio (tipo de presenças comerciais estrangeiras). Os compromissos referem-se aos serviços de telecomunicações, de seguros, de turismo, serviços bancários, profissionais, audiovisuais, entre outros [389].

No domínio das telecomunicações, no qual os investimentos estrangeiros haviam sido proibidos [390], a China compromete-se a aderir ao Acordo Sobre Telecomunicações de Base [391]. Compromete-se a adoptar os princípios de *pro-competitive* e os quadros *tecnology-neutral* o que significa que os prestadores estrangeiros podem escolher livremente quaisquer tecnologias. Além disso, a China eliminará gradualmente, num prazo de 4 anos as restrições geográficas dos serviços de *paging* e de valor acrescentado, eliminará, em 5 anos, as restrições geográficas dos serviços de telemóveis e eliminará em 6 anos as restrições geográficas dos telégrafos e telefones fixos. No que diz respeito a Beijing, Shanghai e Guangzhou, as três cidades que constituem cerca de 75% do mercado interno de telecomunicações, vão ser abertos os mercados de telecomunicações na altura da adesão e abertos todos os sectores das telecomunicações até 2003. Ainda, a China permitirá a sócios estrangeiros nas sociedades de telemóveis deterem no máximo 49% do capital social 5 anos após a adesão [392];

---

[389] WANG, Guiguo, (1995), "Economic Integration in Quest of Law: The Chinese Experience", *Journal of World Trade,* Vol.29, N.° 2, April, pp. 8-9. *"China´s commitments in respect of finance, telecommunications and maritime transportation, etc. are also ahead of most of the developing countries (The People´s Daily, 20 December 1994, p. 2)".*

[390] O sector das telecomunicações da China era exclusivamente monopolizado por várias empresas estatais.

[391] *"...Including cost-based pricing, interconnection rights, and the establishment of an independent regulatory authority. China has agreed to technological – neutral scheduling".* De acordo com as informações fornecidas pelo *White House Office of Public Liasion*: O Acordo Sobre Telecomunicações de Base, assinado em 15 de Fevereiro de 1997, entrou em vigor em 5 de Fevereiro de 1998. Até essa data, havia 72 partes contratantes.

[392] No acordo entre a China e a UE relativo à entrada da China na OMC, a China compromete-se, antecipando em 2 anos o seu compromisso em abrir os mercados de telemóveis, sendo que, logo ao entrar, sócios estrangeiros poderão ter direito a 25% das participações sociais, aumentando-as até 49% decorridos 3 anos.

160 *A China e a Organização Mundial do Comércio*

49% das participações totais nas sociedades que tratam chamadas de longa distância e internacionais num período de 6 anos; em relação aos outros serviços gerais de telecomunicações, os sócios estrangeiros poderão possuir no máximo 49% do capital social, quando a China entrar na OMC, e, um ano depois, a percentagem do capital social nas sociedades de serviços de valor acrescentado poderá atingir 50%.

No domínio dos seguros, actualmente, as empresas estrangeiras podem explorar as suas actividades apenas em Shanghai e Guangzhou[393]. Devido às restrições às licenças, existem somente 20 companhias de seguros na China (existindo apenas 2 empresas americanas nesta área), nas quais os sócios chineses têm que ser aprovados pelo Estado, e as explorações limitam-se a uma pequena parcela. A China permite que sociedades gestoras de patrimónios prestem serviços de seguros contra riscos de grande escala em todo o país na altura da sua adesão e eliminem todas as restrições geográficas num prazo de 3 anos. Em relação aos serviços, a China vai alargar, em 5 anos, as actividades de intermediação estrangeira, incluindo seguros de grupo, seguros de vida e pensões que representam mais ou menos 85% do total dos prémios de seguro[394]. No âmbito dos seguros de vida, a China permitirá 50% das participações sociais em *joint ventures* e a parte estrangeira poderá escolher os seus sócios chineses das *joint ventures*. Em relação a outros tipos de seguros, a China aceita o estabelecimento de sucursais ou 51% das participações em *joint ventures* e permite a constituição de filiais das sociedades com capitais exclusivos estrangeiros num prazo de 2 anos. O resseguro será aberto a todos os prestadores estrangeiros sem quaisquer restrições (100% na altura da adesão).

No domínio bancário, segundo o acordo sino-americano, os bancos dos EUA poderão obter total acesso aos mercados chineses nos 5 anos após a adesão (podendo ser considerado o período de transição quanto à abertura dos mercados internos), terão o direito de efectuar as transacções em moeda local (RMB) com as empresas chinesas a partir do segundo ano da adesão e com indivíduos chineses a partir do quinto ano da adesão. Bancos estrangeiros terão os mesmos direitos (tratamento nacional) que os bancos chineses nas áreas geográficas designadas. As restrições geográficas e comerciais serão eliminadas 5 anos após a entrada, os bancos estrangeiros beneficiarão do tratamento nacional. No acordo entre a UE e a China,

---

[393] As empresas privadas eram proibidas de entrar no sector dos seguros e no sector bancário da China.

[394] Algumas novas licenças de seguros de vida e de outro tipo serão concedidas a companhias da União Europeia, imediatamente na altura da entrada.

as instituições não financeiras poderão oferecer facilidades de crédito à compra de todo o tipo de veículos. A China deixará bancos estrangeiros antecipar as suas transacções em moeda local em Zhuhai, a cidade mais próxima de Macau onde estão situados alguns bancos europeus.

Sobre valores mobiliários, não são actualmente admitidos investimentos estrangeiros na China. Instituições financeiras estrangeiras poderão possuir 33% da comparticipação de fundos de investimento, aquando da adesão à OMC, e esta percentagem pode atingir 49%, 3 anos depois.

Em relação ao direito de distribuição, as empresas estrangeiras, na prática, não têm o direito de distribuir mercadorias diferentes das próprias produções na China nem o direito de administrar a rede distributiva, de vender por atacado ou de armazenar. Além disso, as licenças de comercialização, de prestação de serviços após venda, de serviços de reparação e de serviços de apoio a clientes, etc., limitam efectivamente a importação de mercadorias estrangeiras. Por esse motivo, o direito ao comércio externo será concedido a empresas estrangeiras e todas as restrições à distribuição serão eliminadas 3 anos após a entrada (as empresas estrangeiras poderão distribuir não só produtos feitos na China, como também produtos importados). Os serviços auxiliares de distribuição permitidos pelo governo chinês abrangerão o arrendamento, o correio aéreo, a expedição de mercadorias, o armazenamento, a publicidade, a verificação e análise tecnológicas e o serviço de embalagem. As respectivas licenças serão anuladas 3 ou 4 anos após a adesão.

Nos serviços profissionais liberais, a China compromete-se a liberalizar as actividades de advogados, médicos, engenheiros, arquitectos, economistas, revisores oficiais de contas, entre outras. Especialmente no domínio da contabilidade, a China eliminará restrições geográficas e observará procedimentos transparentes, não haverá a exigência de sócios segundo o acordo entre a UE e a China. Pela primeira vez, escritórios de advogados estrangeiros poderão oferecer serviços e fornecer aos seus clientes informações sobre o regime jurídico da China. Com excepção da área de prestação de serviços jurídicos, a China permitirá a participação maioritária em *joint ventures* dos serviços profissionais.

No que diz respeito aos serviços audiovisuais, a China permitirá a distribuição de produtos audiovisuais, bem como a propriedade de filmes. As participações estrangeiras poderão representar 49% dos capitais sociais. A China vai importar anualmente 20 filmes americanos.

Por fim, haverá maior acesso aos mercados de turismo na China. No serviço hoteleiro, a participação maioritária é admitida e poderá atingir 100% das participações sociais 3 anos após a entrada na OMC.

162   *A China e a Organização Mundial do Comércio*

3.3.2.8. *Os direitos de propriedade intelectual relacionados com o comércio*

No domínio da protecção dos direitos e do acesso aos mercados da propriedade intelectual, houve três conflitos intensos entre os EUA e a China e as duas partes chegaram a um acordo de resolução.

Embora todos os três conflitos tenham acontecido na década de noventa, a questão da protecção dos direitos da propriedade intelectual fora já discutida várias vezes nos acordos sino-americanos. Ao longo dos conflitos de propriedade intelectual, iremos observar o percurso do desenvolvimento do regime de protecção da propriedade intelectual na China.

Antes de 1979, não existia a protecção dos direitos de propriedade intelectual na China, em sentido estrito, porque, especialmente a partir de 1958, excepto no que respeita às matérias básicas das necessidades quotidianas dos indivíduos, todos os patrimónios eram considerados públicos ou colectivos (interesse social comum). Por conseguinte, a propriedade intelectual era uma parte do património do Estado[395]. O regime de protecção dos direitos de propriedade intelectual encontrava-se em branco.

Em 1979, nas negociações do *Acordo Sino-Americano Relativo à Física Energética de Grande Escala,* o governo chinês ficou surpreendido face à cláusula de protecção dos direitos de propriedade intelectual[396]. Esta atitude reflectiu a grande diferença da questão da protecção dos direitos de propriedade intelectual dos dois países e, ao mesmo tempo previu a intensidade dos conflitos neste domínio num futuro próximo. Realmente, apenas a partir de 1979, tem vindo a ser estabelecido o regime de propriedade intelectual da China.

No aspecto da respectiva legislação, mais leis regularizando a propriedade intelectual foram publicadas, nomeadamente *a Lei das Marcas Registadas*[397], *a Lei das Patentes*[398], *a Lei dos Direitos de Autor*[399] *e a*

---

[395] Para mais informações, consultar XUE, Rongjiu, (1997), pp. 499-500.

[396] LI, Mingde, (2000), *"Tebie 301 Tiaokuan" yu Zhongmei Zhishi Chanquan Zhengduan (A Cláusula Especial 301 e os Conflitos sino-americanos de Propriedade Intelectual),* Social Sciences Documentation Publishing House, Beijing, pp. 173-174.

[397] *A Lei das Marcas Registadas* foi aprovada na 24ª sessão pelo Comité Permanente da Quinta Assembleia Popular Nacional, em 23 de Agosto de 1982, e entrou em vigor em 1 de Março de 1983. Esta lei foi modificada em 22 de Fevereiro de 1993.

[398] *A Lei das Patentes* foi aprovada na 4ª sessão pelo Comité Permanente da Sexta Assembleia Popular Nacional em 12 de Março de 1984, entrou em vigor em 1 de Abril de 1984 e foi modificada em 1992 com o fim de cumprir o Memorando de Entendimento entre a China e os EUA do mesmo ano.

[399] *A Lei dos Direitos de Autor* foi aprovada na 15ª sessão pelo Comité Permanente

A adesão da China à OMC

Lei Contra as Concorrências Desleais[400]. Correspondendo a cada lei, existem regras pormenorizadas de execução, publicadas pelos respectivos órgãos[401]. À medida que a legislação vai sendo aperfeiçoada, a China tem adoptado várias providências, com o fim de reforçar poderes de executar e atacar todos os delitos no que diz respeito à propriedade intelectual, nomeadamente, *o Programa de Acção da Protecção Efectiva dos Direitos de Propriedade Intelectual* de 1995.

O nascimento da protecção dos direitos de propriedade intelectual tem uma característica geográfica, a qual promoveu a cooperação a nível mundial e conduziu ao surgimento das convenções internacionais. Sob a orientação de abertura, a China participa activamente na Organização Mundial da Propriedade Intelectual (OMPI) (sendo um novo membro da OMPI, a partir de 3 de Junho de 1980) e nos vários acordos internacionais com o objectivo de ajustar o seu próprio regime de propriedade intelectual de acordo com as normas mundiais. É membro da *Convenção de Paris* desde 19 de Março de 1985, do *Tratado Sobre a Protecção da Propriedade Intelectual Relativa aos Circuitos Integrados* e do *Acordo de Madrid Relativo ao Registo Internacional das Marcas,* desde 1989, da *Convenção de Berna Sobre a Protecção das Obras Literárias e Artísticas* e da *Convenção dos Direitos de Autor,* desde 1992, da *Convenção de Fonogramas,* desde 1993, do *Acordo de Nice Sobre a Classificação Internacional de Mercadorias e Serviços para a Aplicação do Registo das Marcas,* do *Tratado da Cooperação das Patentes* e da *Convenção de Genebra Sobre a Protecção dos Desenhos e Modelos Industriais,* desde 1994, do *Tratado de Budapeste,* desde 1995[402]. A China também participou, enquanto observador, nas negociações multilaterais inclusivé nas do TRIPS do *Uruguay Round.*

---

da Sétima Assembleia Popular Nacional em 7 de Setembro de 1990 e entrou em vigor em 1 de Junho de 1991.

[400] *A Lei Contra as Concorrências Desleais* foi aprovada na 3ª sessão pelo Comité Permanente da Oitava Assembleia Popular Nacional em 2 de Setembro de 1993 e entrou em vigor em 1 de Dezembro de 1993.

[401] Por exemplo, *Regras Pormenorizadas de Aplicação à Lei das Marcas Registadas* foram decretadas pelo Departamento Administrativo Nacional da Indústria e do Comércio; *Regras Pormenorizadas de Aplicação à Lei das Patentes* foram decretadas pelo Departamento Nacional das Patentes (modificadas pelo Conselho de Estado em 12 de Dezembro de 1992); *Regras Pormenorizadas de Aplicação à Lei dos Direitos de Autor* foram decretadas pelo Departamento Nacional dos Direitos de Autor; *o Estatuto da Protecção dos Programas de Computadores* foi promulgado pelo Conselho de Estado.

[402] Ye, Jingsheng, (2000), *WTO yu Maoyi Youguan de Zhishi Chanquan Xieyi: Guifan yu Chengnuo (A OMC e o TRIPS: normas e compromissos),* Editora Huangshan Shushe, Hefei, pp. 95-99.

164 A China e a Organização Mundial do Comércio

3.3.2.8.1. *A protecção dos direitos de propriedade intelectual da China aproxima-se da exigência da OMC*

A partir dos anos oitenta, a China atingiu com êxito um nível elevado de protecção dos direitos de propriedade intelectual, sendo algumas normas mais rigorosas do que as do TRIPS da OMC.

(A) *A legislação*

(A-1) A Lei dos Direitos de Autor

No âmbito dos objectos da protecção, a China considera que os programas informáticos são protegidos enquanto obras literárias ao abrigo da *Convenção de Berna,* além disso, os autores dos programas informáticos obterão os direitos de autor sem precisar de quaisquer procedimentos, nesse ponto alcançando antecipadamente o objectivo do TRIPS (artigo 10.°)[403].

A lei chinesa dispõe que os direitos de autor abrangem os conteúdos da *Convenção de Berna,* sendo estes o direito à expressão, o direito à assinatura, à emenda, à protecção da integridade de obras, ao uso e à remuneração; no entanto, não menciona o direito de locação do artigo 11.° do TRIPS. *O Regulamento Sobre a Aplicação da Convenção Internacional dos Direitos de Autor* concede aos autores estrangeiros tal direito.

No tocante à duração da protecção, as disposições da legislação interna da China são compatíveis com os objectivos da *Convenção de Berna* e do TRIPS. Relativamente aos direitos conexos, a duração da protecção dos produtores de fonogramas e dos organismos de radiodifusão é superior à disposição da *Convenção de Roma* e é compatível com as cláusulas do TRIPS. Contudo, em relação aos artistas, intérpretes ou executantes, *a Lei dos Direitos de Autor da China* concede a estes menos direitos do que o TRIPS e não expressa a duração da protecção.

Resumindo, a lei chinesa dos direitos de autor atinge o objectivo do TRIPS, ultrapassando-o mesmo em alguns aspectos, como por exemplo,

---

[403] Entretanto, segundo *o Estatuto da Protecção dos Programas Informáticos* da China, os autores apenas podem apresentar queixas ou acusações quando os seus programas já tiveram sido registados no órgão administrativo competente. Contudo, *o Regulamento Sobre a Aplicação da Convenção Internacional dos Direitos de Autor* permite que os autores estrangeiros dos programas informáticos não precisem de ter procedimentos de registo, assim obtendo um tratamento mais favorável do que o tratamento nacional. XUE, Rongjiu, (1997), p. 512.

nos direitos conexos segundo os quais os editores chineses gozam do direito exclusivo de publicação.

(A-2) A Lei das Marcas Registadas

No âmbito dos objectos de protecção, a modificação da lei chinesa, em 1993, estendeu as disposições das marcas de produtos às de serviços, em conformidade com a exigência do TRIPS.

Quanto ao conteúdo dos direitos do titular das marcas registadas, o artigo 38.º da lei chinesa enumera vários delitos relacionados com a exclusividade das marcas [404], sendo mais concreto do que o artigo 16.º, n.º 1 do TRIPS.

No que diz respeito à duração da protecção, a lei chinesa prevê um período de 10 anos, passível de ser renovado (compatível com o artigo 18.º do TRIPS).

No aspecto da exigência de utilização das marcas registadas, o artigo 30.º da *Lei das Marcas Registadas da China* dispõe que o seu registo pode ser anulado após um período ininterrupto de não utilização de, pelo menos, 3 anos (compatível com o artigo 19.º, n.º 1, do TRIPS).

(A-3) A Lei das Patentes

Relativamente às condições prévias de autorização das patentes, o artigo 22.º da *Lei das Patentes da China* dispõe que quaisquer invenções sujeitas às patentes devem possuir originalidade, criatividade e aplicabilidade industrial.

Incluem-se na patenteabilidade os produtos farmacêuticos e os agroquímicos, alimentos, bebidas e especiarias, incluindo plantas de novas espécies.

A modificação da *Lei das Patentes da China,* em 1992, confere aos titulares das patentes o direito de impedir que um terceiro, sem o seu consentimento, fabrique, utilize, ponha à venda, venda ou importe para o efeito o referido produto.

---

[404] O artigo 38.º da *Lei das Marcas Registadas da China* define a constituição de danos à exclusividade das marcas registadas: (1) usar uma marca idêntica ou semelhante à marca registada de uma determinada categoria de produtos ou de produtos semelhantes sem a autorização do titular; (2) vender conscientemente produtos com marcas falsas; (3) falsificar, fabricar sem autorização as marcas registadas ou vendê-las sem autorização; (4) prejudicar a exclusividade das marcas registadas.

O período de protecção das patentes inventivas é de 20 anos e o das patentes susceptíveis de aplicação industrial é de 10 anos, a partir da data de registo.

O artigo 68.° das *Regras Pormenorizadas de Aplicação da Lei das Patentes* dispõe que "Quaisquer entidades podem solicitar a autorização coerciva ao Departamento de Patentes, ao abrigo do artigo 51.° da *Lei das Patentes,* a partir do terceiro ano a contar do registo da respectiva patente". O 6.° capítulo da *Lei das Patentes* e o 5.° capítulo das *Regras Pormenorizadas* enumeram medidas relativas à limitação da autorização coerciva, sendo compatível com o artigo 31.° do TRIPS.

No entanto, a lei interna da China não se refere à protecção especial, nomeadamente, ao ónus da prova, que é uma disposição do TRIPS (artigo 34.° do acordo).

(A-4) A protecção legislativa dos desenhos e modelos industriais

A protecção dos desenhos e modelos industriais está englobada na *Lei das Patentes.*

No que concerne às condições da concessão dos direitos das patentes, o artigo 23.° da *Lei das Patentes da China* apenas exige que as invenções sejam novas (não exige que essas invenções envolvam uma actividade inventiva e sejam susceptíveis de aplicação industrial enquanto patentes); nesse ponto é compatível com o objectivo do TRIPS.

A Lei das Patentes impede que terceiros fabriquem, vendam ou importem bens a que seja aplicada uma cópia do desenho ou modelo industrial com finalidade comercial sem consentimento do respectivo titular. Entretanto, o artigo 26.°, n.° 1 do TRIPS também impede que terceiros fabriquem, vendam ou importem bens em que seja incorporado tal desenho ou modelo industrial. Evidentemente, a cláusula do TRIPS é mais completa e rigorosa.

A duração da protecção é de 10 anos, tanto na lei interna da China, como no TRIPS.

(A-5) A protecção legislativa das indicações geográficas

Sendo um membro da *Convenção de Paris,* a China compromete-se a proteger as indicações geográficas, de acordo com os objectivos da convenção, por exemplo, a alfândega reterá as mercadorias com falsas indicações geográficas na altura da importação [405].

---

[405] XUE, Rongjiu, (1997), p. 516.

A adesão da China à OMC 167

A Lei das Marcas Registadas também enumera várias medidas de protecção. Segundo o artigo 8.° desta lei, as indicações geográficas com níveis administrativos acima de distrito e localidades estrangeiras famosas não podem constituir marcas[406], salvo algumas excepções. Assim, tal protecção garante a identificação do produto com a origem geográfica da sua produção.

No tocante às indicações geográficas, a China ainda não atinge o objectivo do TRIPS.

(A-6) A protecção legislativa da topografia e circuitos integrados

Em 1989, a China assinou a *Convenção de Washington* e garantiu o cumprimento dos seus deveres. O Acordo Sobre os Aspectos dos Direitos de Propriedade Intelectual Relacionados com o Comércio complementa a convenção, com um âmbito mais largado, um período de protecção mais longo e acrescenta algumas disposições de autorização coerciva.

Actualmente, não existe nenhuma lei relativa à protecção da topografia e circuitos integrados na China. Somente a *Lei dos Direitos de Autor* dispõe que ilustrações gráficas e explicações de produtos podem obter a protecção dos direitos de autor e, simultaneamente, a *Lei das Patentes* permite que as patentes possam ser obtidas para invenções de aplicação industrial.

Contudo, a diferença entre a topografia dos circuitos integrados e o desenho dos produtos industriais e de aplicação industrial reside principalmente nos seguintes aspectos: antes de mais, as ilustrações gráficas dos produtos industriais podem ser protegidas pelos direitos de autor, desde que sejam levadas a cabo independentemente, e o objecto da protecção da topografia dos circuitos integrados tem de ser um desenho inventivo com certo grau de dificuldade, ou seja, que esteja conforme com o critério de "originalidade" da *Convenção de Washington*. Em segundo lugar, a originalidade da topografia dos circuitos integrados inclui a redução gradual das suas dimensões e o aumento da escala dos circuitos integrados; às vezes, devido à ausência de uma melhoria essencial, a topografia dos circuitos integrados não consegue obter as patentes, pelo facto de não ser inovadora[407].

---

[406] No entanto, as mercadorias com marcas já registadas por indicações geográficas podem manter as suas marcas, por exemplo, a cerveja "Tshingdao", entre outras.

[407] YE, Jingsheng, (2000), p. 105.

168 A China e a Organização Mundial do Comércio

(A-7) A protecção legislativa dos segredos comerciais

Por muito tempo, as leis e as directrizes administrativas da China não se têm referido à protecção dos segredos comerciais. As palavras "segredos comerciais" apareceram, pela primeira vez, em 1991, na *Lei Processual Civil*[408], cujo artigo 16.º dispõe: "As provas relativamente às confidências nacionais, aos segredos comerciais e à privacidade individual têm que ser guardadas como segredos e é proibido manifestá-las em julgamento nos tribunais abertos".

Para se aproximar das disposições do TRIPS, a *Lei Contra as Concorrências Desleais da China* acrescenta a cláusula relativa a segredos comerciais. O artigo 10.º da respectiva lei define que os segredos comerciais são as informações tecnológicas ou comerciais confidenciais, protegidas pelos interessados, podendo ser aplicáveis e rendíveis. Esta cláusula é compatível com os três requisitos do artigo 39.º, n.º 2, do TRIPS.

A Lei Contra as Concorrências Desleais estipula rigorosamente os actos ilícitos, incluindo: (1) obter os segredos comerciais do titular através de furto, sedução ou uso de outros métodos ilegítimos; (2) divulgar, usar ou autorizar a aquisição dos segredos comerciais através de processos ilícitos, como furto, sedução, ameaças e outros; (3) abusar dos direitos contra as práticas comerciais leais. Comparadas com a disposição do TRIPS, as cláusulas da lei interna são mais concretas.

(B) *A aplicação dos direitos de propriedade intelectual*

Quanto à aplicação da lei sobre os direitos de propriedade intelectual, a China proporciona aos titulares a protecção judicial e medidas correctivas administrativas, resolvendo disputas através das duas perspectivas acima referidas.

(B-1) Protecção judicial

(B-1-1) Processos judiciais civis

A Lei Processual Civil da China, publicada em Abril de 1991, fornece a protecção judicial dos direitos de propriedade intelectual. Segundo as disposições desta lei, verificam-se os seguintes passos:

---

[408] XUE, Rongjiu, (1997), p. 517.

(1) *A petição inicial e o arquivamento do processo*

Quando o tribunal recebe a petição, deve arquivá-la, no prazo de 7 dias, e comunicar o facto aos interessados. Desde que o tribunal julgue o facto ilícito convincente, pode iniciar a sua execução sem processo declaratório. O demandante pode solicitar a preservação cautelar dos patrimónios e das provas, mas é necessário apresentar uma garantia eficaz e completa do direito. As disposições sobre a defesa das provas da *Lei Processual Civil* correspondem ao artigo 50.° do TRIPS.

(2) *Audiência preparatória*

O tribunal deve despachar uma cópia da petição para o réu, no prazo de 5 dias a contar da data de arquivamento da impugnação contenciosa. O réu apresentará a réplica, num prazo de 15 dias a partir da data em que receber a referida cópia, e, sucessivamente, o tribunal entregará uma cópia da réplica ao queixoso, 5 dias após a data de recepção. Antes do julgamento, deve proceder-se à distribuição do processo.

(3) *O julgamento e a sentença*

Os casos serão julgados publicamente, excepto os referentes a segredos comerciais. A partir de 1993, os tribunais da relação e os supremos tribunais em Beijing, Shanghai e Guangzhou têm instituído tribunais dos direitos de propriedade intelectual, com o fim de reforçar a respectiva protecção judicial. O primeiro tribunal dos direitos de propriedade intelectual pertencente a um tribunal de primeira instância foi estabelecido em Pudong, Shanghai.

(4) *O recurso*

Os interessados que não se conformarem com o julgamento do tribunal de primeira instância têm o direito de recurso ao supremo tribunal, no prazo de 15 dias a contar da data de entrega da sentença por escrito.

(B-1-2) Medidas correctivas civis

De acordo com a secção "responsabilidade por factos ilícitos" da *Lei Civil da China,* de Abril de 1986, quando os direitos de autor, os direitos das patentes, a exclusividade das marcas, os direitos de descoberta, os di-

170 A China e a Organização Mundial do Comércio

reitos de invenção ou outras produções tecnológicas forem prejudicados por plágio, adulteração ou falsificação, os interessados têm o direito de requerer a cessação, a eliminação do facto danoso e a respectiva indemnização. Em relação ao cálculo da indemnização, a modificação da *Lei das Marcas Registadas,* de 1993, dispõe, pela primeira vez, que a indemnização equivale aos rendimentos durante o período da violação ou aos danos do lesado [409].

(B-1-3) Medidas correctivas penais

O princípio do auxílio criminal encontra-se em muitos decretos-leis da China. As pessoas que tenham praticado actos ilícitos e até cometido um crime, com o fim de violar os direitos de propriedade intelectual de outrem, devem assumir a respectiva responsabilidade penal [410].

(B-2) Medidas correctivas administrativas

A protecção administrativa dos direitos de propriedade intelectual na China está sob a responsabilidade do Departamento Nacional de Patentes, do Departamento Administrativo Nacional da Indústria e do Comércio e do Departamento Nacional dos Direitos de Autor.

Um novo regime da administração dos direitos de propriedade intelectual foi estabelecido, em 1994, pelo Conselho de Estado da República Popular da China [411], com o objectivo de reforçar a macro-administração e a coordenação global. Segundo o novo regime, o Departamento Nacional dos Direitos de Autor fica responsável pela administração dos programas informáticos e produtos fonográficos; a Alfândega Geral responsabiliza-se pela protecção na fronteira dos direitos de propriedade intelectual e o Ministério do Comércio Externo e da Cooperação Económica preside às negociações de entrada na OMC relativamente aos direitos de propriedade intelectual, com o apoio do Ministério dos Negócios Estrangeiros.

Com o objectivo de reforçar a protecção fronteiriça dos direitos de propriedade intelectual, conforme disposições antecedentes do TRIPS, o

---

[409] *A Lei Contra as Concorrências Desleais* contém disposições semelhantes.

[410] Por exemplo, *a Decisão Sobre a Punição da Violação dos Direitos de Autor,* aprovada em 1994, dispõe que a condenação judicial por crime de violação dos direitos de autor pode ser de prisão até 7 anos e sanções pecuniárias; as reproduções e benefícios por actos ilícitos, os materiais destinados a violar os direitos do lesado e outros patrimónios serão apreendidos, arrestados ou destruídos.

[411] «hyperlink "http://www.sina.com.cn"».

Conselho de Estado publicou, em Outubro de 1995 o *Estatuto da Protecção Fronteiriça pela Alfândega Geral da República Popular da China no que diz respeito aos Direitos de Propriedade Intelectual*. O respectivo estatuto dispõe o seguinte: "É proibido importar e exportar mercadorias que prejudiquem os direitos de propriedade intelectual protegidos pelas leis e directivas administrativas da China"[412].

3.3.2.8.2. *A diferença entre o regime de protecção dos direitos de propriedade intelectual da China e o objectivo do TRIPS*

No tocante à legislação, não há leis específicas sobre alguns conteúdos da propriedade intelectual, nomeadamente as indicações geográficas, as configurações de circuitos integrados e os segredos comerciais que se encontram englobados no TRIPS, visto não existirem ainda leis regularizadoras nessas matérias.

Por outro lado, há lacunas nas leis existentes sobre a aplicação dos direitos de propriedade intelectual. Um exemplo disso é que no *Estatuto do Registo dos Nomes Empresariais* e na *Lei das Marcas Registadas* se encontram problemas de harmonização. A limitação dos nomes empresariais de âmbito regional mas a limitação das marcas é de âmbito nacional; caso um nome empresarial seja idêntico ao de uma marca de mercadoria, contradizem-se mutuamente. Outro exemplo é o seguinte: existe a cláusula de controlo das práticas anti-concorrenciais da *Lei Contra as Concorrências Desleais*, mas esta cláusula fica restringida pelos actos negociais dos mercados sem se referir à propriedade intelectual, no entanto, o objectivo do TRIPS (artigo 40.º) traduz-se em exercer uma vigilância que incide sobre os abusos em matéria de concessão de licenças, referentes aos direitos de propriedade intelectual que têm por efeito limitar a concorrência, entravando o comércio e a difusão da tecnologia. Além disso, a *Lei Contra as Concorrências Desleais* têm disposições que punem os actos de contrafacção ou piratagem de marcas famosas. Em relação a este conceito de marca famosa, existem efectivamente dificuldades de avaliação na prática.

---

[412] Os titulares devem registar os seus direitos de propriedade intelectual na Alfândega Geral; caso descubram que as mercadorias são suspeitas de infracção, devem dirigir-se à respectiva alfândega, requerendo a necessária protecção, mas é necessário entregar a caução equivalente ao valor de CIF quanto às mercadorias importadas ou ao valor de FOB quanto às mercadorias exportadas; a alfândega pode retê-las para investigação e apreender e destruir as mercadorias retidas, se se confirmar a constituição do facto punível.

172   *A China e a Organização Mundial do Comércio*

No que concerne à execução da lei, na prática, a sanção pecuniária é utilizada frequentemente como o único método de punição. Isto acontece principalmente por causa do proteccionismo regional. Alguns poderes locais consideram as reproduções e os direitos de autor usurpados como fontes importantes de fortuna e protegem tais actos com parcialidade.

Além disso, tanto as empresas como os consumidores da China ainda precisam de prestar atenção à protecção dos direitos de propriedade intelectual.

3.3.2.8.3. *As negociações dos direitos de propriedade intelectual face à entrada da China na OMC*

Os esforços para aperfeiçoar o regime de protecção dos direitos de propriedade intelectual da China têm acompanhado as negociações da sua entrada no GATT e na OMC, especialmente as negociações sino-americanas sobre a propriedade intelectual.

Após 1991, havia três acordos bilaterais sobre a resolução dos conflitos dos direitos de propriedade intelectual entre a China e os EUA. Tais acordos foram elaborados com o fim de evitar sanções comerciais aos dois países[413]. Depois que o último acordo foi elaborado, não têm havido muitas divergências de opiniões entre a China e os EUA no que diz respeito à protecção dos direitos de propriedade intelectual e ao acesso aos mercados, embora o problema da propriedade intelectual seja sempre o assunto em questão.

Após a entrada na OMC, a China tem que assumir os deveres do TRIPS. Neste sentido, não há muito a fazer porque já vimos que a legis-

---

[413] O primeiro Memorando de Entendimento entre a China e os EUA foi elaborado em 17 de Janeiro de 1992, no qual a China prometeu melhorar a protecção dos direitos de propriedade intelectual, incluindo a modificação da *Lei das Patentes,* entre outras, e os EUA declararam interromper a investigação segundo a "special 301" na propriedade intelectual (a China foi um *priority country* na lista dos EUA). O segundo acordo sino-americano foi assinado em 26 de Fevereiro de 1995, sendo constituído ainda pelo anexo *Programa de Acção da Protecção Efectiva dos Direitos de Propriedade Intelectual na China.* Este acordo concentrou-se mais na execução das leis dos direitos de propriedade intelectual da China. A China comprometeu-se a aplicar o segundo acordo sino-americano à comunidade europeia, ao Japão e a outros países. O terceiro acordo sino-americano foi assinado em 17 de Junho de 1996, sendo um acordo de acção em vez de uma série de promessas, abrangendo os problemas da execução das leis, das medidas fronteiriças e o acesso aos mercados. Desde então, a China já fechou, até Maio de 1996, 15 fábricas produtoras de CD, CD-ROMs, VCD. Li, Mingde, (2000), pp. 173-231.

lação interna da China corresponde aos princípios básicos do TRIPS. Para os países em vias de desenvolvimento, o TRIPS estabeleceu um período de transição de 5 anos (com entrada em vigor antes de 1 de Janeiro de 2000); a China declarou, em 1998, que não ia exigir a preferência do período transitório. Sendo lentos os passos das negociações da entrada da China na OMC, o período de transição já não faz qualquer sentido.

Depois que a China entrar na OMC passará a ter novas normas sobre o critério da protecção dos direitos de propriedade intelectual do TRIPS e novos processos que regem a resolução de litígios da OMC nos futuros conflitos sino-americanos relativos à propriedade intelectual. Sem dúvida, a China livrar-se-á da angústia causada pela secção 301 do *Trade Act* dos EUA [414].

3.3.3. A análise dos acordos entre a China e os EUA, entre a China e a UE

O acordo de adesão entre a China e a União Europeia, assinado em 19 de Maio de 2000, reflectiu outras concessões da China em alguns sectores específicos, como, por exemplo, o facto de a China se ter comprometido a reduzir os direitos aduaneiros de cerca de 150 produtos industriais e agrícolas, com base nos acordos sino-americanos; a China concordou igualmente em conceder 7 licenças de seguros após a entrada na OMC, concentrando-se em algumas localidades de interesses europeus; ainda, no que diz respeito aos serviços jurídicos, a China permitirá a prestação destes pelos advogados dos Estados-Membros da OMC [415]. Segundo o princípio da não discriminação da OMC, quaisquer novas concessões obtidas além das negociações já realizadas entre a China e um Estado-Membro da OMC beneficiarão qualquer outro Estado-Membro. Além disso, tanto o acordo sino-americano, como o acordo entre a China e a UE afirmaram o princípio de *"grandfather"*, no qual as empresas dos Estados-Membros manterão os benefícios já obtidos antes da adesão.

---

[414] No entanto, não quer dizer que a secção 301 do *Trade Act* dos EUA não tenha nada a ver com a China. Caso surjam diferendos relativos à propriedade intelectual entre a China e os EUA, se a decisão tomada pelo Órgão da Resolução de Litígios da OMC for favorável para os EUA, estes supervisionarão o cumprimento da China segundo a secção 306 do *Trade Act*. Se a China não cumprir o TRIPS nem a decisão do Órgão de Resolução de Litígios, os EUA poderão tomar medidas de retaliação invocando a secção 301. LI, Mingde, (2000), pp. 244-245.

[415] Para mais informações, consultar a página «hyperlink "http://europa.eu.int/ /comm/trade/bilateral/china/wto.htm"».

174 *A China e a Organização Mundial do Comércio*

Tais acordos englobam a agricultura, a indústria, os serviços, bem como questões protocolares. Sem dúvida, a China pagou um preço muito elevado para entrar na OMC. Nas negociações de adesão à OMC, são os países candidatos que comprometem unilateralmente a garantia do acesso aos seus mercados porque, ao aderir a esta organização mundial, obterão todos os frutos dos últimos *rounds* do GATT; especialmente, durante as negociações bilaterais, os países mais desenvolvidos tentam a concentrar--se no saldo da balança comércial (*market equalization*) em vez dos benefícios do livre-cambismo [416-417]. O caso das negociações entre a China e os seus parceiros comerciais ilustra bem este tipo de exemplo. Há dois tipos de ajustamento que a China irá fazer: o ajustamento comercial e o ajustamento sectorial. Dos dois, o primeiro torna-se mais fácil porque envolve apenas a economia externa. A liberalização do comércio externo, em termos de redução dos direitos aduaneiros e de abertura dos mercados internos, causará o aumento do volume tanto das importações, como das exportações. Contudo, a liberalização da industria e dos investimentos é mais complicada porque, actualmente, os sectores monopolizados pelas empresas públicas são muito ineficazes e com um nível de protecção muito elevado. Logo após a adesão à OMC, a China terá que adoptar de imediato várias normas.

Paralelamente às negociações bilaterais, a China tem negociado com o Grupo de Trabalho da OMC sobre o protocolo final. Todas as negociações bilaterais serão consolidadas no protocolo das negociações multilaterais. O protocolo, os anexos, juntamente com o relatório do Grupo de Trabalho, serão apresentados ao Conselho Geral da OMC, a assembleia de todos os membros da OMC. A adesão da China à OMC precisa de ser aprovada por uma maioria de 2/3. Uma vez completados os procedimentos da OMC, o Comité Permanente da Assembleia Popular Nacional da China ratifica o respectivo protocolo e, 30 dias depois, a adesão da China à OMC entra em vigor. Dado que o protocolo ainda não se encontra disponível nesta altura, apenas poderemos analisar os acordos da adesão já elaborados pela China, os EUA e a UE.

---

[416] TAIT, A. Neil, LI, Kuiwai, (1997), p. 95.

[417] No mundo real, os governos não são inevitavelmente entidades que procuram a maximização do bem-estar, são quem faz política sob pressão dos vários grupos de interesses. Segundo HOEKMAN, Bernard M. KOSTECKI, Michel M, (1998), no prefácio da obra *The Political Economy of the World Trading System – from GATT to WTO.*

Muitas pessoas discutem por que razão a China deseja tanto a entrada na OMC, visto ter-se desenvolvido bastante fora desta. O facto é que a China enfrentará muitos ajustamentos difíceis e dolorosos. No capítulo seguinte, iremos analisar os benefícios e custos da sua entrada na OMC e os impactos sobre os sectores internos, bem como os impactos no sistema multilateral.

CAPÍTULO 4
Os impactos para a China da adesão à OMC

A adesão da China à OMC substanciará a integridade desta organização, promoverá o sistema multilateral do comércio, influenciará a ordem económica do mundo e permitirá o avanço do livre-cambismo [418]. Os países desenvolvidos terão acesso mais favorável aos grandes mercados da China, a concorrência entre a China e os países em vias de desenvolvimento com vantagens comparativas similares serão mais intensas nos mercados exportadores. A entrada da China na OMC será um grande momento e um acontecimento histórico no sistema comercial multilateral. No entanto, o maior beneficiário da liberalização será a própria China.

4.1. OS BENEFÍCIOS PARA A CHINA DA ADESÃO À OMC

Trataremos a questão enunciada em duas perspectivas: os benefícios da adesão para a China no palco internacional e para o seu próprio desenvolvimento interno.

4.1.1. As grandes vantagens da adesão para o comércio externo da China

De acordo com o discurso do antigo Director-Geral da Organização Mundial do Comércio, o Senhor Renato Ruggiero, que decorreu na Universidade de Pequim, em 17 de Abril de 1997 [419], há vantagens fundamentais na integração da China na OMC. Em primeiro lugar, a China beneficiará de tratamento não discriminatório, especialmente do tratamento geral,

---

[418] Sobre o aumento do bem-estar mundial, devido à adesão da China à OMC, *vide* a análise do modelo de equilíbrio geral por Anderson Kym, (1997) e IANCHOVICHINA, Elena, *et.al,* (2000).

[419] RUGGIERO, Renato, (1997), *China and the World Trading System,* Discussão na Universidade de Pequim, 21 de Abril de 1997. Disponível em «hyperlink "http://www. wto.org/english/news_e/sprr_e/china.htm"».

178 A China e a Organização Mundial do Comércio

estável e incondicional de nação mais favorecida no sistema comercial multilateral. É igualmente importante a China poder recorrer ao fórum multilateral para debater problemas com os seus parceiros comerciais e utilizar o processo de resolução de diferendos previsto no Memorando de Entendimento Sobre as Regras e Processos que Regem a Resolução de Litígios da OMC. A terceira vantagem é que a China poderá participar na elaboração das regras comerciais mundiais do século XXI.

4.1.1.1. O benefício do tratamento de NMF

O princípio da não discriminação encontra-se no artigo 1.° (tratamento geral de nação mais favorecida), no artigo 2.° (lista de concessões), no artigo 3.° (tratamento nacional na tributação e regulamentação internas), no artigo 13.° (aplicação não discriminatória de restrições quantitativas) [420], no artigo 17.° (empresas comerciais do Estado) [421], no artigo 20.° (excepções gerais) [422], entre outros do GATT 1994. Além disso, o princípio da

---

[420] O artigo 13.°, n.° 1, do GATT 1994 dispõe o seguinte: "Nenhuma proibição ou restrição será aplicada, por um membro, à importação de um produto originário do território de um outro membro ou à exportação de um produto destinado ao território de outro membro, a menos que proibições ou restrições semelhantes sejam aplicadas na importação de um produto similar originário de qualquer país terceiro ou na exportação de um produto similar com destino a qualquer país terceiro". No entanto, um importante desvio face ao disposto no art. 13.° do GATT verifica-se no AMS com a possibilidade da aplicação de medidas de salvaguarda selectivas, isto é, dirigidas predominantemente a determinados países exportadores e, por conseguinte, discriminatórias. Tal desvio assume sempre a forma de um contingente. Quando se verifique um prejuízo grave (não basta uma ameaça) e um aumento desproporcionado das importações com origem em um ou mais países fornecedores, será possível derrogar a regra de não discriminação. Cfr. CUNHA, Luís Pedro Chaves Rodrigues da, (1997), *Lições de Relações Económicas Externas,* Livraria Almedina, Coimbra, p. 75 (nota 116) e p. 218 (nota 362).

[421] O artigo 17.°, n.° 1, do GATT 1994 dispõe que "Cada membro compromete-se a que, se estabelecer ou mantiver uma empresa do Estado, qualquer que seja o lugar em que isso se verifique, ou se conceder a uma empresa, de direito ou de facto, privilégios exclusivos ou especiais, tal empresa se sujeite, nas suas compras ou vendas que se traduzam por importações ou exportações, ao princípio geral da não discriminação prescrito por este Acordo para as medidas de ordem legislativa ou administrativa respeitantes às importações ou exportações efectuadas por comerciantes privados".

[422] O artigo 20.° do GATT 1994 estabelece que "Sob reserva de que tais medidas não sejam aplicadas por forma a constituírem um meio de discriminação arbitrária ou injustificada entre os países onde existam as mesmas condições, ou uma restrição disfarçada ao comércio internacional..."

Os impactos para a China da adesão à OMC   179

não discriminação aplica-se também em todos os aspectos do comércio de mercadorias, nomeadamente valor aduaneiro, taxas e formalidades relativas à importação e à exportação, marcas de origem, subsídios à exportação, publicação e aplicação dos regulamentos relativos ao comércio. Através do *Uruguay Round,* o âmbito de aplicação deste princípio foi alargado. Além de uma aplicação no âmbito do comércio de mercadorias, designadamente o Acordo Sobre as Medidas de Salvaguarda (artigo 2.°, n.° 2), o Acordo Sobre a Inspecção Antes da Expedição (artigo 2.°), o Acordo Sobre as Medidas de Investimento Relacionadas com o Comércio (artigo 2.°) e o Acordo Sobre os Obstáculos Técnicos ao Comércio (artigos 2.° e 5.°) incluem disposições sobre este princípio. Igualmente, o princípio da não discriminação também se encontra no Acordo Geral Sobre o Comércio de Serviços (artigos 2.° e 17.°) e no Acordo Sobre os Aspectos dos Direitos de Propriedade Intelectual Relacionados com o Comércio (artigos 2.° e 3.°)[423].

O tratamento de nação mais favorecida, que faz parte do princípio da não discriminação[424], surgiu no século XII em vários acordos comerciais bilaterais, isto é, a obrigação do tratamento de nação mais favorecida apenas existia se constasse dos acordos[425]. O tratamento de nação mais favorecida baseado nas relações bilaterais refere-se a que qualquer vantagem ou imunidade concedida por uma parte contratante no presente ou no futuro a um terceiro seja extensiva a outra parte contratante. Sem dúvida, tal concessão pode ser condicional[426] e incondicional[427].

O tratamento de nação mais favorecida estabelecido pelo GATT e pela OMC é um princípio incondicional e multilateral[428]. O artigo 1.°, n.° 1 dispõe expressamente o seguinte: "Qualquer vantagem, favor, privi-

---

[423] Contudo, existem várias derrogações do princípio da não discriminação, *vide* Cunha, Luís Pedro Chaves Rodrigues da, (1997), pp. 204-205.

[424] A outra cláusula é a do tratamento nacional.

[425] JACKSON, John H, (1998), p. 158. *"Lacking a treaty, nations presumably have the sovereign right to discriminate against foreign nations in economic affairs as much as they wish".*

[426] JACKSON, John H, (1998), p. 161, *"Under conditional MFN, when country A grants a privilege to country C while owing MFN to country B, then country A must grant the equivalent privilege to B – but only after B has given A some reciprocal privilege to pay for it".*

[427] JACKSON, John H, (1998), p. 161, *"Under unconditional MFN, in the case above, A must grant the equivalent privilege to country B without receiving anything in return from B".*

[428] Note-se que o tratamento de NMF nos acordos bilaterais não é comparável com o do sistema multilateral, porque o primeiro é evidentemente menos sólido e poderia causar "efeitos de dominó".

légio, ou imunidade concedida por um membro a um produto originário de outro país ou a este destinado será, imediata e incondicionalmente, extensiva a todos os produtos similares originários dos territórios de qualquer outro membro ou a eles destinados. Esta disposição refere-se aos direitos aduaneiros e às imposições de qualquer espécie *que incidem sobre as importações ou exportações ou que são aplicadas por ocasião das importações ou exportações, assim como às que incidem sobre as transferências internacionais de fundos destinados ao pagamento de importações ou exportações,* ao modo de percepção destes direitos e imposições, a todas as regulamentações e formalidades relativas às importações e às exportações, e a todas as questões que são objecto dos parágrafos 2 e 4 do artigo III" [429].

O princípio de nação mais favorecida tem sido o pilar mais importante do livre-cambismo. Esta cláusula revela a essência do multilateralismo, considerando as perspectivas económicas e políticas [430]. Do ponto de vista económico, o tratamento de NMF leva à generalização da liberalização das políticas comerciais a nível mundial, o que poderá minimizar os custos dos acordos bilaterais, os custos das transacções e os custos da política comercial. Em relação às razões políticas, sem a cláusula de NMF, os países poderão formar grupos discriminatórios internacionais; por outro lado, os países que são excluídos ressentem-se dos equívocos e das disputas com os seus parceiros comerciais. Por isso, o tratamento de NMF, não só alivia tensões entre os Estados, como também restringe as medidas provisórias de curto prazo que poderiam agravar os conflitos já bastante tensos.

No caso chinês, sem a qualidade de membro da OMC, a China não tem automaticamente o estatuto de NMF em relação a outros parceiros comerciais. Esta tem de negociar particularmente com cada país. Embora a China tenha assinado os acordos bilaterais de NMF com mais de 110 países, alguns destes acordos bilaterais não são estáveis.

Até agora, os privilégios de NMF da China têm sido sujeitos ao voto anual da Câmara dos Representantes dos EUA [431] desde 1989. Todos os anos, o tratamento de NMF tem sido aprovado, no entanto, tal assunto tem estado ligado a outros temas não comerciais, nomeadamente, aos direitos

---

[429] Existem também várias excepções ao princípio do tratamento de nação mais favorecida, como por exemplo o comércio de serviços (artigo 2.°, n.° 2) e outros casos explicados por Cunha, Luís Pedro, (1997), pp. 204-205.

[430] JACKSON, John H, (1998), pp. 158-159.

[431] Os países a que foi recusado o tratamento de NMF pelos EUA são: o Afeganistão, o Camboja, Cuba, o Laos, a Coreia e a Jugoslávia. Segundo NOLT, James H, (1999), "In Focus: China in the WTO: the debate", *Foreign Policy in Focus: internet gateway to global affairs,* «hyperlink "http://www.foreignpolicy-infocus.org/briefs/vol4/v4n38china.html"».

humanos, ao ambiente, ao trabalho, ao regime socialista, entre outros. Esta prática é necessária devido à modificação Jackson-Vanic da Lei do Comércio Externo (*Trade Act*), em 1974. Segundo a secção 402 desta modificação, o Presidente dos EUA não pode conceder a países comunistas (ou países de economia de não mercado) o tratamento de nação mais favorecida, a não ser que os países comunistas permitam a emigração livre, ou, se o Presidente considerar que é ainda necessário conceder aos países comunistas o tratamento de nação mais favorecida, terá de solicitar autorização especial à Câmara dos Representantes. A China foi inadvertidamente associada à União Soviética como economia de não mercado, embora não tivesse o problema da emigração dos judeus[432].

O acordo sino-americano, assinado em 15 de Novembro de 1999, em termos da adesão da China à OMC, foi um grande evento para ambas as partes, desde que as relações diplomáticas foram estabelecidas há mais de vinte anos atrás. No entanto, tal acordo entrará em vigor só depois que a Câmara dos Representantes dos EUA aprovar o PNTR (*Permanent Normal Trade Relations*) para a China[433]. Caso a China entre na OMC e a Câmara dos Representantes dos EUA não aprove legislação concedendo-lhe o tratamento de NMF, é provável que os EUA invoquem a cláusula da "não aplicação dos acordos comerciais multilaterais entre determinados membros", constante do artigo 13.º do Acordo que Institui a Organização Mundial do Comércio[434], tal como já foi aplicada a outros países sujeitos à modificação Jackson-Vanic[435]. De igual forma, se a China chegar a ser

---

[432] STOKES, Bruce, *The China WTO Dilemma*, disponível em «hyperlink "http://brie.berkeley.edu/~briewww/forum/berkeley2/stokes.html"», Sem dúvida, esta prática é discriminatória.

[433] BARRY, Tom, *China and the WTO, What´s This Organization*, "In 1998 the U.S. renamed Most Favoured Nation (MFN) status to Normal Trade Relations (NTR) to signal that this trade treatment was not preferential as MFN implied." «hyperlink http://www.foreignpolivy-infocus.org/wto_china.html».

[434] O artigo 13.º dispõe o seguinte: "O presente acordo e os acordos comerciais multilaterais que figuram nos anexos 1 e 2 não são aplicáveis entre um membro e qualquer outro membro se, quando um deles se tornar membro, não aceitar tal aplicação... O disposto no n.º 1 é aplicável entre um membro e um outro membro que tenha aderido a título do artigo XII unicamente se o membro que não aceita a aplicação tiver desse facto notificado a Conferência Ministerial antes de esta ter aprovado o acordo sobre as modalidades de adesão".

[435] Como consequência, as regras da OMC não se aplicam nas relações comerciais entre os EUA e a Mongólia, embora a Mongólia seja um membro da OMC. O volume comercial entre os dois países é de US$35 milhões. No entanto, o volume comercial entre a China e os EUA representa US$66 biliões. Segundo BARRY, Tom, *ob.cit.*

182   *A China e a Organização Mundial do Comércio*

um membro da OMC e os EUA não a tratarem como tal, a China não será obrigada a tratar os EUA como membro da OMC[436]. Tendo em conta este facto, a Câmara dos Representantes e o Senado dos EUA já aprovaram o PNTR para a China no ano de 2000. Isto significa que os EUA não terão mais como pressionar a China, antes de renovarem o seu estatuto de NMF no ano seguinte. A grande vantagem da qualidade de membro da OMC para a China é que esta alterará as relações comerciais bilaterais com os EUA, a UE e o Japão. A adesão à OMC confere-lhe o tratamento e o reconhecimento como uma potência significativa no equilíbrio do sistema multilateral.

4.1.1.2. *O benefício da resolução de litígios*

Durante muitos anos, o crescimento comercial da China tem sido acompanhado da intensificação rápida dos conflitos comerciais com os seus principais parceiros. Nomeadamente, há mais de 240 acusações de *dumping* contra as exportações da China[437], nos últimos anos, vindas da União Europeia[438], dos EUA[439], bem como de outros países em vias de

---

[436] HUFBAUER, Gary Clyde, ROSEN, Daniel H, (2000), *American Access to China's Market: The Congressional Vote on PNTR,* Institute For International Economics, International Economics Policy Briefs, n.º 003, «hyperlink "http://www.iie.com/NEWSLETR/ /news00-3.htm"». Os autores citaram a opinião de John H. Jackson.

[437] HAI, Wen (2000), *China's WTO Membership: Significance and Implications,* China Center for Economic Research, Peking University, Working Paper Series, N.º E2000007, p. 11.

[438] Entre 1979 e Outubro de 1999, a Comunidade Europeia realizou 77 inquéritos de *anti-dumping* contra os produtos exportados pela China, no valor de 3.1 biliões de ECU. Cfr. WANG, Lei, (2000), "Gengshen Cengci de Maoyi Baohu – Oumeng Duihua Chanpin Fanqingxiao 20 nian" (A Protecção Comercial – Os 20 anos de Acusações de *anti- -dumping* pela União Europeia contra as Exportações da China), *Intertrade,* N.º 11, p. 13. A directriz emitida em 30 de Abril de 1998 pelo Conselho da União Europeia reconhece a China como um país de economia de mercado, mas, regra geral, na prática de *anti- -dumping,* a União Europeia recusa conceder o estatuto de economia de mercado às empresas chinesas. Cfr. BELLIS, Jean Francois, FU, Donghui, (2000), "Oumeng Duihua Fanqingxiao Xinzhengce de Linghuoxing he Xiaojixing", (A Flexibilidade e A Influência Passiva das Novas Políticas de *Anti-dumping* da União Europeia), *Intertrade,* N.º 11, p. 18.

[439] De forma diferente da prática da UE, os EUA estão a considerar a China como um país de economia de não mercado, por conseguinte, nos inquéritos de *anti-dumping* dos produtos chineses, os EUA usam um país terceiro mediante comparação com um produto similar para determinar a margem de *dumping.* Em muitos casos, a margem de *dumping*

Os impactos para a China da adesão à OMC 183

desenvolvimento[440]. Além disso, a China está sujeita também às medidas de salvaguarda[441] discriminatórias da UE e dos EUA[442].

No que diz respeito à resolução de diferendos comerciais, existem duas formas de diplomacia; ou seja, técnicas orientadas pelas forças e técnicas orientadas pelas regras[443]. Caso os conflitos comerciais sejam resolvidos pacificamente, as primeiras referem-se à negociação ou à concordância por ambas as partes conforme o peso de cada uma; e as segundas referem--se à negociação ou à decisão tomada pelas duas partes de acordo com as normas ou regras com que ambas concordaram anteriormente. Na realidade, todos os governos têm adoptado uma mistura destas duas medidas. A história da civilização desenvolve-se gradualmente de uma via orientada pela força para uma via orientada pela regra.

Actualmente, a resolução de conflitos comerciais entre a China e os seus parceiros tem sido sujeita ao primeiro modo de resolução de conflitos

---

é exagerada e consequentemente as práticas de *anti-dumping* são injustas. WANG, Lei, (1997), pp. 65-66. *Vide* também VAN der Geest, (1999), p. 195, *"The more input costs in the reference country differ from the producer country, the less appropriate is the use of reference county cost structure... China strongly opposes the use of third country reference prices on these grounds. It claims that the size of its economy and its abundant labour supply create conditions that differ entirely from any reference country".*

[440] Por exemplo, o Brasil, o México e a Argentina têm iniciado vários inquéritos de *anti-dumping* contra os produtos chineses, durante os últimos anos, de acordo com a legislação feita antes do estabelecimento da OMC, porque a China ainda não é um membro desta organização internacional. Especialmente, em 1993, o México impôs impostos *anti-dumping* contra produtos chineses com taxas entre 300% e 1000%. Wang, Guiguo, (1994), p. 60.

[441] Como medidas *anti-dumping* e medidas compensatórias, as medidas de salvaguarda constituem excepções ao princípio de nação mais favorecida da OMC. O artigo 5.° do Acordo Sobre as Medidas de Salvaguarda permite a aplicação da repartição das partes de um contingente.

[442] WANG, Lei, (1997), p. 61. *"Regulation 1766/82 allows the EU to adopt safeguard measures only against China. This regulation, by nature, is different from Regulation 288/82 to safeguard measures against non-State trading countries, which basically reflects those of GATT Article XIX and the WTO Agreement on Safeguards. Furthermore, substantive conditions to be met in order for the EU to impose safeguards under Regulation 1766/82 are looser than Regulation 288/82. Despite infrequent use, Regulation 1766/82 per se is legally WTO-incompatible".* Em relação às práticas dos EUA, p. 66, *"China is also subject to discriminatory safeguards action under Section 406 of the Trade Act of 1974. Under this Section, the President can restrict imports from non-market economies if advised by the U.S. International Trade Commission that the products cause market disruption".*

[443] JACKSON, John, H, (1998), pp. 109-111.

184 A China e a Organização Mundial do Comércio

acima referido. Ou seja, a parte mais poderosa tem a vantagem nas negociações[444]. A maioria dos diferendos é resolvida com base nas leis internas[445]. Afinal, as restrições à importação, os embargos, bem como outras medidas poderão constituir represálias. Nos acordos bilaterais comerciais entre a China e outros países existe sempre uma cláusula de consulta. A maioria dos acordos celebrados pela China e pelos países em vias de desenvolvimento expõe simplesmente que ambas as partes concordam em consultar-se mutuamente acerca do cumprimento dos acordos. Certos acordos com os EUA e a União Europeia dizem que ambas as partes devem realizar de imediato negociações pacíficas sobre problemas que surjam no comércio bilateral para encontrar soluções mutuamente satisfatórias; sob circunstâncias excepcionais, qualquer uma das duas poderá adoptar medidas adequadas, quer não exista possibilidade de negociação, quer tais medidas conduzam a consultas imediatas[446]. Segundo o artigo 7.° da *Lei do Comércio Externo da China* em 1994, *"China may, in accordance with actual circumstances, take appropriate counteractions against any countries or regions for their discriminatory measures of prohibition, restrictions or any other similar measures on trade with China"*, essa cláusula que constitui a base legal das medidas adequadas para a China, não é espontânea, mas sim um instrumento para combater as muitas ameaças de represálias dos EUA[447]. Por isso, a única solução do comércio bilateral depende muito das negociações entre ambas, as quais exigem muita tolerância e paciência, porque o exercício de represálias comerciais à custa dos próprios interesses económicos não é uma solução aplicável num mundo actualmente interdependente.

---

[444] CHEN, Gary, (1999), *China's View of WTO: Neither Favor Nor Monster*, *"Currently 90% of China's trade is with WTO members, but China is not entitled to use this multilateral dispute resolution mechanism. According to Long, Yongtu, China's chief negotiator, China is punished unilaterally by the other trading party without any other venues to seek redress of its grievance"*. «hyperlink "http://www.chinaonline.com"».

[445] Nas negociações bilaterais sobre a resolução de conflitos, os países desenvolvidos têm adoptado a política do unilaterarismo e medidas discriminatórias (por exemplo, a Secção 301 do *Trade Act* dos EUA, medidas de *anti-dumping*) contra a China.

[446] WANG, Lei, (1997), p. 68.

[447] WANG, Lei, (1997), p. 69. *"Under the clause China, for the first time, in February in 1995, announced counteractions against U.S. products to a worth of US$1.08 billion. On 15 May 1996 China once again invoked Article 7 of Foreign Trade Law to release a tit-for-tat package to counter the U.S. announced retaliation against US$3 billion worth of Chinese products under the allegation of Chinese violation of IPSs"*.

Em relação ao segundo modo de resolução de conflitos, as técnicas orientadas pelas regras e as disputas comerciais serão resolvidas finalmente pelo julgamento imparcial baseado em regras universais[448]. Por isso, ambas as partes consideram as respectivas predições das consequências daqueles julgamentos em vez das potenciais represálias que poderão influenciar o seu parceiro por causa do seu peso económico[449].

A mera existência de regras não é, porém, suficiente. Quando as negociações relativas à aplicação ou à interpretação das normas chegarem a uma situação difícil, é necessário haver um mecanismo de resolução de conflitos que substitua ambas as partes envolvidas, com o fim de garantir o cumprimento das respectivas regras. Senão, as duas partes voltarão a depender somente da resolução dada pela parte com maior poder económico. Convém ressaltar que o mecanismo de resolução de diferendos previsto no *Uruguay Round* é um órgão dentro da estrutura da OMC. Entretanto, é irreal esperar que a qualidade de membro da OMC elimine desacordos entre a China e outras economias, visto tais diferendos serem comuns entre os actuais membros. No entanto, os conflitos comerciais serão resolvidos melhor pelas regras previstas na OMC e pelo seu mecanismo que rege a consulta e a resolução de litígios. A seguir, então, vêm os benefícios do processo de resolução de conflitos comerciais para a China depois da sua adesão. Trataremos destes mediante três perspectivas.

A) Antes de mais, a base fundamental do mecanismo multilateral de resolução de diferendos é a criação de painéis. O artigo 6.º, n.º 1 do Memorando de Entendimento Sobre as Regras e Processos que Regem a Resolução de Litígios dispõe que "Se a parte queixosa assim o solicitar, será criado um painel, o mais tardar na reunião do Órgão de Resolução de Litígios (ORL) posterior à reunião em que o pedido surge pela primeira vez na ordem de trabalhos do ORL, a menos que, nessa reunião, aquele órgão decida, por consenso, não criar um painel".

Em relação à composição dos painéis, o artigo 8.º prevê, expressamente, normas específicas. Especialmente, nos n.º 2 e n.º 3 refere que "Os membros do painel serão seleccionados tendo em vista a sua independência, uma formação suficiente e diversificada e um vasto leque de expe-

---

[448] LANGHAMMER, *et.al,* (1999), pp. 860-861, *"WTO membership will mark the transition from a trade policy environment characterized by unilateralismo and discretion, where abuse of economic leverage by large countries is a constant treat, towards a rules-based system where trade disputes are resolved in a transparent manner in the framework of Dispute Settlement Mechanism".*

[449] JACKSON, John, H, (1998), p. 110.

riência. Os cidadãos de países membros cujos governos são partes nos litígios ou partes terceiras, tal como são definidas no n.° 2 do artigo 10.°, não devem ser os membros do painel que esteja a analisar esse diferendo, a menos que as partes em litígio acordem em contrário". As partes em litígio não se poderão opor às nomeações a não ser se apresentarem razões fundamentadas (n.° 6 do artigo 8.°). Os membros de um painel agirão a título individual e não como representantes governamentais nem como representantes de qualquer organização (n.° 9). Particularmente, um ponto favorável para a China encontra-se no n.° 10 do respectivo artigo, isto é, quando se verificar um litígio entre um país membro em vias de desenvolvimento e um país membro desenvolvido, o painel deve incluir pelo menos um indivíduo oriundo de um país membro em vias de desenvolvimento, caso esse mesmo país assim o requeira.

Durante os procedimentos de resolução de litígios, nos casos em que uma parte seja um país membro em vias de desenvolvimento, o relatório do painel deve indicar expressamente a forma através da qual foram tidas em conta as disposições relativas ao tratamento diferenciado e mais favorável para os países membros em vias de desenvolvimento previstas nos acordos abrangidos invocados por esse mesmo país (n.° 11 do artigo 12.°). Caso as partes em litígios não consigam chegar a uma solução mutuamente satisfatória, o painel apresentará as suas conclusões sobre as questões de facto, sobre as disposições aplicáveis e os fundamentos essenciais de quaisquer conclusões e recomendações que adopte (n.° 7 do artigo 12.°). As partes em litígio têm o direito de participar inteiramente na análise pelo ORL do relatório do painel (artigo 16.°, n.° 3). Além disso, caso uma das partes (mas não qualquer parte terceira) tenha notificado a sua decisão de recorrer, deverá ser criado um Órgão de Recurso, cujos relatórios serão adoptados pelo ORL e aceites incondicionalmente pelas partes em litígio (artigos 16.° e 17.°).

Quer dizer, nos futuros conflitos entre a China e os seus parceiros desenvolvidos, os países membros desenvolvidos não poderão determinar independentemente actos de violação dos acordos bilaterais; tais diferendos só poderão ser resolvidos imparcialmente através do fórum internacional. Por outras palavras, a decisão final é tomada sem ser necessário o consentimento dos membros envolvidos no conflito – o que prova um reforço do multilateralismo[450].

B) Os diferendos em causa têm que ser resolvidos dentro de um prazo razoável, sob os mecanismos de resolução de litígios da OMC. Quer para os procedimentos de consultas, procedimentos de bons ofícios, con-

---

[450] CUNHA, Luís Pedro, (1997), p. 221.

ciliação e mediação, quer para os de painéis e de recurso, o Memorando de Entendimento estabelece, respectivamente, prazos com o fim de melhorar a eficiência da resolução de diferendos. De forma distinta ocorrem as actuais situações de embate entre a China e os seus parceiros comerciais, nas quais esta foi sempre parte acusada assumindo numa posição passiva, e em que as relações comerciais normais ficavam prejudicadas por tempo indefinido.

Em resposta a um pedido de um membro a outro, o membro ao qual é apresentado o pedido deve responder no prazo de 10 dias a contar da data de recepção e deve iniciar consultas dentro de um prazo não superior a 30 dias a contar da data de recepção do pedido. Caso contrário, o membro que apresentou o pedido de consulta pode requer imediatamente a criação de um painel (artigo 4.°, n.° 3). Se, nestas consultas, não se obtiver um resultado positivo, dentro de um prazo máximo de sessenta dias, a parte queixosa pode solicitar a criação de um painel (artigo 4.°, n.° 7)[451].

Nos procedimentos relativos ao painel, este deverá proceder à sua análise, desde a data em que a composição e os termos de referência desse mesmo painel foram acordados, até à data em que o relatório final é apresentado às duas partes, não devendo, em regra, exceder o prazo de seis meses (artigo 12.°, n.° 9). Dentro de um prazo de sessenta dias a contar da data de apresentação de um relatório do painel aos membros, o relatório será adoptado numa reunião do ORL (artigo 16.°, n.° 4).

Relativamente aos casos de recurso, regra geral, o processo não deve exceder sessenta dias (prazo máximo) desde a data em que uma parte em litígio notifique formalmente a sua decisão de recorrer até à data em que o Órgão de Recurso apresenta o seu relatório (artigo 17.°, n.° 5).

Enfim, o período decorrente entre a data da criação do painel pelo ORL e a data em que o ORL analisa o relatório do painel ou do órgão de Recurso para adopção não deve, em geral, exceder nove meses, caso não se recorra do relatório do painel, ou doze meses, caso se recorra desse mesmo relatório (artigo 20.°). Salvo nos casos em que o painel ou Órgão de Recurso o tenham prorrogado, o período decorrente entre a data de criação do painel pelo ORL e a data de definição de um prazo razoável não deve exceder quinze meses; a menos que as partes em litígio acordem que se está perante circunstâncias excepcionais, o prazo total não deve exceder os dezoito meses (artigo 21.°, n.° 4).

---

[451] No caso de as partes em litígio o entenderem, podem iniciar-se ou prosseguir processos de bons ofícios, de conciliação ou de mediação, antes ou paralelamente nos trâmites do processo do painel. Estes processos têm que decorrer no prazo máximo de sessenta dias (artigo 5.°, n.° 4).

188   *A China e a Organização Mundial do Comércio*

C) Por último, o Memorando estabelece regras sobre a fiscalização da execução das recomendações, decisões e regras sobre a compensação e suspensão das concessões. Aquando do processo de resolução de litígios, será dada especial atenção a questões que afectem os interesses de países membros em vias de desenvolvimento (artigo 21.°, n.° 2).

Caso as recomendações e decisões não sejam executadas dentro de um prazo razoável, as partes podem tomar medidas temporárias de compensação e de suspensão de concessões ou de cumprimento de outras obrigações. Todavia, tais medidas não são preferíveis à execução completa de uma recomendação como forma de tornar uma medida conforme aos acordos abrangidos (artigo 22.°, n.° 1).

A compensação será devida pelo membro que tomou medidas incompatíveis com um dos acordos e beneficiará a parte prejudicada[452]. Se não for acordada nenhuma compensação satisfatória, no prazo de vinte dias a contar da data em que expira o prazo razoável, a parte que tenha accionado o processo de resolução de litígios pode solicitar autorização do ORL para suspender a aplicação, relativamente ao membro em causa, das concessões ou outras obrigações previstas nos acordos abrangidos (artigo 22.°, n.° 2). É de sublinhar que "nenhum membro da OMC poderá unilateralmente tomar medidas retaliatórias visando outro, devendo antes pautar a sua actuação pelas regras e processos previstos neste acordo (recusa aparente do unilateralismo)"[453]. Especificamente e em primeiro lugar, a parte queixosa deve procurar suspender as concessões ou outras obrigações no(s) mesmo(s) sector(es) onde o painel ou o Órgão de Recurso constataram uma violação, anulação ou redução de vantagens; caso não a considere viável, a parte queixosa pode procurar medidas em outros sectores com base no mesmo acordo; senão, pode procurar suspender concessões ou outras obrigações previstas noutros acordos abrangidos[454] (artigo 22.°, n.° 3)[455].

Este é um método de encaixar as medidas unilaterais no mecanismo do Memorando da OMC como, por exemplo, a Secção 301 do *Trade Act*

---

[452] CUNHA, Luís, Pedro, (1997), p. 222.

[453] CUNHA, Luís, Pedro, (1997), p. 222.

[454] As disposições (b) e (c) do n.° 3 do artigo 22.° do Memorando chamam-se *"cross-sectoral retaliation"*.

[455] A compensação e a suspensão de concessões são duas opções para o país que viola os acordos da OMC, mas não quer executar a decisão do painel. Obter a compensação feita pelo país acusado é melhor do que tomar medidas retaliatórias porque a segunda opção poderá diminuir o bem-estar do país devido a limitações comerciais inadequadas. A ameaça de tomar medidas de retaliação feita por um país pequeno é frequentemente inacreditável. HOEKMAN, Bernard, M, KOSTECKI, Michel M., (1998), p. 42.

dos EUA[456]. Sem dúvida, esta é uma outra grande vantagem, para a China, da sua entrada na OMC.

4.1.1.3. *O benefício da participação activa no comércio internacional*

O funcionamento da OMC baseia-se nas regras em vez de basear-se nas forças dos Estados-Membros. Nela, as decisões devem ser tomadas por consenso, isto é, quando nenhum membro não se tiver oposto formalmente à decisão proposta. Nos casos em que não for possível chegar a uma decisão por consenso, a questão em causa será decidida por votação. Nas reuniões da Conferência Ministerial e do Conselho Geral, cada membro da OMC disporá de um voto. A decisão de adoptar uma interpretação e a de dispensar um membro de uma das obrigações que lhe incumbem, por força dos acordos comerciais multilaterais, será tomada por maioria de três quartos dos membros. Sobre questões gerais, a decisão será tomada por dois terços dos membros [457]. Actualmente, a China tem participado nas negociações da OMC como um observador, limitando-se o seu direito à manifestação de opinião em vez de participação na votação. Neste sentido, a China espera o direito de voto tal como outros membros.

Além disso, sendo uma economia de grande peso, a China não quer ficar de fora enquanto outros membros estão a elaborar as regras do jogo. A verdade é que existem tantos benefícios como custos para cada membro durante o processo do livre-cambismo e da globalização. Cada país tenta maximizar os ganhos do futuro e reduzir os custos do ajustamento na nova ordem estabelecida pelas negociações multilaterais. Os interesses da China não foram representados completamente nas anteriores negociações do GATT que tornaram muito difícil a sua adesão ao GATT e à OMC. Sendo o maior país em vias de desenvolvimento, a China não poderá ser abandonada nos próximos *rounds* de negociações.

---

[456] A secção 301, inclusivé a "special 301" e a "super 301", do *Trade Act* pertence às leis internas dos EUA. Regra geral, entra em vigor apenas dentro do território nacional. No entanto, tal cláusula obriga outros países a negociar com os EUA sobre alguns problemas, influenciando muito a legislação interna dos outros países. Por isso, a secção 301 tem sido sempre criticada pela opinião mundial.

[457] Os artigos 9.º e 10.º do Acordo que Institui a Organização Mundial do Comércio.

4.1.2. Os benefícios da adesão à OMC para o próprio desenvolvimento da China

4.1.2.1. Os ganhos do comércio externo

Os ganhos do comércio externo abrangem tanto os rendimentos da exportação como os benefícios da importação. Sem dúvida, a liberalização através da adesão à OMC aumentará a expansão do comércio externo, e, sucessivamente, contribuirá para o desenvolvimento económico da China. Todavia, o comércio entre a China e os países desenvolvidos crescerá mais rapidamente do que a taxa média de crescimento do comércio externo.

Por um lado, cada vez mais produtos chineses com vantagens comparativas, nomeadamente os produtos de trabalho intensivo, se encontrarão em condições mais favoráveis no que diz respeito ao acesso aos mercados internacionais, as quais já foram anteriormente estabelecidas em negociações multilaterais. Evidentemente, isto é uma das grandes vantagens imediatas da adesão à OMC.

Por outro a China poderá igualmente usufruir dos benefícios da importação, ou seja, os consumidores chineses poderão comprar produtos estrangeiros de alta qualidade com menos dinheiro e poderão ser prestados melhores serviços com tarifas mais baratas.

Durante muitos anos, as importações da China aos EUA, à União Europeia, ao Canadá, à Austrália, entre outros, têm mantido uma pequena percentagem nas exportações totais destes países. O quadro a seguir ilustra bem este fenómeno. A razão pela qual houve protecção do comércio por parte da China é porque a maioria das mercadorias protegidas eram produzidas com mais eficiência nos países desenvolvidos[458]. Já analisámos, no capítulo anterior, que a protecção para alguns produtores, à custa dos interesses de consumidores, também não conseguiu contribuir para a receita governamental.

Entretanto, de acordo com a realidade da China nos últimos vinte anos, a economia crescia de forma mais rápida nos anos em que a balança de pagamentos era desfavorável[459]. Num país como a China, com grande mercado interno, o crescimento da economia é determinado principalmente pela procura interna; portanto, as importações introduzem os produtos de recurso intensivo, os capitais estrangeiros, bem como as novas

---

[458] HAI, Wen , (2000), pp. 11-12.

[459] ZHANG, Xiaoji, HU, Jiangyun, (1999), "Jinkou Maoyi yu Guomin Jingji Fazhan" (As Importações e o Desenvolvimento da Economia Nacional), *Intertrade,* N.° 4, p. 4.

tecnologias, com o fim de satisfazer as procuras internas. Particularmente, os investimentos estrangeiros influenciarão as vantagens comparativas da China[460]. Depois da entrada na OMC, mais capitais estrangeiros vão ser concentrados no sector terciário. Estes investimentos não só introduzem novas técnicas, novos mercados, como também introduzem novos mecanismos, nova administração e novas instituições[461]. Evidentemente, "a China é um toucinho, qualquer pessoa quer comê-lo"; no entanto, "a China é um toucinho, mas ninguém consegue comê-lo todo" (Mao Ze Dong). Neste sentido, a China representa um grande território virgem.

QUADRO IV.1

Percentagem das importações da China face às exportações totais das outras economias

	1980	1987	1990	1997
Hong Kong	5.93	25.20	26.44	36.76
SEA4	1.01	3.13	2.11	3.16
Singapura	1.29	2.29	1.67	3.91
Japão	4.04	6.50	2.95	7.45
EUA	1.64	1.10	1.17	1.57
União Europeia	0.31	0.70	0.54	0.95

SEA4: Malásia, Indonésia, Tailândia e Filipinas
Fonte: HAI, (2000), p. 12

4.1.2.2. A racionalização da estrutura da produção

À medida que o comércio externo da China se integra na especialização internacional do trabalho, o reajustamento sectorial, baseado nas vantagens comparativas, aumentará a eficiência devido à re-afectação dos recursos e, ao mesmo tempo, contribuirá para a transição de uma sociedade agrícola para um país industrializado.

Segundo o relatório elaborado pelo Grupo de Trabalho do Centro de Investigação e Desenvolvimento do Conselho de Estado da China[462], até 2005, o aumento do bem-estar poderá chegar a 1.5% do PIB nesse mesmo

---

[460] Os investimentos dos países mais desenvolvidos transferiram empreendimentos e instalações de produção de trabalho intensivo para a China, como por exemplo, os investimentos de Hong Kong, de Singapura, da Coreia do Sul, entre outros.

[461] LI, Zhongzhou, *ob.cit.*

[462] «hyperlink "http://www.sina.com.cn"».

192 A China e a Organização Mundial do Comércio

ano; o PIB vai continuar a crescer mais rapidamente após a adesão à OMC[463]. Entretanto, tais benefícios não serão distribuídos de forma equitativa entre os vários sectores[464].

Assim que a China entrar na OMC, tanto os direitos aduaneiros como os obstáculos não pautais serão diminuídos. As importações dos produtos de recurso intensivo, de capital intensivo e de tecnologia intensiva vindas dos países desenvolvidos aumentarão consequentemente. A produção interna destes ramos económicos terá que ser ajustada. Os recursos serão afectados onde a China tem vantagens comparativas ou vantagens comparativas potenciais e no sector terciário.

Por um lado, novos sectores com vantagens comparativas vão formar-se; por outro, há inevitavelmente custos correspondentes no processo de reajustamento. Entre 1998 e 2010, por exemplo, haverá a transferência de 9.6 milhões de mão-de-obra agrícola em excesso para os sectores secundário e terciário[465]. No entanto, a liberalização do comércio poderá causar a diminuição dos rendimentos dos agricultores, alargando a diferença dos níveis de salários entre o campo e as cidades. Acompanhando a reforma do sector empresarial do Estado, cada vez mais pessoas nas cidades enfrentam a possibilidade de ficar desempregadas[466].

4.1.2.3. *O aprofundamento da reforma económica*

Os acordos bilaterais e multilaterais relativos à adesão da China à OMC constituem não só o projecto da reforma económica na próxima

---

[463] Sobre os impactos da adesão para a economia chinesa, *vide* LEJOUR, Arjan, (2000), *China and the WTO: The Impact on China and the World Economy,* trabalho apresentado na 3ª Conferência Anual da *Global Economic Analysis,* Melbourne, Austrália, 20-30 de Junho de 2000.

[464] O sector automobilístico, a agricultura, o sector terciário são os sectores que mais serão abalados pela concorrência internacional. Os sectores com vantagens comparativas nos produtos de trabalho intensivo são os principais beneficiários.

[465] «hyperlink "http://www.sina.com.cn"». A aceleração da transferência de mão-de-obra remanescente para os sectores secundário e terciário é uma questão constante para a industrialização e modernização da China. Em 1990 havia cerca de 200 milhões de mão-de-obra em excesso no campo, em 1996 esse número diminuiu para 160 milhões. HU, Angang, (1999), p. 4.

[466] Em 1998 e 1999, o número de pessoas desempregadas nas cidades da China atingiu 11-13 milhões, valores equivalentes à soma da União Europeia. HU, Angang, (1999), p. 4.

década, como também os compromissos que ela irá realizar para o reajustamento da economia nacional conforme as normas internacionais[467].

Através dos 14 anos de esforço, o governo da China utilizou intencionalmente o processo do requerimento da adesão à OMC como veículo para promover a reforma interna. A opinião generalizada é a de que o interesse principal não é o comércio, mas sim a utilização da OMC como pretexto para desarmar as instituições obstruídas, os monopólios administrativos no processo de reforma. Por esta razão, a entrada na OMC é a melhor estratégia, não só para atrair capitais estrangeiros com a oferta dos mercados internos do futuro, como também para adiantar a reforma económica.

O maior desafio da adesão à OMC é o facto de ser cada vez mais difícil para a China proteger as indústrias internas sem vantagens comparativas através das intervenções do Estado. Depois da adesão, todas as intervenções governamentais incompatíveis com a economia de mercado têm que ser eliminadas. Sob o antigo regime da planificação, o Estado controlava directamente todas as actividades económicas a nível nacional. Desde a abertura ao exterior, tal situação tem-se vindo a alterar. Entretanto, quer o governo central quer os governos locais costumam interferir na economia; por outro lado, muitas empresas pedem ajuda ao governo com o fim de obter protecção especial.

A entrada na OMC leva a uma concorrência mais intensa entre as empresas chinesas e estrangeiras. Em especial, o monopólio por parte do sector empresarial do Estado, devido à protecção dos direitos aduaneiros e dos obstáculos não pautais, será abalado pela concorrência das sociedades com investimentos estrangeiros e das empresas estrangeiras. Se as empresas forem disciplinadas, principalmente pelas forças do mercado, a estrutura da propriedade das empresas reflectirá, consequentemente, a eficiência relativa quanto à organização da produção e à comercialização de mercadorias e serviços[468].

Enfim, os impactos da adesão à OMC, para a China, não residem apenas na redução dos direitos aduaneiros e no acesso aos mercados por parte de mercadorias estrangeiras, mas também nas mudanças do regime económico e jurídico do país.

---

[467] CHENG, Leonard, K, (1999), *China's Economic Benefits from Its WTO Membership*, Center for Economic Development, Hong Kong University of Science and Technology, disponível na página «hyperlink "http://www.bm.ust.hk/~ced/wto.htm"».

[468] CHENG, Leonard K, (1999).

4.2. OS IMPACTOS DA ADESÃO NA AGRICULTURA

A agricultura é a base da economia chinesa. O seu êxito económico iniciou-se com o sector primário. Segundo *a Decisão do Comité Central do Partido sobre Questões Agrícolas,* a agricultura será tratada com prioridade no desenvolvimento da economia nacional. Sendo um grande país agrícola, que comporta cerca de um quinto da população mundial, os víveres e a segurança nacional são problemas essenciais e extremamente sensíveis na China. A entrada na Organização Mundial do Comércio exercerá, sem dúvida, influências significativas para a China. Por conseguinte, antes de chegarmos às conclusões finais, comecemos pelas políticas agrícolas da China.

4.2.1. As reformas agrícolas e os problemas actuais da China

O desenvolvimento da agricultura em direcção à economia de mercado abrange três frentes: a primeira é a decisão com base nos mercados, isto é, os agricultores exploram autonomamente actividades agrícolas, nomeadamente, questões como: produzir o quê, produzir quanto e como, são decididas pelos agricultores segundo a necessidade dos mercados e a estimativa do futuro; a segunda refere-se à fixação dos preços dependendo dos mercados, ou seja, os preços dos meios de produção e os preços de venda flutuam de acordo com a oferta e a procura; a terceira é o regime de comercialização nos mercados, quer dizer, compradores e vendedores realizam negócios por vontade própria e decidem autonomamente sobre objectos, quantias e preços[469].

A agricultura é o sector que se mais cedo inseriu na economia de mercado da China, uma vez que a reforma económica interna foi iniciada pelo prelúdio da reforma agrícola em 1978[470]. O ajustamento das políticas agrícolas a partir desse ano, passou a ser realizado através da introdução de um regime de responsabilidade familiar[471]. Alguns anos depois,

---

[469] YANG, Pengfei, (2000), p. 89.

[470] Entre 1978 a 1998, a produção interna agrícola da China aumentou à taxa média de 9.8%, a produção dos principais produtos de base aumentou 67.9%.

[471] HAI, Wen, (1996), *Agricultural Policy Adjustment in the Process of Trade Liberalization,* China Center for Economics Research, Peking University, «hyperlink "http://foram50.cei.gov.cn/Namelist/haiwen"». A essência deste regime é o de ajustar novamente as relações económicas mútuas entre a colectividade e os agricultores através da separação entre a propriedade de terra lavrada e o direito de usufruto. Sob este regime, as unidades de famílias que cultivam terras lavradas por empreitada são sujeitos activos da exploração.

Os impactos para a China da adesão à OMC   195

a antiga obrigatoriedade de entrega de produtos agrícolas ao governo foi substituída pelos contratos de encomenda ou pela aquisição pública nos mercados. Até 1993, os preços dos principais bens alimentares[472] foram liberalizados e passaram a estar directamente ligados à regulação do mercado[473].

Evidentemente, por outro lado, a liberalização da agricultura da China é limitada e o respectivo processo está mais atrasado do que o da economia nacional. Por exemplo, existem dois mercados paralelos de cereais: o mercado de venda a retalho e o mercado de aquisição pública. O primeiro é completamente livre, o segundo é rigorosamente monopolizado pelo Estado, ou seja, somente empresas públicas de aquisição de cereais podem comprar nas zonas rurais[474]; além disso, como a maioria dos cereais mercantis está sujeita aos contratos públicos de encomenda, a autonomia dos agricultores fica de certo modo restringida.

Durante o desenvolvimento em direcção à economia de mercado, os problemas actuais do sector primário da China têm revelado os seguintes aspectos:

Em primeiro lugar, o desequilíbrio entre a oferta e a procura dos mercados cerealíferos desacelera o passo da liberalização agrícola. O antigo estado de carência de cereais foi substituído por um círculo de carência e excesso[475]. Os agricultores enfrentarão mais riscos e pressões dos mercados. De um ponto de vista de longo prazo, a procura será maior do que a

---

[472] Regra geral, existem dois sistemas de preços: preços de encomenda e preços de mercado. No que diz respeito aos produtos de base, os preços de encomenda são inferiores aos de mercado. (Isto significa que o Estado não fornece protecção aos agricultores.) Nos mercados de algodão, existem apenas preços unificados de encomenda pelo Estado.

[473] Os preços de encomenda têm sido constantemente aumentados pelo Estado, com o fim de estimular os incentivos aos agricultores. Entre 1985 e 1993, os preços de encomenda tinham subido com uma taxa de aumento anual de 5.4%; mas, a partir de 1993, a taxa de aumento tem subido 58% anualmente. Por outro lado, os preços de mercado subiram 16.1% anualmente entre 1985 e 1993, mas, a partir de 1993, esta taxa tem sido de 28.4%. Para informações mais detalhadas, Cfr. LIU, Fayou, ZHANG Lijun, (1998), *Shijie Jingji yu Zhongguo (A Economia Internacional e a China),* Social Sciences Documentation Publishing House, Beijing, p. 212.

[474] Outras entidades podem comprar os cereais às empresas públicas de aquisição.

[475] A produção cerealífera de 1983 e de 1984 era excessiva; a produção entre 1985 e 1989 diminuiu e conduziu a uma carência da oferta; na década de noventa, o volume da produção cerealífera tinha aumentado de forma constante e houve "a crise dos cereais em excesso" em 1997 e 1998. Actualmente, há mais de 200 biliões de quilos de cereais reservados na China, *vide* YANG, Fan, (1999), "Shijie Maoyi Zuzhi yu Zhongguo" (A OMC e a China), *Foreign Economic Herald,* Outubro, p. 9.

196 *A China e a Organização Mundial do Comércio*

oferta nos mercados cerealíferos da China. Em 1998, o volume da produção dos cereais *per capita* era de 412 quilos, tendo aumentado 43% em relação aos níveis de 1952, mas a percentagem do volume *per capita* dos países desenvolvidos, pelo contrário, diminuiu de 63% para 58% [476]. Evidentemente, as divergências na relação entre a oferta e a procura a curto prazo e a longo prazo tornam o percurso em direcção à economia de mercado cada vez mais difícil.

Em segundo lugar, os recursos agrícolas limitados da China também restringem tal percurso. A eficiência do sector primário é relativamente mais baixa do que a de outros sectores numa economia de mercado na qual este determina a afectação dos recursos. Por conseguinte, mais recursos agrícolas (a terra lavrada, o capital e a mão-de-obra) serão transferidos para outras áreas com mais vantagens comparativas. No tocante à terra lavrada, a superfície *per capita* da China é apenas de 0.08 hectares (32% da média mundial e 10% da média dos EUA) [477]; simultaneamente, há cada vez mais terra lavrada que tem sido ocupada pela construção não agrícola [478-479]. Quanto ao capital, as despesas fiscais da agricultura representaram 13.6% das despesas fiscais totais em 1978 e 12.2% em 1996, ou seja, a percentagem das despesas fiscais agrícolas da produção interna agrícola baixou de 7.8% em 1980 para 3.4% em 1994 [480]. Os investimentos nas infra-estruturas agrícolas da China têm diminuído de ano para ano. A maioria do capital do sector primário tem sido transferida para o sector secundário através do sistema financeiro [481]. No que concerne à mão-de--obra, os agricultores constituem mais de 70% da população total da China. Hoje em dia, cada vez mais mão-de-obra agrícola se aparta do sector primário e participa na indústria transformadora (isto acontece mais frequen-

---

[476] YANG, Pengfei, (2000), p. 97.

[477] LIU, Fayou, ZHANG Lijun, (1998), p. 210.

[478] Comparada com o registo de 1978, a superfície de terra lavrada real diminuiu 4.4% e a superfície de terra lavrada *per capita* diminuiu 22.6%. YANG, Pengfei, (2000), p. 97.

[479] Antes de 1994, a descentralização fiscal da China permitiu aos governos locais guardar a quota da receita fiscal. Muitos governos sub-centrais concederam a quota de terra lavrada a fim de desenvolver o sector secundário e terciário. Cfr. YE, Weiping, (1999), pp. 139-140.

[480] YANG, Pengfei, (2000), p. 98.

[481] HUANG, Jikun, CHEN, Chunlai, ROZZEL, Scott, TUAN, Francis, *Trade Liberalization and China´s Food Economy in the 21st Century: Implications to China´s National Food Security,* Paper of Center for Chinese Agricultural Policy, Chinese Academy of Agricultural Sciences.

temente nas zonas litorais) e aqueles que permanecem nos trabalhos agrícolas possuem um alto nível de analfabetismo[482].

Por outro lado, à medida que a economia se desenvolve, os preços dos produtos de base da China são superiores aos internacionais[483]. Uma razão é que a acumulação do capital e a modernização da produtividade industrial aumentam o custo da produção agrícola. Actualmente, os trabalhos agrícolas da China são manuais, o aumento do capital investido e dos salários promove o crescimento dos custos de produção. Desde 1978, relativamente ao regime de aquisição pública, o governo tem reduzido a quantidade de encomendas dos produtos agrícolas e, ao mesmo tempo, tem aumentado os preços de compra; relativamente ao regime de vendas, tem liberalizado os mercados cerealíferos[484]. Além disso, a necessidade de consumo dos produtos agrícolas é cada vez maior, devido ao aumento da população; sob as actuais condições de oferta, os preços sobem consequentemente.

Em terceiro lugar, a produção agrícola não está estritamente ligada ao rendimento. Durante muitos anos, no sector primário, o crescimento do rendimento foi sendo relativamente mais lento do que o da produção; simultaneamente, o aumento do rendimento agrícola não tem conseguido reduzir as diferenças entre os trabalhadores rurais e os trabalhadores urbanos[485]. O desequilíbrio dos níveis salariais entre as cidades e o campo na China está a agravar-se.

4.2.2. A abertura dos mercados agrícolas da China

4.2.2.1. *A posição do comércio agrícola da China no quadro mundial*

Como já dissemos, a produção agrícola da China é a maior no mundo. As produções de alguns produtos agrícolas representam o primeiro lugar no mundo, nomeadamente, os cereais, o algodão, plantas oleaginosas, a

---

[482] LIU, Fayou, ZHANG Lijun, (1998), pp. 210-211.

[483] HUANG, Jikun, MA, Hengyun, (2000), "Zhongguo Zhuyao Nongchanpin Shengchan Chengben Guojo Bijiao" (A Comparação Internacional do Custo da Produção dos Produtos Agrícolas), *Intertrade,* N.° 4, pp. 41-44.

[484] LIU, Fayou, *et.al,* (1998), p. 213.

[485] Em 1985, o salário de um trabalhador rural representava 95% do salário de um operário urbano; entretanto, em 1998, a taxa diminuiu até aos 65%. YANG, Pengfei, (2000), p. 100.

198   *A China e a Organização Mundial do Comércio*

carne, produtos aquáticos, o amendoim, frutas; a produção de soja e de chá ocupa respectivamente o segundo e o terceiro lugares mundiais[486].

Entre 1980 e 1997, o volume do comércio agrícola da China aumentou 6%, a taxa de crescimento das exportações e das importações era respectivamente de 7.4% e 4.5%. No entanto, comparada com outros países, a quota da China nas trocas agrícolas internacionais é ainda relativamente baixa. Em 1997, a exportação dos produtos agrícolas da China ocupou 2.7% da exportação mundial dos produtos agrícolas (ficou em 12.º lugar), sendo a sua quota de importação de apenas 2.3% (ficou em 11.º lugar)[487].

QUADRO IV.2

Os principais países exportadores dos produtos agrícolas em 1997
(percentagens das exportações agrícolas mundiais)

	1980	1990	1997
EUA	17.1	14.3	13.3
França	6.9	9.0	7.2
Holanda	5.7	7.7	6.1
Canadá	5.0	5.4	5.7
Alemanha	4.2	5.9	5.0
Reino Unido	3.1	3.6	3.6
Austrália	3.3	2.9	3.2
Bel./Lux.	2.4	3.2	3.2
Brasil	3.4	2.4	3.2
Itália	2.1	2.9	2.9
Espanha	1.4	2.3	2.9
China	1.5	2.4	2.7
Argentina	1.9	1.8	2.3

Fonte: OMC

Relativamente à estrutura dos produtos agrícolas, os cereais constituem os mais importantes produtos importados pela China. Entre 1978 e 1997, houve 14 anos de importação líquida de cereais na China[488]. Em 1997, a importação dos cereais representou mais ou menos 10% da produção cerealífera do mundo, a percentagem dos países desenvolvidos era

---

[486] As informações encontram-se disponíveis na página «hyperlink "http://www. stats.gov.cn"».

[487] *Livro Branco do Comércio Externo e da Cooperação Económica da China* (1999), Editora Ciência Economia, Beijing (1999), p. 348.

[488] *Livro Branco* (1999), pp. 63-64.

Os impactos para a China da adesão à OMC

de 7%, a dos países em vias de desenvolvimento de 13%, enquanto que a da China era de apenas 2.3%[489]. O trigo foi, durante muitos anos, um dos produtos mais importados pela China; recentemente, além do trigo, a soja e o milho têm sido os principais produtos importados[490].

QUADRO IV.3

Os principais países importadores dos produtos agrícolas em 1997
(percentagens das importações agrícolas mundiais)

	1980	1990	1997
Japão	9.4	11.0	10.7
EUA	8.5	8.7	9.9
Alemanha	9.5	10.3	7.8
Reino Unido	6.4	6.5	5.7
França	5.9	6.3	5.2
Itália	6.2	6.8	5.1
Holanda	4.2	4.1	3.4
Bel./Lux.	3.1	3.2	3.0
Espanha	1.8	2.7	2.7
Hong Kong,China	1.2	1.8	2.3
China	1.9	1.7	2.3
Canadá	1.7	2.0	2.2
Coreia do Sul	1.5	2.1	2.2

Fonte: OMC[491]

Os produtos cerealíferos exportados da China são o milho (58.53% da exportação total dos produtos cerealíferos), o arroz[492] (12.18%) e a soja (10.55%). Além dos cereais, outros produtos agrícolas da China têm mais vantagens comparativas nos mercados internacionais. Nomeadamente, no período entre 1980 e 1997, os produtos pecuários representavam 14.7% da exportação agrícola total, os produtos aquáticos ocupavam o segundo lugar, com um total de 12%; entretanto, as quotas de hortaliças e frutas têm aumentado constantemente nos últimos anos.

---

[489] YANG, Pengfei, (2000), p. 107.

[490] YE, Weiping, (1999), p. 191. O aumento da produção dos produtos pecuários precisa de cada vez mais cereais. A partir de Dezembro de 1994, a China restringiu a exportação de milho, a fim de aliviar a pressão da inflação interna e da oferta dos alimentos não-essenciais, e importou milho pela primeira vez.

[491] Estas informações foram obtidas no Instituto Estatístico da China.

[492] A produção de arroz na China constitui 1/3 da produção internacional; o volume da exportação internacional de arroz representa somente 10% da produção interna da China. YANG, Pengfei, (2000), p. 108.

200 A China e a Organização Mundial do Comércio

Os mais importantes mercados de exportação dos produtos agrícolas da China são os países asiáticos. Os principais mercados de importação de trigo são o Canadá, a Austrália, os EUA, o Reino Unido e a França; os mercados de soja são os EUA, o Brasil, a Argentina e a Rússia[493].

4.2.2.2. Análise dos impactos da liberalização do comércio agrícola depois da entrada na OMC

Sob o sistema multilateral, a abertura dos mercados internos é a questão essencial da liberalização do comércio. Como enfrentar a abertura dos mercados agrícolas é um dos principais desafios para a China, depois da entrada na OMC.

A essência da abertura dos mercados agrícolas é a internacionalização do crescimento da agricultura[494]. Isto é, a oferta e a procura dos produtos agrícolas são feitas a nível mundial e, de igual modo, os factores da produção são oferecidos por todo o mundo. Em teoria, isto significa que haverá uma mudança da estrutura dos mercados agrícolas, ou seja, uma mudança dos factores determinantes do lado da oferta e do lado da procura. Tal mudança pode exercer influências tanto positivas como negativas sobre o crescimento da agricultura de um país.

4.2.2.2.1. Influências positivas de longo prazo

Do ponto de vista das influências positivas, a globalização do crescimento da agricultura proporciona vias de solução para a procura e para a oferta na perspectiva internacional. Por exemplo, embora num país a oferta seja maior do que a procura, no âmbito global, é provável que a oferta não satisfaça a procura e *vice-versa*. Nestas circunstâncias, os problemas internos da procura ou da oferta dos produtos agrícolas poderão ser resolvidos de forma mais alargada, especialmente porque um país poderá adquirir produtos de base a preços mais baratos. Por um lado, a integração no comércio internacional promoverá a elasticidade da oferta e da procura dos produtos agrícolas de um país; por outro lado, a circulação dos produtos fornecerá meios para resolver problemas dos recursos agrícolas, quer se trate de carência ou de abuso de recursos agrícolas. Numa palavra,

---

[493] Segundo o *Almanaque do Comércio Externo da China*, (1998-1999).
[494] YANG, Pengfei, (2000), p. 100.

a liberalização do comércio agrícola permite aos países participar na especialização internacional e desenvolver as suas vantagens comparativas.

No caso da China, os actuais problemas do sector primário poderão ser significativamente aliviados após a adesão à OMC. Antes de mais, o comércio agrícola deve ser um instrumento para equilibrar a oferta e a procura dos mercados internos, através da participação nos mercados internacionais. Quando os preços mundiais forem inferiores aos internos e a oferta satisfizer a procura, a China pode aumentar o volume das importações ou diminuí-las. Além disso, a estrutura da produção agrícola pode igualmente ser ajustada pelo comércio internacional, equilibrando assim anos de escassez e anos de boa colheita. A análise anterior demonstra que, embora actualmente a oferta do sector primário seja maior do que a respectiva procura na China, esta situação não se vai manter por muito tempo neste país tão grande com tantas necessidades de consumo. A essência deste problema reside na contradição entre a limitação e a utilização dos recursos agrícolas da China. Por conseguinte, sendo muito difícil resolver tal contradição, apenas dependendo do ajustamento das produções internas, a China tem que aproveitar os mercados internacionais.

Por outro lado, a importação moderada de cereais alivia as pressões da escassez dos recursos agrícolas da China de longo prazo. Entende-se isso pelas seguintes razões: (1) A importação de cereais pode aliviar a contradição entre a população excessiva e a carência de recursos agrícolas. (2) A importação de cereais equivale à importação dos subsídios à agricultura dos EUA e de outros países desenvolvidos[495]. (3) A importação de cereais pode controlar o rápido aumento dos preços internos e aliviar as pressões da inflação. Actualmente, os preços dos principais cereais da China são superiores aos internacionais, (o preço de arroz é superior ao preço internacional em 60%, o de milho é superior em 46%, o da soja é superior em 84.5%)[496], portanto, a importação será um instrumento de controlo da inflação dos produtos agrícolas da China. (4) A importação moderada é favorável para o desenvolvimento sustentável da China. O desgaste de terra lavrada de grande escala tem repercussões negativas no ambiente. Por isso, a importação de cereais é considerada a importação de patrimónios ambientais.

---

[495] HU, Angang, (1999), p. 278.

[496] LI, Quangen, (2000), "Rushi Yihou de Woguo Liangshi Liutong Xingeju", (A Nova Estrutura da Comercialização dos Cereais na China após a Adesão à OMC), *Journal of Internacional Trade*, N.° 6, p. 7.

Por último, através do comércio internacional, os agricultores chineses são incentivados a produzir produtos com mais vantagens competitivas, designadamente, aqueles com mais valor acrescentado, como os produtos pecuários, aquáticos, hortaliças e frutas. Embora a China não tenha vantagens comparativas dos produtos agrícolas de terra intensiva, demonstra competitividade nos produtos agrícolas de trabalho intensivo, particularmente produtos pecuários, aquáticos, plantas oleaginosas e frutas. A adesão à OMC vai promover a exportação de produtos agrícolas chineses com vantagens comparativas. Assim, os rendimentos dos agricultores poderão aumentar gradualmente.

4.2.2.2.2. Os choques potenciais de curto prazo

Por causa das interdependências com os mercados internacionais, a economia interna fica sempre restringida pela economia mundial. Mais especificamente, a liberalização do comércio agrícola poderá exercer influências passivas através dos dois aspectos que serão abordados a seguir.

Antes de mais, os mercados internacionais poderão provocar choques potenciais no sector primário nacional. Supondo que os produtos agrícolas estrangeiros são mais competitivos, devido ao menor custo, nesse caso, sempre que apareçam em grande quantidade nos mercados agrícolas internos, tal poderá abalar o crescimento da agricultura do país importador e inclusivamente prejudicar a base do desenvolvimento da economia agrícola nacional de longo prazo. Contudo, na realidade, as vantagens comparativas e os custos económicos não são as únicas considerações quanto à elaboração das políticas agrícolas de um país. Outro factor essencial é a segurança nacional dos bens alimentares. Consequentemente, a perda económica e o aumento das despesas financeiras são considerados custos de estratégia da defesa nacional. Adoptar políticas de auto-suficiência, com o fim de garantir a segurança nacional, ou adoptar políticas de dependência da importação devido à eficiência económica, parece uma escolha bastante difícil de fazer. É de notar que o aproveitamento e a dependência dos mercados internacionais são dois conceitos distintos. O primeiro não conduz inevitavelmente ao segundo, sendo determinado pelo modo e grau de participação nos mercados internacionais.

Em segundo lugar, a flutuação dos mercados mundiais poderia transmitir-se para os mercados internos, incluindo as preocupações com a instabilidade dos mercados agrícolas internacionais, nomeadamente as preocupações das condições de oferta, dos preços e das possibilidades de embargos efectuados pelos países exportadores.

Relativamente aos impactos sobre a agricultura depois da sua adesão à OMC, a China vai enfrentar choques nos produtos agrícolas, especialmente nos cereais provenientes dos mercados internacionais. O volume da importação dos produtos cerealíferos e outros de terra intensiva irá aumentar à medida que a China for perdendo as suas vantagens comparativas na produção de cereais. Conforme o acordo sino-americano sobre a adesão da China à OMC, o volume anual de importação cerealífera poderá atingir 25 milhões de toneladas, o que representa cerca de 5% do consumo interno de cereais, ou seja, 5% dos mercados internos serão concedidos às empresas estrangeiras[497]. O governo da China não poderá interferir na comercialização dos produtos cerealíferos, como anteriormente, porque cada vez mais entidades privadas vão participar no negócio agrícola. Neste sentido, a produção interna agrícola poderá decair. Antigamente, o rendimento dos agricultores da China era compensado parcialmente pelo aumento dos preços internos dos produtos agrícolas, no entanto, esta tendência não vai continuar, durante a liberalização, no futuro da agricultura. Além disso, a pequena escala de produção agrícola da China não consegue competir com a grande escala dos seus parceiros comerciais. Dentro de um curto período de tempo após a sua entrada na OMC, mais pessoas, no campo, enfrentarão a pressão do desemprego e, simultaneamente, o rendimento dos agricultores irá baixar e aumentar o abismo dos rendimentos entre o campo e as cidades.

4.2.2.3. *O ajustamento das políticas agrícolas*

A adesão à OMC e a globalização económica tornam a abertura dos mercados internos agrícolas da China uma necessidade. A abertura dos mercados tem dois sentidos e comporta sempre benefícios e custos. A entrada na OMC vai incrementar o processo em direcção à economia de mercado e o grau de abertura do sector primário. Os obstáculos para a entrada de produtos agrícolas estrangeiros vão diminuir, os métodos tradicionais de regulação da importação e da exportação serão substituídos gradualmente. Para os produtos agrícolas da China, as licenças de importação, as restrições quantitativas e outros obstáculos não pautais serão transformados em direitos aduaneiros equivalentes. A fim de enfrentar os choques potenciais, ao aderir à OMC, a estratégia do comércio agrícola da China deve englobar os seguintes conteúdos:

---

[497] YU, Yongding, (2000), p. 138.

204   *A China e a Organização Mundial do Comércio*

Em primeiro lugar, a agricultura da China deve basear-se nos seus próprios mercados. A procura do consumo de cereais por 1.2 biliões de pessoas não pode depender dos mercados internacionais. A China não é capaz de adoptar as experiências do Japão e da Coreia do Sul que têm uma alta taxa de importação cerealífera. Nos territórios de grandes dimensões, não é económico transportar cereais importados, por isso, as respectivas regiões da China devem também tentar garantir a "auto-suficiência" dos cereais. Contudo, a "auto-suficiência" distingue-se do conceito tradicional, o qual se refere a todos os produtos agrícolas ou à total "auto-suficiência" de um determinado produto. Este conceito em si não significa a independência a cem por cento da produção interna. Actualmente, a taxa de auto-suficiência da China é de 98%; depois de alguns anos após a sua entrada na OMC, esta poderá manter-se entre 90% e 95%[498]. Comparada com outros países, a China ainda será um país com elevada taxa de auto-suficiência[499]. Além disso, não é aconselhável que a China adopte políticas de protecção. Nos casos dos EUA e da União Europeia, em que há menos população agrícola, a protecção para o sector primário é mais fácil de realizar; no entanto, os agricultores na China representam 80% da população nacional e neste momento não é praticável adoptar políticas do proteccionismo.

Em segundo lugar, a estrutura da produção agrícola da China deve ser ajustada, de acordo com o princípio da vantagem comparativa e da vantagem competitiva, nomeadamente, mais produtos agrícolas de terra intensiva devem ser trocados pelos de trabalho intensivo. Segundo a mudança da procura nos mercados internacionais, entre 1975 e 1994[500], no volume total da importação dos produtos agrícolas, a percentagem dos cereais diminuiu de 28.4% para 15.5%, a percentagem dos produtos agrícolas de trabalho intensivo (hortaliças e frutas) atingiu 21% e a de produtos aquáticos aumentou de 6.5% para 15.2%. Por isso, a maior produção destes produtos está relacionada com procura dos mercados mundiais.

Em terceiro lugar, a China pode aumentar a sua reserva de produtos agrícolas. Sendo um país com grande necessidade de recursos agrícolas, as políticas de preservação de tais recursos são sempre estimuladas.

---

[498] O Grupo de Trabalho da Universidade de Agricultura da China, (1999), "Jiaru Shijie Maoyi Zuzhi Dui Woguo Nongchanpin Maoyi de Yingxiang" (Os Impactos da Adesão à OMC sobre a Agricultura do País), *The Journal of World Economy*, N.° 9, p. 12.

[499] LIN, Justin, Yifu, HU, Shudong, (2000), *Jiaru Shijie Maoyi Zuzhi: Tiaozhan yu Jiyu (A Adesão à OMC: Desafios e Oportunidades)*,China Center for Economic Research, working paper series, N.° C2000004.

[500] YANG, Pengfei, (2000), pp. 109-110.

Os impactos para a China da adesão à OMC   205

Finalmente, é necessário fornecer protecção à agricultura, tendo em conta a segurança nacional. A China deve aproveitar, de forma flexível, medidas de protecção permitidas pelo Acordo Sobre a Agricultura da OMC, Além disso, o governo deve resolver o desequilíbrio do rendimento entre as cidades e o campo.

A seguir, iremos analisar as políticas agrícolas mais concretas do ajustamento da China depois da entrada na OMC.

4.2.2.3.1. *Políticas de acesso aos mercados*

Quaisquer alterações no acesso aos mercados exercem influências mais significativas e directas sobre o comércio agrícola. O Acordo Sobre a Agricultura da OMC restringe todos os tipos de controlo do acesso aos mercados internos, na medida em que tais disciplinas são desfavoráveis para um país com baixo nível de produtividade na agricultura como a China. Todavia, as cláusulas desse Acordo não impedem completamente medidas de protecção do sector primário. Na realidade, as disposições da OMC possuem alguma elasticidade, consequentemente, o seu uso apropriado reduzirá ao máximo as influências passivas.

No tocante ao período de cumprimento, os compromissos e concessões feitos pela China, quanto ao acesso aos mercados, não entrarão em vigor imediatamente aquando da sua entrada na OMC, isto é, a China liberalizará os seus mercados gradualmente. Segundo o Acordo Sobre a Agricultura, a redução dos direitos aduaneiros começou em 1995, sendo a duração de cumprimento de 6 anos para os países desenvolvidos e de 10 anos para os países em vias de desenvolvimento. No acordo sino-americano, a China poderá reduzir as pautas agrícolas até 2004; isto aplica-se também ao regime do contingente alfandegário. A China poderá aproveitar o período de transição e aliviar os choques através do ajustamento da estrutura agrícola e das políticas de preços.

No que concerne à quantidade, o volume concedido no regime do contingente alfandegário é apenas uma oportunidade de acesso em vez de um dever de importação. No Acordo Sobre a Agricultura não há uma cláusula de execução forçada e nem tão pouco os outros Estados-Membros têm o direito de exigir o cumprimento de um determinado membro. É de notar que a quantidade real de importação é determinada por dois factores em vez do volume do regime de contingente alfandegário: a procura interna e o preço interno [501]. Embora os preços internos da China sejam hoje em dia

---

[501] YANG, Pengfei, (2000), p. 113. Desde que os preços internos se aproximem dos

206   *A China e a Organização Mundial do Comércio*

superiores aos internacionais, tal relação pode ser alterada por futuras trocas agrícolas.

Relativamente aos diferentes produtos, existem diferentes critérios de acesso aos mercados e os respectivos contingentes alfandegários variam significativamente. Conforme o acordo sino-americano, por exemplo, entidades públicas desistirão do negócio do óleo de soja, 25%~50% das quotas de milho, 50% das quotas de arroz e 67% das quotas de algodão serão transferidas para entidades privadas, enquanto o Estado ainda detém 90% das quotas do trigo.

4.2.2.3.2. *O apoio interno*

Sendo métodos tradicionais relevantes e alguns de apoio interno, as subvenções aos preços, aos rendimentos, às despesas e à exportação são pagamentos directos aos agricultores. Durante muitos anos, a China não apoiou a agricultura. Como se referiu anteriormente, não é praticável proteger a agricultura na China. No entanto, tal não significa que o governo nada faça. À medida que abre os mercados internos, a China tem ainda bastantes espaços para utilizar subsídios a fim de apoiar o sector primário. Por um lado, o governo deve reduzir e eliminar as medidas que tenham efeitos de distorção; por outro lado, deve usar as medidas de apoio racionalmente, especialmente os subsídios verdes e azuis, para melhorar as infraestruturas que o desenvolvimento agrícola precisa, incluindo a investigação e a divulgação do sector primário, o transporte rural, a rede de irrigação, as telecomunicações, bem como o estabelecimento dos mercados de produtos agrícolas.

4.2.2.3.3. *Políticas de salvaguarda*

A agricultura é uma actividade que corre riscos. Estes podem provir dos mercados ou da natureza. A substituição dos subsídios dos preços pelo mecanismo de salvaguarda é uma tendência muito importante nas políticas agrícolas a nível mundial. A adopção deste mecanismo de salvaguarda é necessária na China depois da sua entrada na OMC.

---

internacionais e a produção interna consiga satisfazer as necessidades internas, a importação de grandes quantidades, irá ficar automaticamente restringida pelos mercados.

4.3. OS IMPACTOS DA ADESÃO NA INDÚSTRIA TÊXTIL

A indústria de têxteis e vestuário da China é um sector da actividade económica com grande peso, uma vez que a China é o maior país de produção e de exportação de produtos têxteis no mundo. A produção e a exportação de têxteis e de vestuário têm um papel muito importante no desenvolvimento da economia nacional e na balança de divisas para a China[502] e, simultaneamente, influenciam o equilíbrio entre a oferta e a procura do mercado internacional e a estrutura comercial. Em 1980, o posicionamento da exportação, em termos de volume de têxteis e vestuário, classificou a China em décimo lugar a nível mundial; entretanto, quinze anos depois, esta tornou-se o primeiro exportador e o seu volume de exportação de têxteis e vestuário aumentou de 4.6% no cômputo mundial, em 1980, para 12%, em 1995, e para 13.7%, em 1997[503].

No GATT 1947, o sector de têxteis e vestuário escapou ao princípio do livre-cambismo, os países desenvolvidos aplicaram restrições quantitativas discriminatórias aos produtos têxteis exportados pelos países em vias de desenvolvimento. Após negociações árduas do *Uruguay Round,* o comércio têxtil está a caminhar no sentido do Acordo Sobre Têxteis e Vestuário. O estabelecimento do novo regime de comércio têxtil influenciará significativamente a China, o país que está a aderir ao sistema multilateral da OMC.

4.3.1. O comércio dos têxteis e vestuário da China sob os Acordos Multifibras (AMF)

A indústria têxtil é o sector mais importante no processo de industrialização dos países em vias de desenvolvimento. Os produtos têxteis são sempre produtos sensíveis no comércio internacional. Por um lado, sendo produtos de trabalho intensivo, a elasticidade da procura determina a limitação do seu crescimento potencial. Numerosos países em vias de desenvolvimento apoiam a indústria têxtil e promovem as exportações; por conseguinte, a concorrência por uma maior percentagem no mercado internacional é cada vez mais intensa. Por outro lado, os países desenvolvidos não

---

[502] Em 1997, a percentagem da produção interna da indústria têxtil da China representou 11.17% do PIB, a exportação de têxteis e vestuário era de 24.97% da exportação total. YU, (2000), p. 165.

[503] Hong Kong Trade Development Council, "Textiles and Clothing Markets Brace for Major Changes", disponível na página «hyperlink "http://www.tdctrade.com/alert/ch004b.htm"».

208 A China e a Organização Mundial do Comércio

poupam esforços para proteger a indústria têxtil nacional, a fim de manter o emprego no próprio país [504].

Durante cerca de 20 anos, entre a década de setenta e a conclusão do *Uruguay Round,* o comércio têxtil ficou restringido pelos Acordos Multi-fibras elaborados entre importadores e exportadores de têxteis e vestuário. Os AMF permitiram uma "administração" do comércio internacional de têxteis. Eles aliviam efectivamente pressões dos mercados e das indústrias nacionais dos países desenvolvidos, devido às exportações dos países em vias de desenvolvimento, através dos contingentes de importação, da taxa de crescimento e de outras medidas [505]. Na realidade, os AMF são incompatíveis com o princípio da não discriminação, com o princípio da proibição de restrições quantitativas.

Tratando-se de um país em vias de desenvolvimento relativamente atrasado, onde a indústria têxtil tem sido a indústria pilar, esta tem um papel muito importante na economia nacional, no que diz respeito à satisfação de necessidades quotidianas, à oferta de empregos e à acumulação de capital. No entanto, como a China prestava mais atenção às indústrias de capital intensivo, após o estabelecimento do Estado novo em 1949, e adoptava políticas de substituição da importação, durante muitos anos não conseguiu desenvolver as suas vantagens comparativas, designadamente a indústria têxtil.

À medida que as políticas de abertura foram sendo implantadas no final da década de setenta, as distorções foram sendo sucessivamente corrigidas. O sector dos têxteis e vestuário da China tem revelado grande vitalidade. Desde os anos oitenta, os países asiáticos recém-nascidos têm aumentado as exportações de maquinaria e perdido gradualmente as vantagens comparativas do sector têxtil. A China aproveitou bastante bem esta oportunidade e começou a explorar os mercados estrangeiros. Em 1986, pela primeira vez, os têxteis e vestuário, substituindo o petróleo, tornaram a ser os produtos exportados mais importantes da China [506].

---

[504] As restrições quantitativas adoptadas pelos países desenvolvidos englobam três tipos: restrições a nível internacional, restrições dos acordos bilaterais e restrições unilaterais. As restrições mais frequentes são as dos acordos bilaterais, isto é, todos os contingentes aplicados pelo país importador têm que ser negociados com o país exportador e confirmados nos acordos assinados por ambos (auto-limitações à exportação). YU, (2000), p. 153.

[505] A essência dos AMF era um conjunto de mecanismos de salvaguarda baseado no princípio da desorganização dos mercados, princípio esse que autorizava a redução das importações provenientes de países de baixos custos de produção. Leia-se, CAMPOS, João Mota de, (1999), p. 358.

[506] YU, (2000), p. 164.

Na conjuntura do desenvolvimento da indústria têxtil da China, foi em 1984 que a China aderiu ao terceiro Acordo Multifibras, a fim de obter um tratamento igual ao dos outros países em vias de desenvolvimento[507]. É de notar que as exportações dos têxteis e vestuário da China, que não estavam sujeitos aos AMF, tinham sido limitadas também pelas restrições dos países desenvolvidos. Entre 1981 e 1983, a percentagem dos têxteis e vestuário da China, sujeitos às restrições quantitativas da Europa e dos EUA, atingiu respectivamente 34% e 60%[508]. Embora o poder dos países em vias de desenvolvimento fosse muito menor do que o dos países mais avançados, os países em vias de desenvolvimento podiam unir-se, defendendo os próprios direitos e interesses. Para a China, os acordos bilaterais, sob o sistema multilateral, não iam conduzir a um tratamento menos favorável do que para outros países em vias de desenvolvimento, ou seja, discriminatório. Durante o período entre 1984 quando a China aderiu aos AMF e se concluiu o *Uruguay Round* em 1994, o volume da exportação dos têxteis e vestuário da China tinha aumentado 4 vezes, com uma taxa de crescimento anual de 16.7%, superior à taxa do crescimento do total dos produtos exportados pela China (14.9%) na mesma altura[509].

No entanto, durante os últimos dez anos, a característica do proteccionismo dos AMF tem sido cada vez mais visível, quer no âmbito dos produtos quer ao nível das restrições. Observemos os acordos bilaterais entre a China e os EUA sobre os têxteis e vestuário. Em primeiro lugar, nota-se que o número dos produtos têxteis sujeitos a restrições aumentou. Havia 8 categorias sujeitas a restrições no primeiro acordo sino-americano, 33 no segundo, 84 no terceiro, até chegar a 104 no quinto acordo[510].

---

[507] Nos acordos bilaterais sino-americanos assinados antes de 1984, a China ficava numa posição de negociação muito desfavorável por causa de falta do apoio do sistema multilateral. Os EUA alargaram unilateralmente as restrições aos têxteis e vestuários vindos da China e tais medidas nunca foram supervisadas e consolidadas pelas organizações internacionais. Nessas circunstâncias, a China não ficava no mesmo ponto de partida com os seus concorrentes a nível do comércio têxtil.

[508] CHEN, Huijie, (2000), "WTO Guize yu Zhongguo Bijiao Youshi Chanye de Fazhan" (As disposições da OMC e o Desenvolvimento da Indústria com Vantagens Comparativas da China), *Journal of Shanghai Institute of Foreign Trade,* N.° 10, p. 5.

[509] YU, (2000), pp. 164-184.

[510] Há duas razões para explicar este fenómeno: por um lado, as novas espécies foram sempre acrescentadas no âmbito da restrição; por outro, as categorias que já estavam sujeitas à restrição foram de novo divididas. Assim, os países exportadores de têxteis e vestuário encontram maior dificuldade face aos contingentes.

210 *A China e a Organização Mundial do Comércio*

Em segundo lugar, a taxa de crescimento dos contingentes tem diminuído constantemente. No início da adesão aos AMF, segundo o terceiro acordo sino-americano, a taxa de aumento dos contingentes era de 5%~6%, sendo posteriormente reduzida até 0% em 1994; o quinto acordo sino-americano, que entrou em vigor em 1997, com 4 anos de duração, estabelece uma taxa de aumento de apenas 1.57%. Em terceiro lugar, a percentagem dos têxteis e vestuário sujeitos a restrições nas exportações totais é cada vez maior. Em 1984, 60% dos produtos têxteis da China exportados para os EUA estavam sujeitos à administração dos contingentes; em 1987, tal percentagem aumentou para 84%; nos anos noventa, há mais de 90% de produtos sujeitos a restrições quantitativas.

Tudo isso sugere que a capacidade da China de obter benefícios comerciais, de acordo com o princípio da vantagem comparativa e da especialização internacional, tenha sido restringida pelo proteccionismo dos países mais desenvolvidos.

4.3.2. **O comércio dos têxteis e vestuário da China depois do *Uruguay Round***

O Acordo Sobre Têxteis e Vestuário que entrou em vigor em 1 de Janeiro de 1995 é um documento que marca uma época, declarando a conclusão do antigo sistema multilateral dos têxteis e vestuário, que se caracterizava pelos contingentes dos AMF, e define o quadro normativo para a chegada do novo século. Uma vez que a China não conseguiu regressar ao GATT e ser um membro original da OMC, ficou excluída da liberalização do comércio dos têxteis e vestuário. Além disso, à medida que o comércio intra-blocos se desenvolve, as exportações dos têxteis e vestuário da China são cada vez mais difíceis.

4.3.2.1. *A execução do Acordo Sobre Têxteis e Vestuário e o respectivo resultado*

Na altura da entrada em vigor do Acordo Sobre Têxteis e Vestuário, em 1995, houve mais de 1300 categorias de produtos têxteis sujeitas aos contingentes de importação, que envolviam mais de 30 países em vias de desenvolvimento[511]. Conforme o respectivo Acordo, ao longo de um pe-

---

[511] Fu, Xingguo, (1998), "Jiannan de Guodu – WTO Fangzhipin Maoyi Ziyouhua

Os impactos para a China da adesão à OMC

ríodo de 10 anos, a contar da data da sua entrada em vigor, os contingentes e outras restrições dos AMF serão suprimidos progressivamente em quatro etapas. Após o período transitório, todas as disposições do GATT vão ser aplicadas no sector dos têxteis e vestuário, sendo que, quaisquer medidas de salvaguarda das indústrias nacionais, devem ser compatíveis com o artigo 19.° do GATT 1994 e o Acordo Sobre as Medidas de Salvaguarda.

Entre 1995 e 1998, decorreu a primeira etapa do período transitório do Acordo Sobre Têxteis e Vestuário. Os países que punham em prática restrições, nomeadamente, os EUA, a União Europeia, o Canadá, a Noruega e outros integraram no quadro do GATT 16% do volume total (referente a 1990) das importações de produtos têxteis e vestuário referido no anexo do Acordo. Contudo, não houve uma liberalização significativa neste período[512]. Isto por várias razões. Antes de mais, o âmbito das categorias dos produtos era muito amplo (sendo mais de 9000 os produtos têxteis) e muitos destes não estavam sujeitos aos AMF, facto esse desfavorável para os países exportadores. Realmente, em 1990, 34% da importação dos produtos têxteis da UE e 37% dos EUA não foram restringidos pelos contingentes e, por conseguinte, a liberalização da primeira etapa foi minimizada[513]. Em segundo lugar, as percentagens da integração no quadro do GATT são calculadas com base no volume da importação e os países desenvolvidos incluíram, na integração da primeira etapa, um maior volume, em vez do valor do comércio têxtil, a fim de retardar os passos da liberalização do comércio. Em terceiro lugar, nesta calendarização, deixa-se aos países importadores a escolha dos produtos que entram em cada etapa, ainda que, em cada uma destas, se devam incluir os quatro grupos de produtos mencionados no Acordo, isto é, *os cardados, os fios, os tecidos e os artigos de confecção e vestuário*[514]. O vestuário tem um papel muito importante na importação dos países desenvolvidos, mas, numa primeira etapa, o vestuário detinha o menor grau de liberalização.

Por enquanto, a China, o maior país exportador de têxteis e vestuário do mundo, é excluída deste processo de liberalização, ao mesmo tempo que outros países foram aumentando as suas quotas nos mercados internacionais.

Jincheng ji qi dui Zhongguo de Yingxiang" (O Doloroso Período Transitório – A Liberalização do Comércio Têxtil da OMC e os Impactos na China", *Intertrade*, N.° 4, pp. 33-34.

[512] Yu, Yongding, (2000), pp. 179-183.

[513] Fu, Xingguo, (1998), p. 35.

[514] Campos, João, Mota de, (1999), p. 360.

4.3.2.2. As influências do comércio internacional actual de têxteis e vestuário sobre a exportação da China

4.3.2.2.1. Influências do comércio de têxteis intra-blocos

O êxito do *Uruguay Round* reflectiu o reforço do sistema multilateral e o nascimento de novos blocos de grande revelo tem alterado significativamente a estrutura do comércio internacional. Esta tendência, especialmente nos mercados europeus e americanos, conduziu a impactos desfavoráveis para a exportação dos têxteis e vestuário da China.

A formação da NAFTA, em 1994, proporcionou aos seus membros um tratamento dos contingentes e dos direitos aduaneiros preferível face ao Acordo Sobre Têxteis e Vestuário, promovendo o aumento do comércio dos têxteis e vestuário neste bloco.

Durante os 10 anos entre 1988 e 1998, a maior mudança na importação dos têxteis e vestuário dos EUA é que o México e o Canadá representaram, respectivamente, o primeiro e o segundo país exportador, ficando a China em terceiro lugar[515]. Além do Acordo da NAFTA, a integração dos EUA no hemisfério ocidental, relativamente à produção e à exportação dos têxteis e vestuário, constitui outro factor que influencia a estrutura comercial.

Recentemente, as políticas elaboradas pelos EUA, incluindo a secção 807 do *Trade Act,* com o fim de apoiar a indústria têxtil nacional, têm proporcionado um tratamento mais favorável no acesso aos mercados, isto é, os têxteis e vestuário provenientes dos países das Caraíbas (tecidos americanos talhados nos EUA) ficam isentos dos direitos aduaneiros e dos contingentes. Hoje em dia, 35% das importações de têxteis e vestuário dos EUA provêm dos membros da NAFTA ou dos países das Caraíbas segundo a disposição da secção 807[516]. Face a essas preferências, a quota dos têxteis e vestuário da China é, sem dúvida, afectada.

A União Europeia, que se distingue do mercado dos EUA pela grande revelação do comércio intra-blocos, é o segundo mercado para os produtos têxteis da China. Actualmente, no mercado europeu, 70% do comércio de têxteis e 80% do comércio de vestuário são realizados dentro do bloco[517]. O alargamento da UE e a adopção da moeda única são resultado do proces-

---

[515] FU, Xingguo, (1998), p. 36.

[516] FU, Xingguo, (1998), p. 36. É de notar que, em 1988, a China se classificou em primeiro lugar, o Canadá em quinto e o México em sexto lugar na importação de têxteis e vestuário pelos EUA.

[517] «hyperlink "http://www.tdctrade.com"».

so de integração e nessa medida, a integração europeia exerce influências significativas nas exportações têxteis da China[518]. Em especial, a adopção do euro é muito favorável para a exportação dos têxteis e vestuário dos países da Europa de Leste que têm uma estrutura semelhante à da China.

A ASEAN está também a acelerar a liberalização do comércio, ou seja, a redução dos direitos aduaneiros e a eliminação dos obstáculos não pautais[519]. Os têxteis e vestuário estão englobados no plano de redução dos direitos aduaneiros; em produtos com taxas superiores a 20% estas deviam ser reduzidas até 0%~5% antes de 1 de Janeiro de 2000, e naqueles com taxas inferiores a 20% até 0%~5% antes de 1 de Janeiro de 1998. Os produtos sujeitos ao plano de liberalização do comércio precisam de possuir 40% do conteúdo local. Todos os dispositivos estão a exercer e vão continuar a exercer influências positivas para aumentar a competitividade da indústria têxtil e alargar o comércio intra-blocos dos têxteis e vestuário. Uma vez que a maioria dos membros da ASEAN são concorrentes da China nos mercados têxteis, nos EUA e na UE, a concorrência entre ambos será cada vez mais intensa.

4.3.2.2.2. *Influências das barreiras não pautais*

As barreiras não pautais após o *Uruguay Round* têm-se desenvolvido com base nos obstáculos não pautais tradicionais, especialmente os obstáculos técnicos e as medidas *anti-dumping*.

Entre muitos obstáculos técnicos, as medidas ambientais constituem razão legítima de restrição ao comércio. Os membros da OMC podem decidir o nível da protecção ambiental conforme a situação interna e proporcionar uma garantia definitiva a fim de evitar quaisquer ataques às políticas ambientais. A indústria têxtil é bastante influenciada pelos critérios ambientais. Durante os últimos anos, as empresas chinesas têm

---

[518] Por exemplo, a Suécia geralmente importava produtos têxteis e vestuário provenientes da Grécia, de Portugal, da Espanha, antes de 1990. À medida que a Suécia foi eliminando os contingentes dos produtos têxteis, a partir de 1991, a origem das importações têxteis englobou países asiáticos, entre os quais a China, e a quota dos produtos chineses aumentou de 5% do volume das importações totais para 12% em 1994. Depois disto, a Suécia aderiu à UE e adoptou políticas comuns de comércio externo, restaurando os contingentes dos têxteis e vestuário, e a origem da sua importação voltou-se de novo para países mediterrâneos e para países da Europa de Leste.

[519] O núcleo do plano de liberalização do comércio da ASEAN chama-se *"Common Efective Preferential Tariff"*. «hyperlink "http://www.sina.com.cn"».

214   *A China e a Organização Mundial do Comércio*

aumentado os custos da produção de acordo com novas medidas ambientais.

As medidas *anti-dumping* são aprovadas pela OMC como medidas provisórias de salvaguarda. Recentemente, países desenvolvidos têm realizado vários inquéritos de *dumping* dos têxteis e vestuário da China. Este processo de determinação perturba o comércio normal. Além disso, vários países em vias de desenvolvimento têm adoptado também medidas *anti--dumping* contra as exportações da China.

Ainda, as regras de origem, servindo para apurar a "nacionalidade" de determinados produtos importados[520], poderão assumir a função de instrumentos de política comercial se não se revelarem "neutras", isto é, se forem responsáveis por encorajar ou dificultar determinados fluxos de comércio. À medida que a especialização internacional se desenvolve, o processo produtivo de uma dada mercadoria poderia ocorrer em vários países ou regiões. Assim, a determinação da origem das mercadorias torna-se a base fundamental das políticas comerciais adoptadas. Para aliviar o choque do Acordo Sobre Têxteis e Vestuário da OMC na indústria interna, tanto a União Europeia como os EUA já introduziram muitas alterações às regras de origem. A nova regra de origem dos EUA, por um lado, em relação ao vestuário, estipulou a origem como sendo a última localidade onde o produto é cosido; por outro lado, no tocante aos tecidos, substituiu a localidade da transformação substancial pela localidade da produção. Tais alterações exercem influências significativas sobre o comércio dos têxteis e vestuário da China. Do ponto de vista da exportação do vestuário, a maioria do comércio pertence ao comércio transformador; depois de os tecidos talhados chegarem à China serão aí cosidos, usando os contingentes dos países que fazem investimentos (países de origem dos investidores estrangeiros), e posteriormente transportados para os EUA. Contudo, a China tem que usar o próprio contingente de acordo com a nova regra de origem dos EUA. Por outro lado, as técnicas chinesas de transformação dos tecidos ainda são relativamente pouco desenvolvidas. Anteriormente, alguns países europeus e do Sudeste Asiático importavam tecidos da China e transformaram-nos para exportar nos mercados internacionais. Com esta nova regra, tais importações pelos EUA vão ser calculadas como contingente da China. Enfim, a nova regra de origem dos EUA, a qual restringiu a complementaridade do comércio baseado na vantagem comparativa, é muito desfavorável para as exportações da China.

---

[520] CUNHA, Luís Pedro Chaves da, (1997), pp. 98-99.

A UE adoptou o novo plano do sistema de preferências generalizadas e a sua regra de origem é também muito rigorosa[521]. Neste caso, 30% do vestuário da China perde a antiga qualidade de usufruir das preferências generalizadas.

4.3.3. Os impactos da adesão à OMC sobre a indústria têxtil

4.3.3.1. *Os principais direitos de que a China irá usufruir*

Pelo facto de a China ainda não ser membro da OMC, não tem direito de beneficiar da liberalização dos têxteis e vestuário, nem enfrentar as medidas internas dos países importadores, inclusivé as regras de origem, através do mecanismo que rege a resolução de litígios da OMC. Ou seja, por causa da falta de qualificação de membro da OMC, a China está a perder quotas nos mercados internacionais que originalmente lhe pertenciam. O quinto acordo bilateral sino-americano, em 1997, por exemplo, determinou a taxa de aumento dos contingentes das exportações da China em 1.57%, mas a Índia e o Paquistão, sendo membros da OMC, obtiveram respectivamente uma taxa de aumento de 5% e 6%.

QUADRO IV.4

**O aumento da importação dos têxteis e vestuário dos EUA
depois do *Uruguay Round* (US$ 100 milhões)**

	1994	1997	Taxa de Crescimento (%)
Canadá	16.4	28.3	72
México	23.9	65.4	174
China	**77.8**	**92**	**18.2**
Índia	19.9	24.6	23.6
Turquia	7.8	9.7	24
Tailândia	12.4	17.5	41
Indonésia	13.5	20.65	52.9
Total Importações	483	627.6	30

Fonte: The United States-China Business Council

Embora a entrada na OMC não elimine todos os obstáculos da exportação dos têxteis e vestuário, vai no entanto exercer influências positivas para o seu comércio.

---

[521] Por exemplo, a lista da transformação HS (*Harmonised Commodity Description and Coding System Nomenclature*) n.º 61 dispõe que a matéria do vestuário tem que ser os fios.

216 *A China e a Organização Mundial do Comércio*

Conforme a segunda etapa do Acordo Sobre Têxteis e Vestuário, a partir de 1 de Janeiro de 1998, 33% do volume dos têxteis e vestuário do comércio internacional não têm sido sujeitos a quaisquer restrições quantitativas e, ao mesmo tempo, alguns têxteis e vestuário dos AMF têm sido gradualmente liberalizados. Os EUA, por exemplo, estão a integrar 17.03% do volume total das importações, das quais 24 categorias (incluindo vestuário infantil, produtos de penas, partes de calçado, lenços, meias, carpetes, etc.) pertenciam aos contingentes dos AMF. Essas 24 categorias de têxteis e vestuário são produtos sujeitos aos contingentes no Acordo Bilateral Sino-Americano Sobre Têxteis e Vestuário. Isto é, há 24 categorias de têxteis e vestuário da China que vão beneficiar da segunda etapa do Acordo da OMC, sem quaisquer restrições quantitativas. Outro exemplo, a percentagem da integração da UE na segunda etapa representa 17.9%. Entre 23 categorias de integração, 12 encontravam-se restringidas pelos AMF, 8 foram referidas no anexo 1 do Acordo Bilateral entre a China e a Comunidade Europeia Sobre Têxteis e Vestuário, como, por exemplo, lenços, acessórios de vestuário, fatos de banho, tendas, entre outros [522]. Após a entrada na OMC, a eliminação dos contingentes significa menos custos para a produção [523] e maior peso da exportação dos têxteis e vestuário da China (a quota dos produtos chineses nos mercados de têxteis e vestuário internacionais vai expandir-se em 30% de acordo com a estimativa dos especialistas) [524].

Por outro lado, actualmente, as taxas dos direitos aduaneiros dos países desenvolvidos são inferiores a 5% [525] e os países em vias de desenvolvimento estão também a reduzir significativamente as taxas dos impostos alfandegários dos têxteis e vestuários. Depois de a China entrar na OMC, ela poderá beneficiar de todas as concessões dos direitos aduaneiros e, por conseguinte, garantir o crescimento estável da exportação dos produtos têxteis.

Mais importante ainda, a China poderá apelar ao mecanismo de resolução dos litígios da OMC.

Contudo, alguns aspectos merecem atenção especial. Em primeiro lugar, todas as restrições quantitativas serão eliminadas após a quarta etapa

---

[522] Hong Kong Trade Development Council.

[523] Hong Kong Trade Development Council. *"The removal of quotas also means lower costs for production enterprises with export rights as quotas cost normally accounts for half of their total costs."*

[524] Hong Kong Trade Development Council.

[525] Hong Kong Trade Development Council.

Os impactos para a China da adesão à OMC 217

da integração, conforme o Acordo Sobre Têxteis e Vestuário em 2005. Até agora, o impacto da liberalização ainda é insignificante.

Além disso, o Acordo Sino-Americano Sobre a Adesão da China à OMC, assinado em Novembro de 1999, engloba contingentes quantitativos sobre têxteis e vestuário da China que estarão em vigor até 31 de Dezembro de 2008. O acordo também inclui a cláusula da medida de urgência respeitante à importação de produtos particulares que permanecem em vigor até 12 anos após a adesão. Tal mecanismo de salvaguarda permite aos EUA impor restrições quantitativas ou aumentar os impostos alfandegários quanto à importação dos produtos chineses, incluindo os têxteis e vestuário, caso a importação acrescida cause ou ameace causar a desorganização dos mercados dos EUA. Evidentemente, tais conteúdos do acordo são discriminatórios[526].

4.3.3.2. *Os deveres que a China deverá cumprir*

Ao entrar na OMC, a China deve reduzir os direitos aduaneiros e eliminar os obstáculos não pautais dos têxteis e vestuário[527]. Durante os últimos 10 anos, a China tem vindo a reduzir de forma significativa os impostos alfandegários dos têxteis e vestuário, sendo que as taxas actuais variam entre 9.8% e 34%, havendo, no entanto, algumas categorias com taxas inferiores a 4%[528]. Contudo, comparadas com as de outros países, as taxas dos direitos aduaneiros das matérias-primas da China são relativamente altas. Por isso, as taxas mais baixas dos impostos alfandegários garantem uma maior competitividade nos mercados exportadores.

Além disso, a China deve cumprir outros deveres do Acordo Sobre Têxteis e Vestuário, nomeadamente notificar as restrições quantitativas da China ao Órgão de Supervisão dos Têxteis (OST) e comprometer-se a não executar quaisquer novos contingentes[529].

---

[526] O artigo 9.º do Acordo Sobre Têxteis e Vestuário da OMC dispõe expressamente que "o presente acordo, bem como todas as restrições por ele abrangidas, caduca no primeiro dia do 121.º mês após a entrada em vigor do Acordo da OMC, data em que o sector dos têxteis e do vestuário estará plenamente integrado no âmbito do GATT de 1994".

[527] Em 1991, a China eliminou os subsídios à exportação dos têxteis e vestuário; entretanto, as exportações daquele ano aumentaram 20.6%, face ao ano anterior.

[528] Hong Kong Trade Development Council.

[529] O MCECE da China introduziu um novo regime de concurso público de 21 categorias de produtos têxteis em 1998. «hyperlink "http://www.tdctrade.com"».

218 *A China e a Organização Mundial do Comércio*

4.4. OS IMPACTOS DA ADESÃO SOBRE AS TELECOMUNI-CAÇÕES NA CHINA

Distinguindo-se dos outros serviços competitivos, o serviço das tele-comunicações tornou-se um dos sectores de monopólio do Estado na me-dida em que constituía uma das infra-estruturas básicas de prestação de serviços públicos. Esta situação manteve-se até aos anos oitenta. As despe-sas para implantação das infra-estruturas de telecomunicações são enormes e as empresas não conseguem suportar individualmente custos tão elevados. Além disso, o sector das telecomunicações está relacionado com a segurança nacional e intimamente ligado à vida quotidiana do povo; nesse sentido, o objectivo de fornecer serviços públicos ultrapassa as con-siderações comerciais.

A partir da década de oitenta, há duas mudanças visíveis no desen-volvimento da economia global. Por um lado, a expansão das sociedades transfronteiriças, com a concentração de capitais, permite um maior leque de investimentos nos projectos de grande escala. Por outro lado, o desen-volvimento das novas tecnologias reduz significativamente os custos das transacções e altera os conceitos tradicionais dos serviços, nomeadamente o sector das telecomunicações está a surgir como uma nova actividade económica com um enorme poder e rentabilidade e será a pedra funda-mental do desenvolvimento do novo século.

4.4.1. A retrospectiva do serviço de telecomunicações da China

Comparado com o dos países desenvolvidos, o serviço de telecomuni-cações da China é uma actividade nascente. O volume dos equipamentos de telecomunicações importados e exportados do país é relativamente grande; entretanto, no que diz respeito aos serviços, o volume comercial representa muito pouco na produção do sector das telecomunicações da China.

Durante muito tempo, o serviço de telecomunicações na China foi um sector não lucrativo e ineficiente, sob o controlo directo do Estado. Em meados dos anos oitenta, o governo começou a fazer investimentos no sec-tor das telecomunicações e a importar muitos equipamentos avançados através de empréstimos governamentais[530]. Ao mesmo tempo, o Estado promulgava várias políticas preferenciais a fim de promover o seu desen-volvimento, por exemplo, o sector dos correios e das telecomunicações

---

[530] YU, (2000), pp. 475-476.

podia preparar por si próprio fundos de construção através de créditos nacionais, de investimentos estrangeiros, do aumento dos preços e da cobrança da instalação inicial, entre outros. Tais medidas criaram um ambiente excelente para o crescimento do sector das telecomunicações da China, pois o Ministério dos Correios e das Telecomunicações conseguiu desenvolver o seu nível tecnológico e alargar o âmbito dos serviços a curto prazo. Parece que, rapidamente, o serviço das telecomunicações da China se transformou de um sector não lucrativo num ramo que, embora ainda controlado pelo Estado, tem tido elevados rendimentos e boas perspectivas.

Talvez, exactamente por causa desse progresso tão rápido, os defeitos do regime administrativo em si e as novas contradições se tenham revelado também rapidamente e, por conseguinte, o desenvolvimento do sector das telecomunicações tem chamado a atenção do público.

Antes de mais, trata-se do problema do prejuízo do bem-estar causado pelo monopólio. Ao abrir as portas ao mundo exterior, o povo, que desejava prementemente melhorar o seu modo e ritmo de vida, com acesso ao serviço de telefonia, descobriu que o adversário à sua frente era tão poderoso que ele só por si não tinha a mínima capacidade de regatear nos negócios. Cerca de 5000 yuan [531] da instalação inicial de um telefone na década de oitenta, correspondia ao salário anual de um funcionário comum. Excepto a contribuição para a construção do país, os consumidores não tinham nenhum direito de recompensa. Além disso, os consumidores tinham que suportar a seguir tarifários muito caros [532]. A razão deste fenómeno é muito simples: os consumidores não tinham outras escolhas senão o fornecedor de serviços de telecomunicações único, inigualável e monopolista.

Em segundo lugar, o desenvolvimento dos serviços de telecomunicações sob o monopólio do Estado ficava mais atrasado do que a introdução dos mais avançados equipamentos. Também por causa do monopólio, a melhoria dos serviços era palavra oca enquanto não houvesse pressões da concorrência. O sector das telecomunicações da China estava a fornecer aos seus consumidores serviços de má qualidade e escassos, o que contrariava a tendência do desenvolvimento do sector das telecomunicações a nível internacional. A concorrência dos futuros mercados de telecomunicações globais focará a competição dos serviços, por isso, o resultado do monopólio seria que o nível dos serviços de telecomunicações da China ficaria mais longe do nível mundial.

---

[531] Yuan é a unidade da moeda RMB da China.

[532] O tarifário telefónico da China é 7 vezes mais caro do que o dos EUA. «hyperlink "http://www.sohu.com"».

220 *A China e a Organização Mundial do Comércio*

Em simultâneo, devido aos altos rendimentos e às políticas preferenciais, o sector das telecomunicações tornou-se foco de investimentos de outros sectores. No início da década de noventa, cada vez mais vozes exigiram a reforma do sector das telecomunicações da China, incluindo o rompimento do monopólio administrativo, a introdução do mecanismo de concorrência e a promoção da qualidade dos serviços.

A partir de 1993, passos concretos da reforma foram iniciados. Em Julho de 1994, foi criada a primeira sociedade de telecomunicações, independente do Ministério dos Correios e das Telecomunicações da China – a *China Unicom*, marcando o fim do monopólio exclusivo por parte desse Ministério e o início de um novo regime. Perante o novo adversário, era natural que a primeira reacção do Ministério dos Correios e das Telecomunicações fosse fazer voz de bloqueio em vez de oferecer cooperação. A razão é a seguinte: antes do estabelecimento da *China Unicom*, o Ministério dos Correios e das Telecomunicações da China desempenhava funções tanto de administração das infra-estruturas como de exploração dos serviços[533]. É compreensível a atitude do Ministério[534] porque, por um lado, não queria que um novo concorrente tirasse proveito gratuito das infra-estruturas existentes; por outro lado, o Ministério está a resistir a pressões enormes para pagar dívidas do sector das telecomunicações da China[535]. É de notar que, como a *China Unicom* sofreu bastantes restrições numa primeira fase do seu desenvolvimento, também não quis que novas empresas participassem nesta concorrência. Do ponto de vista dos mecanismos competitivos, a criação da *China Unicom* rompeu o monopólio exclusivo do sector das telecomunicações; entretanto, nos grandes mercados da China, o monopólio em sentido estrito não desapareceu porque o antigo monopólio exclusivo foi substituído pelo monopólio de duas entidades.

No início de 1999, novas medidas de reforma do sector das telecomunicações da China abrangeram a cisão da *China Telecom* em três sociedades independentes: Sociedade de Serviços de *Paging,* Sociedade de

---

[533] O Ministério dos Correios e das Telecomunicações da China, como se refere, tem duas secções: a secção dos correios e a secção das telecomunicações. *A Sociedade Directora da China Telecom,* estabelecida sob a secção das telecomunicações do Ministério, dispõe de rede própria e, ao mesmo tempo, fornece serviços. Nesse sentido, a *China Telecom* tem a capacidade de bloquear novas entradas no sector.

[534] Em Março de 1998, o antigo Ministério dos Correios e das Telecomunicações da China foi substituído pelo Ministério da Indústria Informática.

[535] No entanto, segundo o Acordo Sobre Telecomunicações de Base da OMC, os administradores são independentes dos prestadores, por isso, os actuais monopolistas não vão ser participantes nem árbitros. YANG, Shengming, (1999), p. 225.

Os impactos para a China da adesão à OMC 221

Telemóveis e Sociedade de Telefones de Rede Fixa. Essas sociedades, juntamente com a Sociedade de Satélites de Comunicação e a *China Unicom,* têm sido as cinco empresas de telecomunicações nos mercados internos[536]. No entanto, a cisão da *China Telecom,* realizada segundo as três especialidades, representava apenas uma fase de transição do rompimento do monopólio, por isso, não era considerada uma verdadeira abertura dos mercados. Se existir só uma empresa em cada área e faltar a concorrência, o monopólio industrial transformar-se-á no monopólio de empresas especiais. Por outro lado, a *China Unicom,* restringida por vários factores, representava apenas 5% do volume dos serviços por todo o país.

No tocante ao acesso aos mercados de serviços de telecomunicações, os serviços de telecomunicações, incluindo telecomunicações de base e serviços de valor acrescentado[537], são ainda uma área que proíbe investimentos estrangeiros na China[538].

Numa palavra, há um caminho bastante longo a percorrer para o sector das telecomunicações na China. Depois que a China entrar na OMC, esta vai liberalizar gradualmente os serviços de telecomunicações de base. Consequentemente, face a novos concorrentes estrangeiros poderosos, a reforma do sector das telecomunicações da China será significativamente influenciada.

4.4.2. **A perspectiva da liberalização de telecomunicações de base na China**

A qualidade dos serviços de telecomunicações da China, devido à exploração do monopólio, fica muito atrasada em relação ao nível internacional. É provável que o sector das telecomunicações da China sofra choques depois da entrada na OMC.

A longo prazo, será vantajoso para a China abrir os seus mercados. Quaisquer reduções dos preços, devido à abertura, vão beneficiar os consumidores internos, estimular também maiores demandas e beneficiar do serviço de telecomunicações em geral. É muito difícil imaginar que, se não tiver pressões decorrentes da entrada na OMC, o sector das telecomunicações da China realize grandes passos de reforma a curto prazo.

---

[536] YU, (2000), p. 478.

[537] Os serviços de valor acrescentado não fazem parte das negociações de telecomunicações do *Uruguay Round.* No total dos serviços de telecomunicações, os de base constituem 80% e os de valor acrescentado representam 20%.YANG, Shengming, (1999), p. 246.

[538] YANG, Shengming, *et.al.* (1999), pp. 255-256.

222   *A China e a Organização Mundial do Comércio*

4.5. OS IMPACTOS DA ADESÃO NO SECTOR FINANCEIRO DA CHINA

O sector financeiro, que se diz o sistema nervoso central da economia nacional, é o componente mais sensível e complicado do sistema económico de um país, ficando o seu funcionamento limitado por muitas causas externas e internas. Antes de analisarmos os impactos da adesão no sector financeiro, iremos conhecer a situação actual da sua liberalização na China.

4.5.1. A visão geral da abertura do sector financeiro da China

O processo de abertura do sector financeiro da China tem sido realizado por via de bancos, companhias de seguros e sociedades corretoras de títulos e valores mobiliários. Simultaneamente, as regiões de abertura têm sido alargadas gradualmente, geralmente pela ordem de: zonas económicas especiais, cidades litorais e cidades interiores.

Em 1979, foi estabelecido na capital o primeiro escritório de representação de uma instituição de crédito estrangeira pertencente a um banco japonês. Em 1982, uma sucursal de um banco em Hong Kong foi aberta em Shenzhen, como uma instituição piloto, a fim de introduzir investimentos estrangeiros. Em 1985, todas as zonas económicas especiais da China abriram as portas a instituições financeiras de capitais estrangeiros e, desde então, o número das instituições financeiras estrangeiras tem aumentado gradualmente. Em 1990, o governo central autorizou Shanghai a ser a cidade piloto que receberia capitais estrangeiros através das instituições financeiras que efectuavam várias operações nas regiões litorais. Em 1992, 13 cidades litorais foram autorizadas a receber instituições financeiras estrangeiras com o exercício de operações integradas na actividade financeira; até 1995, esse número ascendeu a 24. Em 1992, Shanghai começou por ser cidade *piloto* das companhias estrangeiras de seguros. Desde 1995, sociedades estrangeiras de investimento têm sido autorizadas a explorar as suas actividades. A partir de 1996, os bancos estrangeiros em Pudong, Shanghai, têm podido prestar serviços em moeda local (RMB) aos estrangeiros investidores na China e às empresas com investimentos estrangeiros [539].

---

[539] YANG, Shengming, *et.al*, (1999), pp. 165-166.

Quando ocorreu a crise financeira na Ásia, em 1997, a China prometeu que não ia depreciar o RMB. Por um lado, esta conseguiu ultrapassar a crise financeira com êxito, por outro, a liberalização do sector financeiro continuou a aumentar. Entre 1997 e 1998, o Banco Popular da China (*People's Bank of China*) autorizou 9 filiais de bancos estrangeiros e permitiu a realização de operações sobre o RMB pelos bancos estrangeiros em Shenzhen, além de Pudong, Shanghai. Ao mesmo tempo, 4 companhias estrangeiras de seguros obtiveram licenças de exploração da actividade financeira. Actualmente, há 10 companhias de seguros de 9 países que estão a funcionar regularmente na China.

Segundo os regulamentos internos, as instituições financeiras estrangeiras podem estabelecer escritórios de representação, sucursais, bancos de capital misto, bancos de capital exclusivo, sociedades gestoras de patrimónios de capital misto e de capital exclusivo, bancos de investimento, assim como filiais das companhias de seguros, companhias de seguros de capital misto e escritórios de representação das sociedades estrangeiras de corretoras de títulos e valores mobiliários. Com o objectivo de acelerar os passos de liberalização, o banco central já eliminou restrições geográficas, no que diz respeito ao estabelecimento das sucursais das instituições financeiras estrangeiras (de 24 cidades a todas as capitais provinciais). Até Outubro de 1998, havia 175 sucursais de bancos estrangeiros com um volume total do capital no valor de 35.4 biliões de dólares americanos [540]. Ao mesmo tempo, cada vez mais instituições financeiras chinesas iniciaram a exploração nos mercados internacionais [541].

Apesar do facto de a conta de capital da China ainda não ser completamente conversível, este país tem sido um participante importante nos mercados de capitais internacionais. Em 1996, a China absorveu 40% de todos os investimentos directos estrangeiros para os países em vias de desenvolvimento. Ao mesmo tempo, representou 10% dos fluxos internacionais das acções ordinárias, 5% dos fluxos dos títulos de crédito para os países em vias de desenvolvimento e 10% dos débitos comerciais transfronteiriços [542]. Além da utilização dos investimentos estrangeiros, a China também é um país eminente que empresta capital nos mercados globais. Em 1995, a China foi o oitavo fornecedor do mundo e o primeiro entre os países em vias de desenvolvimento. O papel do fornecimento de

---

[540] «hyperlink "http://www.sina.com.cn"».

[541] Até finais de 1997, havia 687 instituições financeiras da China estabelecidas no estrangeiro.

[542] MCKIBBIN, Warwick J, TANG, K.K., (2000), p. 980.

224 *A China e a Organização Mundial do Comércio*

capitais da China será cada vez mais importante, à medida que a sua economia começa a estar em completo desenvolvimento e os controlos são gradualmente afrouxados[543].

4.5.2. As características do sector financeiro da China

Actualmente, os quatro tipos de serviços financeiros prestados, segundo o artigo 2.° do GATS, encontram-se na China, mas com diferentes graus de abertura. Entretanto, devido ao controlo relativamente rigoroso, tanto a importação como a exportação dos serviços financeiros ficam, em certo sentido, limitadas na China. Em especial, hoje em dia, a moeda chinesa apenas pode ser convertida na conta-corrente em vez de na conta de capital, o que impede as instituições financeiras de prestar serviços transfronteiriços; além disso, a maioria das instituições financeiras estrangeiras não pode efectuar operações sobre a moeda local nem prestar serviços de recepção de depósitos aos particulares chineses e outros serviços pessoais.

Na altura da economia planificada, a China adoptou um sistema financeiro centralizado que impedia o desenvolvimento do sector financeiro. Os capitais foram distribuídos directamente às empresas públicas, de acordo com os planos estatais, e os bancos serviam como caixas do Estado, transferindo investimentos do governo central para as empresas públicas[544].

Ao longo dos últimos quinze anos, o papel do sistema financeiro da China tem-se alterado significativamente. Os bancos já não são meramente caixas do Estado, mas constituem actores semi-autónomos dos mercados. Do ponto de vista teórico, os subsídios directos do governo central têm sido substituídos pelos empréstimos bancários que exigem taxas de juro e outras condições de reembolso. Consequentemente, os bancos têm um papel decisivo no tocante à função selectiva, ou seja, os bancos poderão avaliar os vencedores e aqueles que perdem na concorrência de mercado e depois distribuir os capitais apenas de acordo com considerações económicas. Contudo, este objectivo é muito difícil de ser realizado na China. Em 1983, o governo tomou medidas de reforma no sector financeiro, através da criação de um regime financeiro a dois níveis, constituído por um banco cen-

---

[543] MCKIBBIN, Warwick J, TANG, K.K., (2000), p. 980.

[544] STEINFELD, Edward S, (1998), *Forging Reform in China: the future of state-owned industry,* Cambridge University Press, UK, p. 49 e p. 56. *"Although the command economy was grossly inefficient, at least it ensured that central officials would maintain the ability to turn off the tap – the hand that was giving could also take away".*

Os impactos para a China da adesão à OMC 225

tral a nível superior e por outros bancos estatais comerciais [545] a nível inferior [546]. Nesse regime, os bancos estatais comerciais obtêm uma autonomia sem precedentes que lhes permite tomar decisões independentes relativamente aos empréstimos sob determinadas circunstâncias [547] e, simultaneamente, mantêm a antiga função de caixa do governo central [548]. Por isso, hoje em dia, as instituições financeiras estatais da China oferecem operações de crédito, ainda sem considerar o funcionamento do mercado. Os bancos não seleccionam efectivamente as entidades que pedem empréstimos, nem administram os fundos dispersados. A maioria dos empréstimos provenientes de depósitos particulares para o sector empresarial do Estado é de grande risco porque actualmente o sector empresarial do Estado representa o sector menos produtivo e decrescente da economia nacional na China [549].

Por outro lado, o risco financeiro da China pode ser intensificado devido à incompetência da coordenação e fiscalização do banco central. Numa visão geral, os instrumentos das políticas monetárias do banco central da China são insuficientes para supervisionar as actividades finan-

---

[545] Actualmente os quatro principais bancos estatais comerciais da China são: *the Industrial and Commercial Bank of China, the Construction Bank of China, the Bank of China, the Agricultural Bank of China*. Os quatro bancos representam 90% do património bancário e mais de 70% das operações bancárias na China. ZHANG, Ni, *et.al*, (2000), p. 26.

[546] NAUGHTON, Barry, (1995), *Growing Out of the Plan: Chinese Economic Reform, 1978-1993*. Cambridge University Press, UK, p. 255.

[547] Em muitos casos, os bancos são administrados pelo governo central para estender "empréstimos das políticas" a empresas públicas insolventes; tais empréstimos são apoiados através do crédito do banco central. STEINFELD, (1998), p. 56, *"Estimates in the mid-1990s, suggested that such policy lending accounted for 60 to 80 percent of the loans extended by the central bank to the nation's financial system"*. Para mais explicações, *vide* BROADMAN, Harry G, (1995), "Meeting the Challenge of Enterprise Reform", World Bank Discussion Paper n.º 283, International Bank for Reconstruction and Development / / World Bank, Washington DC.

[548] STEINFELD, Edward S, (1998), p. 70 e p. 56. *"...the banks pump in revenues that more accurately belong to the central government. Those resources are then misallocated and ultimately devoted to extremely inefficient uses. In effect, they end up being squandered. The costs are then borne by the public through inflation, low firm-level productivity and declining living standards"*.

[549] Curiosamente, ao contrário do sector empresarial do Estado, as entidades colectivas ou empresas privadas geralmente não têm acesso ao crédito, investimentos e subsídios do governo central para desenvolver indústrias de capital intensivo. Pelo contrário, os fundos de desenvolvimento da indústria de trabalho intensivo têm que nascer de lucros próprios, de fundos extra-orçamentais dos governos locais e de investimentos estrangeiros.

226   *A China e a Organização Mundial do Comércio*

ceiras das várias instituições no país[550]. Além disso, a China ainda não terminou a sua tarefa de legislação sobre a actividade financeira com o fim de eliminar o fenómeno da intervenção administrativa; algumas leis já publicadas encontram também dificuldades quanto à sua aplicação devido à falta de regras pormenorizadas.

Enfim, desde a abertura ao exterior, o sector financeiro tem sido demasiado protegido e controlado pelo banco central da China. O processo de reforma do sistema financeiro fica, então, mais atrasado do que a reforma económica geral. A intervenção do Estado[551] e o monopólio absoluto pelos bancos estatais comerciais no sistema das instituições de crédito levaram a cabo a dependência das instituições financeiras internas. As instituições financeiras nacionais preocupam-se apenas com as políticas de privilégios em vez dos sinais provenientes dos mercados; por conseguinte, falta-lhes competitividade e capacidade para actuar de acordo com as mais variadas circunstâncias. O âmbito dos serviços prestados pelas instituições internas ainda se limita essencialmente à recepção de depósitos e operações de crédito.

4.5.3. **Os impactos da adesão e a liberalização financeira sobre a China**

A assinatura e a aplicação do Acordo Geral Sobre o Comércio de Serviços e o Acordo Relativo aos Serviços Financeiros exercem uma influência profunda de longo alcance sobre a economia internacional e o desenvolvimento do sector financeiro.

Em primeiro lugar, a integração do sector financeiro no sistema multilateral demonstra o seu papel preponderante na economia global. A liberalização dos serviços financeiros é a tendência geral e compatível com a

---

[550] ZHANG, Ni, WANG, Lijun, ZHANG Rixin, XU, Mingwei, (2000), *Jiaru WTO hou de Zhongguo Jinrongye, (O Sector Financeiro da China depois da Adesão à OMC)*, Editora Universidade de Liaoning, Shenyang, pp. 31-32. Sobre as normas comunitárias, cfr. VEIGA, Vasco Soares da, (1994), *Direito Bancário*, Livraria Almedina, Coimbra, pp. 449-460. Por exemplo, não existem quaisquer disposições sobre a aquisição de imóveis e outras inibições na legislação chinesa.

[551] Com o fim de atingir alguns objectivos do desenvolvimento económico, o governo chinês tem sempre usado medidas administrativas para exercer influências sobre várias entidades do mercado. Por exemplo, durante o período de exagerado crescimento da economia, o sector financeiro tinha que diminuir créditos e controlar directamente o direito de autorização dos bens fixos; quando a economia estava próspera, o governo mandou o sector financeiro aumentar o crédito para promover investimentos dos bens fixos.

integração financeira. À medida que o Acordo Relativo aos Serviços Financeiros é executado, haverá cada vez mais membros da OMC que vão aderir a este acordo. A abertura do sector financeiro e a concorrência mais intensa, juntamente com o aparecimento de novos instrumentos financeiros nos mercados internacionais, vão diminuir os custos das transacções e sucessivamente aumentar o bem-estar dos consumidores.

Em segundo lugar, o Acordo Relativo aos Serviços Financeiros revela o desequilíbrio entre os países desenvolvidos e os países em vias de desenvolvimento[552]. Os países desenvolvidos ocupam uma posição de absoluta vantagem na concorrência internacional, devido ao seu elevado nível de desenvolvimento. Pelo contrário, devido ao nível de desenvolvimento económico e ao fraco controlo do sector financeiro interno, a competitividade dos serviços financeiros dos países em vias de desenvolvimento é baixa. Por conseguinte, os pontos de vista dos países desenvolvidos e dos países em vias de desenvolvimento são distintos em relação ao comércio dos serviços financeiros. Os países industrializados são promotores activos da liberalização financeira por causa dos enormes interesses comerciais; os países em vias de desenvolvimento, por sua vez, tomam atitudes mais prudentes. À medida que o sistema financeiro interno dos países avançados se desenvolve, há cada vez menos oportunidades de investimento e, simultaneamente, face aos grandes e potenciais mercados dos países em vias de desenvolvimento, as instituições financeiras dos países desenvolvidos estão na expectativa de obter o acesso aos mercados estrangeiros a fim de obterem uma contrapartida mais rentável. Nas negociações relativas aos serviços financeiros, os países desenvolvidos que ocupam uma posição de vantagem exigem sempre a abertura completa do sector financeiro dos países em vias de desenvolvimento. Portanto, os compromissos feitos pelos países em vias de desenvolvimento são frequentemente escolhas obrigatórias e transigências partindo das considerações de interesses em vez de uma tomada de iniciativa de acordo com a própria condição nacional. Nesta perspectiva, o Acordo Relativo aos Serviços Financeiros é consequência da coordenação e transigência mútua entre os países em vias de desenvolvimento e os países desenvolvidos.

---

[552] O sector financeiro pertence a um sector da tecnologia intensiva, a existência e o desenvolvimento das instituições financeiras dependem de muitos factores, nomeadamente, da tecnologia, dos recursos humanos e da rede informática. ZHANG, Ni, *et.al,* (2000), pp. 17-19.

228   *A China e a Organização Mundial do Comércio*

Em terceiro lugar, a liberalização do sector financeiro de um país tem por base a livre circulação de capitais[553] e o livre câmbio monetário e implica a demolição da muralha de separação entre o sector interno e o sector estrangeiro. Em teoria, a abertura e a liberalização financeira são determinadas pelo nível do desenvolvimento económico, isto é, somente nos países industrializados, com maior procura de serviços financeiros, tal liberalização faz sentido e satisfaz necessidades sociais. Caso contrário, por um lado, as actividades financeiras especulativas talvez agravem os riscos financeiros, por outro, a economia nacional pode vir a ser abalada pelas transacções internacionais, especialmente pela rápida circulação dos capitais de grande escala dentro de um curto período de tempo. Por isso, o sector financeiro está intimamente ligado à segurança nacional.

Resumindo, a liberalização do sistema financeiro é uma escolha necessária do desenvolvimento da economia internacional. Qualquer país que adopte a economia de mercado, inclusivé a China, tem que participar inevitavelmente nessa mesma liberalização. Entretanto, como abrir os mercados nacionais é uma questão essencial para os países em vias de desenvolvimento. A China já assumiu vários compromissos nas negociações para a adesão à OMC, a sua entrada vai ser o marco milenar da liberalização financeira.

4.5.3.1. *A liberalização mais profunda do sector financeiro da China*

A liberalização financeira refere-se ao afrouxamento das restrições geográficas, restrições quantitativas, restrições das percentagens, das participações sociais e o reconhecimento das qualificações das respectivas instituições, entre outros. Por um lado, cada vez mais estabelecimentos financeiros vão aparecer nos mercados internos, por outro, os seus espaços de actuação vão ser alargados. A China compromete-se a liberalizar o sector financeiro gradualmente dentro do período de transição. De um ponto

---

[553] EICHENGREEN, Barry, *et. al*, (1999), *Liberalizing Capital Movements: Some Analytical Issues,* International Monetary Fund, p. 2. *"The flows of capital – debt, portfolio equity, and direct and real estate investment – between one country and others are recorded in the capital account of its balance of payment. Outflows include residents´ purchase of foreign assets and repayment of foreign loans; inflows include foreigners´ investments in home-country financial markets and property and loans to home-country residents. Freeing transactions like these from restrictions – that is, allow capital to flow freely in or out of a country without controls or restrictions – is known as capital account liberalization".*

de vista objectivo, a liberalização dos mercados financeiros é compatível com o objectivo da reforma económica e a política de abertura vai exercer influências importantíssimas sobre o antigo sistema económico.

Antes de mais, a presença das instituições financeiras estrangeiras enfraquecerá a posição monopolista das instituições estatais. Este fenómeno beneficiará as instituições financeiras internas, permitindo-lhes adquirir as operações de exploração e as técnicas de administração das instituições estrangeiras com o fim de melhorar a qualidade dos serviços e aumentar a sua competitividade. Além disso, a entrada de grande quantidade de instituições financeiras estrangeiras vai abrir uma nova via de utilização de capitais estrangeiros [554], promovendo, portanto, o desenvolvimento do comércio externo, da economia nacional e da livre circulação dos capitais a nível transfronteiriço. Estima-se que a modernização da China exigirá anualmente importações de equipamentos e de tecnologia no valor de US$100 biliões, e as despesas das infra-estruturas dos últimos cinco anos atingiram US$250 biliões. Nos países onde os interesses entrincheirados e a inércia política impedem a reforma, pressões externas criadas pela abertura dos mercados de capitais poderão fornecer o impulso necessário [555]. Entretanto, embora a abertura do sector financeiro seja uma necessidade durante o processo do desenvolvimento, o seu ritmo deve corresponder à capacidade de supervisão do banco central de um país [556]. Somente assim a liberalização poderá atingir os objectivos previstos. Qualquer estagnação e avanço excessivo é desfavorável para a estabilidade financeira.

4.5.3.2. *As concorrências mais intensas e justas*

A seguir, a concorrência entre as instituições internas e estrangeiras será intensificada, o foco da concorrência concentra-se nas operações de depósito, de crédito, operações internacionais, especialmente nas operações de crédito para consumo individual, entre outras; ao fim e ao cabo, é concorrência de interesses económicos.

Contudo, as instituições estrangeiras levam vantagem ao nível da concorrência. Hoje em dia, as instituições financeiras já estabelecidas na

---

[554] EICHENGREEN, Barry, *et.al,* (1999), p. 3. *"Classic economic theory argues that international capital mobility allows countries with limited savings to attract financing for productive domestic investment projects, that is enables investors to diversify their portfolios, that is spreads investment risk more broadly, and that it promotes intertemporal trade – the trading of goods today for goods in the future".*

[555] EICHENGREEN, Barry, *et.al,* (1999), p. 10.

[556] MCKIBBIN, Warwick J, TANG, K.K, (2000), p. 983.

230 *A China e a Organização Mundial do Comércio*

China são filiais de famosas instituições transfronteiriças. Devido à sua vasta experiência, ao grande prestígio internacional, à grande escala de fundos próprios e aos excelentes serviços, são capazes de atrair clientela chinesa.

Sem dúvida, as instituições financeiras internas enfrentarão uma concorrência mais intensa. O crescimento das instituições financeiras estatais da China tem sido protegido pelo governo central fora de um ambiente de concorrência. Depois da entrada na OMC, o governo tem de pôr termo à intervenção administrativa e criar verdadeiros sujeitos de mercados financeiros que possuam autonomia de exploração e respondam pelos próprios lucros e perdas. Além disso, actualmente, as instituições financeiras estrangeiras têm tratamento supranacional porque, durante muitos anos, o governo da China tem-lhes concedido vários tratamentos preferenciais, com o fim de atrair capitais estrangeiros. Designadamente, hoje em dia, as instituições estrangeiras têm a taxa do *IRC* mais baixa, no valor de 15% (a taxa do *IRC* para as instituições financeiras internas é de 33%) e estão isentas dos impostos sobre o comércio *(business tax)*. Por outro lado, os bancos estrangeiros exercem presentemente a generalidade das operações que se integram nas actividades financeiras, por exemplo, operações de depósitos e de créditos, comercialização de contratos de seguros, participação em emissões, colocações de valores mobiliários e prestação de serviços correlativos, bem como transacções sobre instrumentos dos mercados monetários e cambiais e operações sobre divisas ou sobre taxas de juro e valores mobiliários. Até agora, as instituições financeiras da China estão ainda a prestar serviços específicos [557]. Nestas circunstâncias, as instituições financeiras da China ocupam uma posição desvantajosa face à concorrência cada vez mais intensa.

Entretanto, não quer dizer que as instituições internas não têm nenhuma vantagem. Em primeiro lugar, as instituições financeiras internas efectuam as operações no próprio país, constituem relações comerciais estáveis com a sua clientela, têm profundo conhecimento da situação dos mercados internos, das políticas macro-económicas e da legislação. Em segundo lugar, as instituições financeiras internas já estabeleceram uma rede de sucursais por todo o país, o que constitui uma vantagem geográfica e, simultaneamente, têm a confiança da população devido à sua prolongada presença.

---

[557] Na China, os bancos, as companhias de seguros e as sociedades correctoras de títulos e valores mobiliários efectuam as próprias operações separadamente.

Por isso, a liberalização do sector financeiro trará tanto o desafio como a oportunidade para as instituições financeiras internas. A curto prazo, as instituições internas sofrerão grandes choques por parte da concorrência estrangeira. A longo prazo, à medida que a China acelera os seus passos para aderir à OMC, as instituições financeiras estrangeiras vão gozar do tratamento nacional em vez do tratamento supranacional mas, por causa do aumento do número de instituições estrangeiras e do alargamento das suas operações, o novo mecanismo da concorrência introduzido pelas mesmas promoverá o processo de reforma do sector financeiro da China. Embora o processo de adaptação às normas internacionais seja doloroso, este permite às instituições internas um esforço orientado para a obtenção de ganhos de competitividade.

4.5.3.3. *O abalo da segurança financeira*

A liberalização financeira é composta pela liberalização da conta de capital e pelo livre câmbio da moeda nacional. Depois que a China entrar na OMC, a fim de se adaptar às exigências do Acordo Relativo aos Serviços Financeiros da OMC, ela terá que afrouxar as restrições sobre a conta de capital e realizar a total convertibilidade do RMB na conta de capital.

Como artéria vital da economia, o sector financeiro está intimamente ligado ao desenvolvimento estável de um país. As crises financeiras que têm acontecido recentemente na Ásia, na Rússia e na América Latina demonstram que a excessiva liberalização financeira por parte dos países que não têm regulação macro-económica nem uma eficaz supervisão prejudica a segurança financeira. A crise monetária ou a depreciação imprevista poderá destruir a solvência dos bancos e os seus clientes que já contraíram grandes dívidas expressas em moeda estrangeira sob controlo menos rigoroso. Além disso, a liberalização da conta de capital, que aumenta a possibilidade da inversão repentina da afluência dos capitais, obriga as autoridades internas a aumentar dramaticamente as taxas de juro para defender a cotação da moeda nacional. Assim, a liberalização financeira poderá enfraquecer a confiança no sistema bancário, bem como a estabilidade da moeda nacional [558].

A razão para que a China conseguisse evitar a crise financeira na Ásia reside na sua restrição da conta de capital; entretanto, muitos proble-

---

[558] Eichengreen, Barry, *et.al,* (1999), p. 7.

232 *A China e a Organização Mundial do Comércio*

mas idênticos aos do sistema financeiro de outros países asiáticos também se encontram na China. Nomeadamente, em primeiro lugar, a supervisão e a fiscalização do banco central da China são fracas. Em segundo lugar, na China existem muitos empréstimos duvidosos de quantias avultadas, inclusivé os empréstimos de características "políticas" às empresas públicas insolventes, a deterioração da relação entre o credor e o devedor, o que conduz à lenta circulação dos capitais. Em terceiro lugar, a maioria dos fundos estão a circular fora do sistema financeiro da China, fenómeno esse que promove a fuga de capitais e a instabilidade do sector financeiro[559]. Tais problemas, juntamente com as dívidas, constituem a possibilidade de surgimento de crises financeiras.

Depois da adesão à OMC, a liberalização do sistema financeiro, a obtenção do tratamento nacional pelas instituições financeiras e a intensificação da concorrência vão agravar os riscos financeiros. Actualmente, o sistema monetário internacional é desfavorável para os países em vias de desenvolvimento porque as moedas dos países industrializados são basicamente moedas internacionais que poderão influenciar o funcionamento económico dos outros países, bem como elaborar as regras internacionais do sistema financeiro.

É de notar que a liberalização financeira em si não constitui a origem das crises financeiras, mas sim a fraca administração e a inadequada supervisão do sector financeiro. Embora a liberalização da conta de capital sem preparação suficiente possa causar choques financeiros, o retardamento da reforma ou a continuação das restrições apertadas, até que um forte sistema financeiro interno seja estabelecido, é também dispendioso, porque o estudo empírico revela que os controlos dos capitais podem adiar as reacções das entidades internas face às mudanças das condições macro-económicas, mas não podem parar o fluxo de capitais[560]. Portanto, em que condições se devem liberalizar os mercados financeiros é uma questão urgente a ser resolvida pela China.

4.5.3.4. *A possível instabilidade da taxa cambial do RMB*

Desde que a reforma económica começou, a China adoptou gradualmente medidas de reforma do regime de divisas com o objectivo último de realizar a convertibilidade do RMB. Até agora, o RMB pode ser conver-

---

[559] ZHANG, Ni, *et.al,* (2000), pp. 48-49.
[560] MCKIBBIN, Warwick J, TANG, K.K, (2000), p. 984.

Os impactos para a China da adesão à OMC 233

tido livremente na conta-corrente e o seu regime cambial é único, muito embora flutuante e ajustável. Ao longo dos últimos anos, a taxa de câmbio do RMB tem aumentado de forma estável, devido ao desenvolvimento económico, ao balanço favorável do comércio, ao aproveitamento dos capitais estrangeiros e ao aumento rápido da reserva internacional.

Todavia, para cumprir os seus compromissos, a China terá de promover a convertibilidade do RMB na conta de capital. Neste caso, as instituições financeiras estrangeiras vão efectuar transacções cambiais e operações de moeda nacional, e as percentagens das escalas de depósitos e créditos aumentarão na soma das actividades financeiras na China.

Isto é, as actividades normais das instituições financeiras estrangeiras poderão alterar a curva da oferta e da procura e, por conseguinte, exercer influências sobre a estabilidade da taxa cambial do RMB. Ainda mais, a circulação dos capitais feita pelas instituições estrangeiras aumenta os riscos, em especial a retirada dos fundos inactivos de grande monta constituirá pressão para a reserva de divisas, podendo prejudicar a capacidade de pagamento da China e causar uma crise financeira. Por isso, a China tem de estabelecer medidas de salvaguarda e fortificar o sistema financeiro interno; nesse caso, a liberalização não é apenas inevitável como também desejável e benéfica.

CONCLUSÃO

O multilateralismo do comércio deriva de um processo de evolução de meio século, que culminou com o estabelecimento da Organização Mundial do Comércio em 1 de Janeiro de 1995, um importante ponto de viragem do multilateralismo. A Organização Mundial do Comércio abrange não só o comércio de mercadorias, como também o comércio de serviços, os aspectos dos direitos de propriedade intelectual e as medidas de investimento relacionadas com o comércio, integra os produtos têxteis e de vestuário e os produtos agrícolas no quadro do sistema multilateral, afastando definitivamente os acordos bilaterais referentes às auto-limitações à exportação e outras medidas discriminatórias. Sem dúvida, o sistema multilateral alargado pelos novos acordos assinados no *Uruguay Round* promoverá os progressos livre-cambistas.

A OMC é o alicerce legal e institucional do sistema de comércio multilateral. Regula a legislação interna sobre o comércio e a execução das políticas comerciais através das obrigações contratuais. Promove, de igual forma, as relações comerciais por meio de discussão, de negociação e de julgamento colectivo [561]. A estrutura da OMC compreende a Conferência Ministerial, o Conselho Geral e vários comités e outros órgãos [562]. No seio da OMC as decisões devem ser tomadas por consenso. Nos casos em que tal não seja possível, a questão em causa será decidida por votação. Nas reuniões da Conferência Ministerial e do Conselho Geral, cada membro da OMC disporá de um voto.

---

[561] HIRST, Paul, THOMPSON, Grahame, (1997), *Globalisation in Question,* Polity Press, Cambridge, pp. 191 e ss.

[562] Nomeadamente, comité da agricultura, comité do comércio e desenvolvimento, comité das medidas de salvaguarda, comité das restrições relacionadas com a balança de pagamentos, comité dos obstáculos técnicos ao comércio, comité das medidas de investimento relacionadas com o comércio, comité das regras de origem, comité do orçamento, conselho de mercadorias, conselho dos serviços, conselho TRIPS, órgão de supervisão dos têxteis, órgão para a resolução de litígios (ORL), órgão do exame de política comercial (OEPC), entre outros.

O sistema de consulta e de resolução de conflitos da OMC é mais eficaz e vigoroso do que o do GATT[563]. São estabelecidas competências dos painéis e dos outros órgãos de fiscalização, um processo rigoroso de resolução de litígios, que inclui a compensação e a suspensão das concessões e o cumprimento de obrigações face à outra parte. Em especial, é reconhecido no Memorando de Entendimento que os relatórios do Órgão de Recurso são adoptados pelo ORL e aceites incondicionalmente pelas partes em litígio, salvo se o ORL decidir por consenso não adoptar o relatório do Órgão de Recurso.

Enfim, por um lado, a OMC poderá ser de especial importância para países fora de qualquer bloco ou que tenham dificuldades em ter um mecanismo eficaz de resolução de conflitos; por outro, ela vincula a economia interna de todos os membros, exerce influências sobre as estratégias de desenvolvimento, as elaborações das políticas comerciais, industriais e fiscais bem como no processo de reforma económica de um país.

Contudo, a Organização Mundial do Comércio não é uma instituição a nível mundial em sentido real sem a participação da China. A China tem realizado o milagre do desenvolvimento económico durante os últimos vinte anos de abertura. O sistema multilateral do século XXI não possuirá universalidade se não englobar a China, o país que abrange um quinto da população mundial. A economia global está a caminhar para a integração e a China é um mercado grande com potencialidades notáveis, considerado como uma fonte de crescimento económico importante da economia mundial dos próximos anos. Por consequência, é necessário integrar a China no quadro multilateral. Actualmente, os Estados-Membros da OMC estão a preparar as novas regras do comércio internacional do século XXI. A participação activa da sétima economia do mundo é muito significativa. À medida que a China abrir as suas portas e realizar reformas económicas mais profundas, o seu papel nas actividades comerciais internacionais será cada vez mais importante. O estabelecimento e a evolução da relação entre a China e o multilateralismo comercial representam um retrato real do processo histórico de abertura da China. O processo de integração no sistema

---

[563] As insuficiências do GATT relativas à resolução de diferendos demonstram os seguintes aspectos: ausência de segurança jurídica ligada à multiplicidade de situações de litígios a partir do *Tokyo Round* e a ausência de um sistema integrado; possibilidade de qualquer Parte adiar indefinidamente a resolução do litígio; ausência de regras concretas que fixem os direitos e obrigações processuais de litígio; fraqueza das medidas de retaliação na hipótese da não aplicação de uma decisão, bem como a possibilidade de actuação unilateral de um país. Campos, *et.al.*(1999), p. 334.

Conclusão 237

multilateral fornece ao mundo um mercado livre e gradualmente alargado. Nesse sentido, constitui uma contribuição para o reforço desse sistema. Por outro lado, a China também precisa da OMC. A adesão a esta organização faz parte da estratégia de desenvolvimento do país que tem o objectivo de estabelecer a economia de mercado do regime socialista e participar da especialização e do intercâmbio internacional. Em termos concretos, as razões que levam a China a tentar entrar na OMC são as seguintes:

Em primeiro lugar, é favorável para a China desempenhar o seu papel na economia internacional. A China é um membro permanente do Conselho de Segurança das Nações Unidas e tem o direito de decidir sobre os negócios internacionais mais importantes. Do ponto de vista estratégico, manter laços estreitos com a economia mundial ajuda o reforço do poder nacional. Nas três principais instituições económicas internacionais, a China tem o seu estatuto legal no Banco Mundial e no Fundo Monetário Internacional. A adesão à OMC permite à China uma participação activa no sistema económico internacional. Além disso, Hong Kong e Macau são membros da OMC como territórios aduaneiros distintos, depois de serem transferidos para a China. Sendo responsável pelos negócios estrangeiros de Hong Kong e Macau, a China poderá coordenar melhor as actividades comerciais entre as duas regiões e a parte continental se também vier a integrar a OMC.

Somente a adesão à OMC garante o tratamento não discriminatório do comércio internacional. A China poderá usufruir do tratamento de nação mais favorecida de forma incondicional e estável, em vez das relações bilaterais actuais. Ao mesmo tempo, as regras e processos que regem a resolução de litígios da OMC aliviam pressões provenientes das relações bilaterais para a China, sendo que os conflitos no futuro poderão ser resolvidos mais imparcialmente.

Ainda, a adesão à OMC promoverá o aproveitamento da própria vantagem comparativa e a melhor afectação dos recursos mundiais. As vantagens comparativas da China, por exemplo a mão-de-obra e alguns recursos naturais, complementam as vantagens comparativas dos outros países, promovendo consequentemente o desenvolvimento do comércio externo e da economia interna.

Dentro do sistema multilateral, os mercados internos estarão intimamente ligados aos mercados internacionais. As empresas chinesas são obrigadas a participar na especialização e na concorrência internacional. Cada vez mais empresas internas aprendem a aumentar a competitividade na concorrência internacional, isto é, aumentar a produtividade, melhorar a gestão e qualidade de mercadorias e de serviços e acelerar a inovação

238 *A China e a Organização Mundial do Comércio*

tecnológica em vez de depender da protecção governamental. Estas empresas estarão integradas nos mercados internacionais e organizarão as actividades económicas, cumprindo as regras universais de comercialização de acordo com a procura internacional.

Acima de tudo, a adesão à OMC aprofunda as reformas económicas internas. Em 1992, o projectista geral da estratégia de abertura da China, Deng Xiao Ping, propôs que o objectivo das reformas económicas seria estabelecer uma economia de mercado socialista. Regra geral, não existem diferenças fundamentais entre economia de mercado socialista e capitalista, apenas a primeira funciona sob o regime socialista. Por um lado, a entrada na OMC promoverá a melhoria do regime jurídico chinês. Isto significa que todas as leis e regulamentos internos têm que tomar como referência as normas internacionais. Isto não só satisfaz a necessidade de entrar na OMC, como também constitui o objectivo de estabelecer uma economia de mercado, porque o funcionamento racional da economia depende de regras de mercado que regulem os comportamentos das empresas comerciais do Estado e dos indivíduos. Por outro lado, a OMC baseia-se na economia de mercado e na concorrência livre, o que exige a compatibilização de todos os aspectos da produção interna com as regras internacionais, nomeadamente o regime dos preços, o regime do comércio externo, o regime das sociedades, entre outros. Todas as actividades económicas têm que respeitar normas de valor e a relação entre a oferta e a procura.

Nas negociações de adesão, a China pagou um preço elevado pelo bilhete de entrada. Durante algum tempo, segundo a nova "escola de esquerda" formada por alguns estudiosos chineses nos EUA, a adesão da China à OMC significou a perda da soberania económica da China[564]. Segundo eles, a China desenvolve-se bastante bem fora desta organização dominada pelos países desenvolvidos. Os países em vias de desenvolvimento compartilham muito pouco do bolo do comércio internacional com os seus parceiros comerciais mais fortes. No entanto, não concordamos com essas ideias. Em nosso entender, mesmo que os concorrentes mais fracos obtenham menos interesses relativos a outros concorrentes, à medida que o bolo do comércio internacional cresce, os países em vias de desenvolvimento poderão ainda beneficiar do comércio livre.

---

[564] CUI, Zhiyuan, *Jiaru Shimao Zuzhi Bushi Zhongguo Dangwuzhiji (Não é o Momento Certo para a China Entrar na OMC),* foi encontrado na «hyperlink http://www.wenxuecity.com». *Vide* também CHAN, Thomas M H, (1999), *Economic Implications of China's Accession to the WTO,* disponível em «hyperlink http://www.future-china.org/csipt/activity/19991106/mt9911_03e.htm».

Conclusão 239

A OMC considera a disparidade entre os países em vias de desenvolvimento e os países desenvolvidos e estabelece várias cláusulas de tratamento preferencial em relação aos primeiros. De facto, os países mais atrasados têm uma posição desvantajosa nas negociações multilaterais, especialmente quando os países desenvolvidos lhes impõem condições menos favoráveis. Neste sentido, devido à desigualdade das potências económicas, as disposições dos acordos da OMC não são sempre favoráveis para os países em vias de desenvolvimento. Todavia, o sistema multilateral, promove o desenvolvimento económico dos países em vias de desenvolvimento.

O conjunto das normas da OMC cria condições para os países em vias de desenvolvimento adoptarem em uma estratégia de abertura. Os objectivos desta instituição são: reduzir os direitos aduaneiros e obstáculos não pautais ao comércio, eliminar todos os tratamentos discriminatórios, explorar mais eficazmente os recursos mundiais e reforçar a interligação das relações comerciais internacionais.

Antes de mais, depois das negociações dos oito *rounds,* as taxas dos impostos alfandegários dos países desenvolvidos já foram bastante reduzidas. Desde a conclusão do *Tokyo Round,* as taxas médias dos impostos alfandegários das comunidades europeias, do Japão e dos EUA eram respectivamente de 5.7%, 5.4% e 3.9%[565]. Entretanto, os produtos têxteis e outros produtos de trabalho intensivo exportados pelos países em vias de desenvolvimento estavam sujeitos a taxas de impostos mais altas[566]. Neste sentido, a estrutura dos direitos aduaneiros dos países desenvolvidos impediu a exportação dos produtos industrializados pelos países menos desenvolvidos[567]. A partir da instituição da OMC, tanto as taxas médias dos impostos alfandegários como as taxas relativamente mais altas do conjunto desses impostos têm sido muito reduzidas. Relativamente aos produtos industrializados, a percentagem da consolidação aduaneira dos países desenvolvidos aumentou de 78% para 97% e as taxas médias ponderadas desceram de 6.3% para 3.9%[568]. À medida que os impostos alfan-

---

[565] BARTHE, Marie-Annick, (2000), *Économie de L'Union européenne: manuel,* Economica, Paris, pp. 27-28. *"Les tarifas douaniers moyens pour le secteur industriel sont passés dans les pays développés de 40,0% en 1947 à 3% en l'an 2000 d'après les estimations réalisées".*

[566] Chama-se *"tariff peaks"* ou *"spikes".* LAIRD, Sam, (1998), *Multilateral Approaches to Market Access Negotiations,* Staff Working Paper, TPRD-98-02, World Trade Organization.

[567] Chama-se *"tariff escalation". Ibidem.*

[568] BARTHE, Marie-Annick, (2000), pp. 27-28.

degários dos países desenvolvidos baixam, os países em vias de desenvolvimento alargarão a expansão da exportação. Além disso, sob o sistema da OMC, cada vez mais obstáculos não pautais provenientes dos países desenvolvidos serão eliminados.

As regras da OMC obrigam os países em vias de desenvolvimento a adoptar as políticas do livre-cambismo em vez do proteccionismo. O princípio de benefício mútuo exige que os países membros em vias de desenvolvimento assumam obrigações de liberalização do comércio, enquanto desfrutam dos benefícios do livre-cambismo.

Com o decorrer do tempo, os países que aderirem mais tarde à OMC ocuparão as posições menos favoráveis. O processo de liberalização do comércio a nível mundial é progressivo, isto é, os novos membros têm que se comprometer incondicionalmente a aproximar-se do nível médio internacional. Por isso, os requisitos de adesão ao GATT e à OMC dos diferentes períodos são muito distintos. Mesmo num determinado período, existem muitas diferenças entre os vários países candidatos devido ao peso de cada um deles na economia global. Nessas circunstâncias, os bilhetes de entrada pagos pelos diversos países não são comparáveis. O nosso argumento é que é certo a China entrar na OMC e, quanto mais cedo este processo ocorrer, melhor.

Entre os interesses de longo prazo e os benefícios imediatos, muitas pessoas pensam que a China não vai receber benefícios imediatos e optam por se opor à adesão à OMC. Entretanto, as experiências dos últimos vinte anos de abertura na China demonstram que a concorrência constitui a força motriz do desenvolvimento económico. Quanto maiores forem os passos das reformas, mais rapidamente se desenvolverá a economia. Há aproximadamente 100 anos que a China encontra desafios externos ao seu desenvolvimento, nomeadamente por parte dos países ocidentais e do Japão. Normalmente, há duas estratégias de reacção possíveis: ou a China fecha as portas ao mundo exterior, ou, pelo contrário, abre-as. A primeira possibilidade é passiva e a segunda é iniciativa. Perante estes desafios, as experiências bem sucedidas demonstram que a iniciativa permite o progresso da nação. A China adoptou sempre uma estratégia passiva e políticas fechadas. Apenas em 1978, abriu, pela primeira vez, as portas ao mundo exterior, passou de um processo do proteccionismo ao livre-cambismo.

A integração da China no sistema multilateral é uma necessidade histórica. A China tem que agarrar esta oportunidade em vez de deixá-la fugir.

BIBLIOGRAFIA

ALMSTEDT, Kermit W. and NORTON, Patrick, M., (2000), "China's Antidumping Laws and the WTO Antidumping Agreement", *Journal of World Trade*, 34 (6), pp.75-113

ANDERSON, Kym, (1997), "Complexities of China's WTO Accession", *The World Economy*, Vol. 20, N.° 6, pp.749-772

BARRY, Tom, *China and the WTO, What's This Organization*, «hyperlink http://www.foreignpolivy-infocus.org/wto_china.html»

BARTHE, Marie-Annick, (2000), *Économie de L'Union européenne: manuel*, Economica, Paris

BELLIS, Jean Francois, FU, Donghui, (2000), "Oumeng Duihua Fanqingxiao Xinzhengce de Linghuoxing he Xiaojixing", (A Flexibilidade e A Influência Passiva das Novas Políticas de *Anti-dumping* da União Europeia), *Intertrade*, N.° 11, pp. 18-21

CAMPOS, João Mota de, *et al*, (1999) *Organizações Internacionais*, Fundação Calouste Gulbenkian, Lisboa

CHAN, Thomas M H, (1999), *Economic Implications of China's Accession to the WTO*. «hyperlink "http://www.future-china.org/csipt/activity/19991106/mt9911_03e.htm"»

CHAN, Yvonne, (1987), "Understanding the Tariff System", *The China Business Review*, Nov-Dec, pp.46-48

CHEN, Gary, (1999), *China's View of WTO: Neither Favor Nor Monster*, «hyperlink "http://www.chinaonline.com"».

CHEN, Huijie, (2000), "WTO Guize yu Zhongguo Bijiao Youshi Chanye de Fazhan" (As Disposições da OMC e o Desenvolvimento da Indústria com Vantagens Comparativas da China), *Journal of Shanghai Institute of Foreign Trade*, N.° 10, pp. 4-7

CHENG, Leonard K, (1999), *China's Economic Benefits from Its WTO Membership*, Center for Economic Development, Hong Kong University of Science and Technology, «hyperlink "http://www.bm.ust.hk/~ced/wto.htm"»

CORBET, Hugh, (1996) "Issues in the Accession of China to the WTO System", *Journal of Northeast Asian Studies*, Fall, 1996, pp. 15-33

CUNHA, Luís Pedro Chaves Rodrigues da, (1995), *O Sistema Comunitário de Preferências Generalizadas: efeitos e limites*, Separata do Boletim de Ciências Económicas, Coimbra

CUNHA, Luís Pedro Chaves Rodrigues da, (1997), *Lições de Relações Económicas, Externas*, Livraria Almedina, Coimbra

DAS, Dilip K, (1998) "Changing Comparative Advantage and the Changing Composition of Asian Exports", *The World Economy*, vol. 21, N.° 1, pp.121-140

DINIZ, Maria Helena, (1998) *Dicionário Jurídico*, Editora Saraiva, São Paulo, Vol. 3

EICHENGREEN, Barry, *et.al*, (1999), *Liberalizing Capital Movements: Some Analytical Issues*, International Monetary Fund

242   *A China e a Organização Mundial do Comércio*

FINDLEY, (1987), *The New Palgrave: A Dictionary of Economics,* vol. 1, London, Macmillan

FINDLAY, Christopher, WATSON, Andrew, (1996), *Economic Growth and Trade Dependency in China.* Trabalho apresentado na conferência "China Rising: Interdependence and Nationalism" por International Institute for Strategic Studies, em California

FINGER, J M, *et.al* (1996) *The Uruguay Round: Statistics on Tariff Concessions Given and Received,* World Bank, Washington, DC.

FRANKEL, Jeffrey A, (1997), *Regional Trading Blocs in the World Economic System,* Institute For International Economics, Washington

FUMIHIDE, Takeuchi, *Regional Integration and the Role of China in Asia,* Japan Center for Economic Research, Asian Research Bureau, «hyperlink http://www.jecr.or.jp/jpn/ken/asia_03.html»

FU, Xingguo, (1998), "Jiannan de Guodu – WTO Fangzhipin Maoyi Ziyouhua Jincheng ji qi dui Zhongguo de Yingxiang" (O Doloroso Período Transitório – A Liberalização do Comércio Têxtil da OMC e os Impactos na China", *Intertrade,* N.° 4, pp. 33-36

GONG, Zhankui, ZHU, Tong, CAO, Sufeng, (1999), *International Trade, Trend and Policy,* Editora Universidade de Nankai, Tianjin

GREENAWAY, David, MILNER, Chris, (1993), *Trade and Industrial Policy in Developing Countries,* Macmilliam Press, UK

HAI, Wen, (1993), *Guoji Maoyi: Lilun, Zhengce, Shijian (O Comércio Internacional: teorias, políticas e práticas),* Editora Povo Shanghai, Shanghai

HAI, Wen, (1996), *Agricultural Policy Adjustment in the Process of Trade Liberalization,* China Center for Economics Research, Peking University, «hyperlink "http://foram50.cei.gov.cn/Namelist/haiwen"»

HAI, Wen, (1999), *Jingji Quanqiuhua yu Zhongguo de Xuanze (A Globalização Económica e a Escolha da China),* trabalho apresentado no seminário " A Globalização Económica e a Escolha da China" em 11 de Novembro de 1999 na Universidade de Pequim

HAI, Wen (2000), *China´s WTO Membership: Significance and Implications,* China Center for Economic Research, Peking University, Working Paper Series, N.° E2000007

HAN, Zhiguo, *et al* (1998), *Zhongguo Gaige Fazhan de Zhidu Xiaoying (O Efeito das Reformas da China),* vol.2, Editora Ciência Económica, Beijing

HARROLD, Peter, (1995) "China: Foreign Trade Reform: Now For The Hard Part", *Oxford Review of Economic Policy,* Vol. 11, N.° 4, pp. 133-145

HIRST, Paul, THOMPSON, Grahame, (1997), *Globalisation in Question,* Polity Press, Cambridge

HOEKMAN, Bernard, M. KOSTECKI, Michel M, (1998), *The Political Economy of the World Trading System – from GATT to WTO,* (edição chinesa), Law Press, Beijing

HONG, Yinxing, (1997), "Cong Bijiao Youshi Dao Jingzheng Youshi" (Da Vantagem Comparativa à Vantagem Competitiva), *Economic Research Journal,* pp.20-26

HOUBEN, Hiddo, (1999), "China´s Economic Reforms and Integration into the World Trading System", *Journal of World Trade,* 33 (3), pp.1-18

HU, Angang, (1999), *Zhongguo Fazhan Qianjing, (A Perspectiva do Desenvolvimento da China),* Editora Povo Zhejiang, Hangzhou

HU, Angang, (2000), *China's Integration into the World Economy.* «hyperlink "http://www.nni.nikkei.co.jp/FR/NIKKEI/inasia/future/2000speech7.html"»

Huang, Jikun, Chen, Chunlai, Rozzel, Scott, Tuan, Francis, *Trade Liberalization and China's Food Economy in the 21st Century: Implications to China's National Food Security*, Paper do Center for Chinese Agricultural Policy, Chinese Academy of Agricultural Sciences

Huang, Jikun, MA, Hengyun, (2000), "Zhongguo Zhuyao Nongchanpin Shengchan Chengben Guojo Bijiao" (A Comparação Internacional do Custo da Produção dos Produtos Agrícolas), *Intertrade*, N.º 4, pp. 41-44

Huang, Lucheng, (1996), *Guoji Maoyi Xue, (Estudo do Comércio Internacional)*, Editora Universidade de Tshinghua, Beijing

Huang, Shengqiang, (2000), *Guoji Fuwu Maoyi Duobian Guize Libi Fenxi (Análise sobre as Vantagens e Desvantagens do Acordo Geral Sobre o Comércio de Serviços)*, Editora Ciências Sociais da China, Beijing

Hufbauer, Gary Clyde, Rosen, Daniel H, (2000), *American Access to China's Market: The Congressional Vote on PNTR*, Institute For International Economics, International Economics Policy Briefs, n.º 003, «hyperlink "http://www.iie.com/NEWSLETR/news00-3.htm"»

Ianchovichina, Elena, Martin, Will, Fukase, Emiko, (2000), *Comparative Study of Trade Liberalization Regimes: The Case of China's Accession to the WTO*, paper presented at the Third Annual Conference Global Economic Analysis, Melbourne, Australia, June 27-30, 2000

Instituto de Economia e Comércio Internacional da Universidade de Línguas Estrangeiras e Comércio Externo de Guangdong, (1999), *Zhongguo de WTO Zhilu (A Entrada da China na OMC)*, Editora Economia de Guangdong, Guangzhou

Jackson, John H, (1998), *The World Trading System: Law and Policy of International Economic Relations*, Second Edition, the MIT Press, Massachusetts

Jin, Pei, (1996), "Chanye Guoji Jingzhengli Yanjiu" (Estudo sobre a Competitividade das Indústrias), *Economic Research Journal*, No.11, pp. 39-44

Jin, Zhesong, (2000) *Guoji Maoyi Jiegou yu Liuxiang, (O Modelo e a Direcção do Comércio Internacional)*, Editora Planos da China, Beijing

Jornal Oficial das Comunidades Europeias, N.º L 336 de 23 de Dezembro de 1994

Kim, Chulsu, (1996), "Process of Accession to the World Trade Organization", *Journal of Northeast Asian Studies*, Fall, pp. 4-13

Kreuger, Anne O (1978), *Liberalization Attempts and Consequences*, Cambridge, Mass. Ballinger Publishing Co.

Lai, Guangrong, YE, Qing, (1999), *WTO: Zhongguo Jiameng (A Adesão da China à OMC)*, Editora Universidade de Xiamen, Xiamen

Lai, Xiaoer, (1992), *Jindai Riben Xinguan (A Olhar para o Japão nos Tempos Modernos)*, Livraria Sanxian

Laird, Sam, (1998), *Multilateral Approaches to Market Access Negotiations*, Staff Working Paper, TPRD-98-02, World Trade Organization

Langhammer, Rolf J. Lücke, Matthias, (1999), "WTO Accession Issues", *The World Economy*, vol.22, No.6, August, pp. 837-873

Lardy, Nicholas R, (1992), *Foreign Trade and Economic Reform in China 1978-1990*, Cambridge University Press

Lejour, Arjan, (2000), *China and the WTO: The Impact on China and the World Economy*,

244   *A China e a Organização Mundial do Comércio*

trabalho apresentado na 3ª Conferência Anual da *Global Economic Analysis,* Melbourne, Austrália, 20-30 de Junho de 2000.

LI, Mingde, (2000), *"Tebie 301 Tiaokuan" yu Zhongmei Zhishi Chanquan Zhengduan (A Cláusula Especial 301 e os Conflitos sino-americanos de Propriedade Intelectual),* Social Sciences Documentation Publishing House, Beijing

LI, Quangen, (2000), "Rushi Yihou de Woguo Liangshi Liutong Xingeju", (A Nova Estrutura da Comercialização dos Cereais na China após a Adesão à OMC), *Journal of Internacional Trade,* N.º 6, pp. 6-9

LI, Zhongzhou, *China Plays a Constructive Role in the Dynamic Growth of the Asian and Pacific Economies,* «hyperlink "http://brie.berkeley.edu/~briewww/forum/li.html"»

LIN, Justin, Yifu, HAI, Wen, PING, Xinqiao, (2000), "Bijiao Youshi yu Fazhan Zhanlue" (A Vantagem Comparativa e A Estratégia do Desenvolvimento), *China Center for Economic Research Working Paper 1995-1999,* Editora Universidade de Pequim, Beijing

LIN, Justin, Yifu, HU, Shudong, (2000), *Jiaru Shijie Maoyi Zuzhi: Tiaozhan yu Jiyu (A Adesão à OMC: Desafios e Oportunidades),*China Center for Economic Research, working paper series, N.º C2000004

LIPSEY, Richard G, Dobson, Wendy, (1987) *Shaping Comparative Advantage,* C.D. Howe Institute, Canada

LIU, Fayou, ZHANG Lijun, (1998), *Shijie Jingji yu Zhongguo (A Economia Internacional e a China),* Social Sciences Documentation Publishing House, Beijing

LIU, Li, (1999), *The Trade Strategy of the Big Developing Countries,* Editora Universidade de Finanças de Dongbei, Dalian

LIU, Xiandong, *et al,* (1992), *Zhongguo Duiwai Jingji Maoyi Zhinan (Introdução às Políticas Económicas e Comerciais da China)*

Livro Branco do Comércio Externo e da Cooperação Económica da China (1999), Editora Ciência Económica, Beijing

LOPES, J. M .Cidreiro, (1965), *O Acordo Geral sobre Pautas Aduaneiras e Comércio (GATT),* Fundação Calouste Gulbenkian, Lisboa

LUBMAN, Stanley, (1995), "Introduction: The Future of Chinese Law", *The China Quarterly,* N.º 7, p. 1.

LUO, Bingzhi, (1999.8) *Guoji Maoyi Zhengfu Guanli: yiban lilun fenxi ji dui zhongguo duiwai maoyi zhengfu guanli de xianshi yanjiu (Administração Pública do Comércio Externo),* Editora Lixin Kuaiji, Shanghai

MANESCHI, Andrea, (1998), *Comparative Advantage in International Trade,* Edward Elgar Publishing Limited, UK

MCKIBBIN, Warwick J, TANG, K. K. (2000), "Trade and Financial Reform in China: Impacts on the World Economy", *The World Economy,* Vol. 23, N.º 8, August, p. 979-1003

MICHALOPOULOS, Constantine, (1998), *WTO Accession for Countries in Transition,* World Bank Policy Research Working Paper, No.1934, June

MU, Yue, (1992´), "Multilateral Rules and Market Economy: First Thought on China´s Readmission to the GATT", *Guoji Shangbao (International Business News),* Sep. 6

NAUGHTON, Barry, (1995), *Growing Out of the Plan: Chinese Economic Reform, 1978-1993.* Cambridge University Press, UK

Bibliografia 245

NOLT, James H, (1999), "In Focus: China in the WTO: the debate", *Foreign Policy in Focus: internet gateway to global affairs,* «hyperlink "http://www.foreignpolicy-infocus.org/briefs/vol4/v4n38china.html"».

O Grupo de Trabalho da Universidade de Agricultura da China, (1999), "Jiaru Shijie Maoyi Zuzhi Dui Woguo Nongchanpin Maoyi de Yingxiang" (Os Impactos da Adesão à OMC sobre a Agricultura do País), *The Journal of World Economy,* N.º 9, pp. 3-16

O Instituto da Cooperação Económica do Comércio Internacional, (2000), *2000nian Xingshi yu Redian (Os Pontos Quentes do ano 2000),* Editora Economia e Comércio Externo da China, Beijing

PORTO, Manuel Carlos Lopes, (1997), *Teoria da Integração e Políticos Comunitárias,* Livraria Almedina, Coimbra

Quanguo Lushi Zige Kaoshi Falu Fagui Huibian (O Conjunto de Leis e Regulamentos para o Exame Ad-Hoc dos Advogados), (1995), Editora Direito, Beijing

QURESHI, Asif H, (1996), *The World Trade Organization – Implementing international trade norms,* Manchester University Press, UK

RICARDO, David, (1951), *On the Principles of Political Economy and Taxation,* vol. 1, Cambridge University Press

RUGGIERO, Renato, (1997), *China and the World Trading System,* Discussão na Universidade de Pequim, 21 de Abril de 1997. Disponível na «hyperlink "http://www.wto.org/english/news_e/sprr_e/china.htm"»

SAMUELSON, Paul Anthony, NORDHAUS, William D, *Economics,* 15th Edition, MaGRAW--HILL Inc

SHANG, Linlin, (2000), "Chukou Shangpin Jiegou Tiaozheng de Shizheng Fenxi" (Análise Positivista do Ajustamento da Composição da Exportação), *World Trade Organization Focus (Journal of Shanghai Institute of Foreign Trade),* No.8, pp. 20-24

SMITH, Adam, (1976), *An Inquiry into the Nature and Causes of the Wealth of Nations,* Oxford, Clarendon Press

STEINFELD, Edward S, (1998), *Forging Reform in China: the future of state-owned industry,* Cambridge University Press, UK

STOKES, Bruce, *The China WTO Dilemma,* disponível em «hyperlink "http://brie.berkeley.edu/~briewww/forum/berkeley2/stokes.html"»

TAIT, A. Neil, and LI, Kuiwai, (1997) "Trade Regimes and China´s Accession to the World Trade Organization", *Journal of World Trade,* Vol. 31, N.º 3, June, pp. 93-111

TANG, Haiyan, (1994), *Xiandai Guoji Maoyi de Lilun yu Zhengce (Teoria e Políticas do Comércio Internacional na Época Actual),* Editora Universidade de Shantou, Shantou

The Legal Texts – The Results of the Uruguay Round of Multilateral Trade Negotiations, (2000) Law Press, Beijing

The Working Committee on Law of the Standing Committee of the National People's Congress et.al. eds, (1994), *The Laws of the People´s Republic of China Annotated,* Beijing, Law Press

THORPE, Micharel, (2000), *China and the WTO,* «hyperlink "http://www.cea.curtin.edu.au/uibe/ThorpeChinaAndWTO.htm"»

USTR (US Trade Representative), (1999), *Statement of Ambassador Charlene Barshefsky Regarding Broad Market Access Gains Resulting from China WTO Negotiations,* «hype RLINK "http://www.ustr.gov/releases/1999/04/1999-34.html"»

Van der GEEST, (1998), "Bringing China into the Concert of Nations: An Analysis of Its Accession to the WTO", *Journal World Trade*, Vol. 32, N.° 3, pp. 99-116

VEIGA, Vasco Soares da, (1994), *Direito Bancário*, Livraria Almedina, Coimbra

WANG, Guiguo, (1994), "China´s Return to GATT: Legal and Economic Implications", *Journal of World Trade*, June, Vol. 28, N.° 3, pp. 51-65

WANG, Guiguo, (1995), "Economic Integration in Quest of Law: The Chinese Experience", *Journal of World Trade*, Vol. 29, N.° 2, April, pp.5-28

WANG, Hongtao, (1995), "The Impact of Tax Reform on Foreign Investment in China", *Intertax*, vol.2, pp.85-92

WANG, Lei, (1997), "Are Trade Disputes Fairly Settled?", *Journal of World Trade*, Vol. 31, N.° 1, February, pp. 59-72

WANG, Lei, (2000), "Gengshen Cengci de Maoyi Baohu – Oumeng Duihua Chanpin Fanqingxiao 20 nian" (A Protecção Comercial – Os 20 anos de Acusações de *anti-dumping* pela União Europeia contra as Exportações da China", *Intertrade*, N.° 11, pp. 13-17

WANG, Puguang, HE, Xiaobing, LI, Yi, (1999), *Guanshui Lilun Zhengce yu Shiwu (Direitos Pautais: teorias e políticas)*, Editora Universidade de Economia e Comércio Externo, Beijing

WANG, Xinkui, (1998), *Shijie Maoyi Zuzhi yu Fazhanzhong Guojia (A OMC e os Países em vias de Desenvolvimento)*, Editora Yuandong, Shanghai

WANG, X., Zhang J., ZUO C., (1997), "State Trading and China´s Trade Policy Reform" in K. Anderson *et al*, *China´s WTO Accession, Financial Services, Intellectual Property, State Trading, and Anti-Dumping* (Center for International Economics Studies, University of Adelaide, Seminar Paper 97-14, November

WILLIAMS, Brett, *China´s Accession to GATT and the Control of Imports of Goods by State Trading Enterprises in China*, «hyperlink "http://law.anu.edu.au/china-wto"».

World Bank, (1994), *China: Foreign Trade Reform*, Washington DC

World Bank, (1999), *World Development Indicators*, Washington DC

Working Committee on Law of the Standing Committee of the National People's Congress.Comp, (1994), *Zuixin Changyong Jingji Falufagui Shouce, (Manuel de Leis e Regulamentos Económico Mais Recentes)*, Law Press, Beijing

XU, Haining, *et.al*, (1998), *Zhongguo Duiwai Maoyi (O Comércio Externo da China)*, Editora Mundial, Shanghai

XU, Haining, (2000), *WTO yu Maoyi Youguan de Touzi Cuoshi Xieyi: Guifan yu Chengnuo (A OMC e o Acordo Sobre as Medidas de Investimento Relacionadas com o Comércio: Normas e Compromissos)*, Editora Huangshan Shushe, Hefei

XUE, Rongjiu, (1999), "Wushi Nian de Tansuo – dui jianhuo yilai zhongguo waimao lilun de huigu yu sikao" (Retrospectiva da Teoria do Comércio Externo da China), revista chinesa *Intertrade (O Comércio Internacional)*, N.° 10, pp.9-17

XUE, Rongjiu, (1997), *The WTO and China´s Economic and Trade Develpoment*, WTOCETD, Editora Universidade de Economia e Comércio Externo, Beijing

YANG, Fan, (1999), "Shijie Maoyi Zuzhi yu Zhongguo" (A OMC e a China), *Foreign Economic Herald*, Outubro, pp. 9-11

YANG, Pengfei, HONG, Minrong, *et.al*, (2000) *WTO Falu Guize yu Zhongguo Nongye, (As Disposições Jurídicas da OMC e a Agricultura da China)*, Editora Universidade de Finanças e Economia de Shanghai, Shanghai

YANG, Shengming, CHEN, Jiaqin, FENG, Lei, (1999), *Zhongguo Duiwai Jingmao Lilun Qianyan (Teoria do Comércio Externo da China)*, Editora Documentações das Ciências Sociais, Beijing

YANG, Yongzheng, (1996), "China´s WTO Membership: What´s at Stake?" *The World Economy*, Vol. 19, N.º 6, pp. 661-682

YANG, Yongzheng, (1999), "Completing the WTO Accession Negotiations: Issues and Challenges", *The World Economy*, Vol. 22, N.º 4, June,pp.513-534

YANG, Yongzheng, (2000), "China´s WTO Accession – The Economics and Politics", *Journal of World Trade*, 34, (4), pp. 77-94

YANG, Zixuan, *et.al*, (2000), *New Commentary on International Economic Law: The View of International Coordination*, Editora Universidade de Pequim, Beijing

YAO, Meizhen, (1989), *Waishang Touzi Qiyefa Jiaocheng (Decurso da Lei dos Empreendimentos com Investimentos Estrangeiros)*, Editora Universidade de Pequim, Beijing

YAO, Sufeng, (1999), "Zai Xiang Guoji Maoyi Guifan Kaolong" (A China Permite que Economias Privadas Entrem no Sector do Comércio Externo), *Intertrade*, N.º 3, pp. 20-24

YE, Jingsheng, (2000), *WTO yu Maoyi Youguan de Zhishi Chanquan Xieyi: Guifan yu Chengnuo (A OMC e o TRIPS: normas e compromissos)*, Editora Huangshan Shushe, Hefei

YE, Qinzhong, REN, Hongyan, CHENG, Guoqiang, (2000), "Shishi Fuhe Guize de Tiaozheng" (Ajustamentos segundo Regras da OMC), *Intertrade*, N.º 2, pp. 19-23

YE, Weiping, (1999), *Zhongguo Rushi Chongci yu Bixian Qiuqiang Duice, (As Contrapartidas da Entrada da China na OMC)*, Editora Economia da China, Beijing

YIN, Xiangshuo, (1998), *Zhongguo Duiwai Maoyi Gaige de Jincheng he Xiaoguo (O Processo e o Efeito da Reforma do Comércio Externo da China)*, Editora Economia de Shanxi, Taiyuan

YU, Yongding, ZHENG, Bingwen, SONG, Hong, (2000), *The Research Report on China´s Entry into WTO – The Analysis of the China´s Industries*, Social Sciences Documentation Publishing House, Beijing

ZHANG, Ni, WANG, Lijun, ZHANG Rixin, XU, Mingwei, (2000), *Jiaru WTO hou de Zhongguo Jinrongye, (O Sector Financeiro da China depois da Adesão à OMC)*, Editora Universidade de Liaoning, Shenyang

ZHANG, Xiangchen, (1999) *The Political and Economic Relations Between the Developing Countries and WTO*, Law Press, Beijing

ZHANG, Xiaoji, HU, Jiangyun, (1999), "Jinkou Maoyi yu Guomin Jingji Fazhan" (As Importações e o Desenvolvimento da Economia Nacional), *Intertrade*, N.º 4, pp. 4-7

ZHANG, Zhichao, (2000), "Exchange Rate Reform in China: An Experiment in the Real Targets Approach", *The World Economy*, Vol.23, N.º 8, August, pp.1057-1081

ZHAO, Wei, (1998), "China's WTO Accession: Commitments and Prospects", *Journal of World Trade*, 32 (2), pp. 51-75.